工业和信息产业职业教育教学指导委员会"十二五"
21世纪立体化高职高专规划教材·财经系列

# 中小企业出纳实务

## （第3版）

杨　雄　黄秋凤　主　编
宋建琦　张　明　刘俊廷　副主编

电子工业出版社·
**Publishing House of Electronics Industry**
北京·BEIJING

## 内容简介

本书在充分理解《中华人民共和国会计法》《小企业会计准则》《会计基础工作规范》《中华人民共和国票据法》《中国人民银行关于调整票据、结算凭证种类和格式的通知》等法律法规的基础上，根据高职高专技能型人才培养的要求，着重介绍中小企业出纳岗位所需要掌握的基本技能。具体包括：出纳与出纳工作、出纳的基本操作、出纳凭证与账簿整理、出纳现金业务处理、银行存款管理、国内票据结算、国内支付结算。

本书实用性强，内容新颖，主要作为高职高专院校财经类专业的教材，也可作为中等职业学校财经类专业教师参考书及在岗会计人员学习参考书。

**图书在版编目（CIP）数据**

中小企业出纳实务/杨雄，黄秋凤主编. —— 3版. —— 北京：电子工业出版社，2016.3
ISBN 978-7-121-28249-2

Ⅰ.①中…　Ⅱ.①杨…②黄…　Ⅲ.①中小企业—现金出纳管理—高等职业教育—教材　Ⅳ.①F276.3

中国版本图书馆CIP数据核字（2016）第040549号

策划编辑：贾瑞敏　张思博
责任编辑：贾瑞敏　　　　　　　　特约编辑：胡伟卷　杨　昕
印　　刷：北京七彩京通数码快印有限公司
装　　订：北京七彩京通数码快印有限公司
出版发行：电子工业出版社
　　　　　北京市海淀区万寿路173信箱　　邮编　100036
开　　本：787×1 092　1/16　印张：14.25　字数：347千字
版　　次：2009年2月第1版
　　　　　2016年3月第3版
印　　次：2018年8月第4次印刷
定　　价：33.00元

凡所购买电子工业出版社图书有缺损问题，请向购买书店调换。若书店售缺，请与本社发行部联系，联系及邮购电话：（010）88254888，88258888。

质量投诉请发邮件至zlts@phei.com.cn，盗版侵权举报请发邮件至dbqq@phei.com.cn。
本书咨询联系方式：电话010-62017651；邮箱fservice@vip.163.com；QQ群427695338；微信DZFW18310186571。

　　出纳工作是会计工作的重要组成部分，出纳人员是会计部门的成员之一。出纳工作位于会计工作的前沿，对各项经济活动进行记录、计量都需要由出纳最先完成，然后按凭证的传递程序进行传递，企业的一切信息来源都离不开出纳。因此，可以说出纳是企业一切交易信息的第一道关口。

　　随着市场经济的发展，出纳人员的执业领域不断拓宽，与此同时，对出纳人员的业务素质也提出了更高的要求。出纳工作的质量，直接关系到企业整个会计核算工作的质量。如果在出纳这第一道关口出现问题，将会给企业的财务工作带来不利的影响。

　　根据我国工业和信息化部、国家统计局、国家发展与改革委员会、财政部研究制定的《中小企业划型标准规定》，我国的中小企业达到企业总数的99%以上。从目前高职高专院校毕业生的就业方向来看，其主要面向的是中小企业，尤其是小企业。这不仅是一个客观事实，也是高职高专院校毕业生就业的主要方向。因此，客观上需要教师传授给学生中小企业的出纳知识。从会计工作的性质上，从事会计工作首先应从出纳岗位做起，这样才能为会计其他岗位的工作打下坚实基础。

　　本书主要有以下特点。

　　1. 本书充分考虑高职高专院校毕业生主要面向中小企业的实际情况，会计处理部分以2013年1月起施行的《小企业会计准则》为依据，各章节按情境任务式进行设计，紧贴实际工作。

　　2. 由于出纳人员主要与人民币及票据打交道，因此防伪辨识能力对于出纳人员来说尤其重要。国家税务总局制定的《全国普通发票简并票种统一式样工作实施方案》规定，从2011年1月1日起全国将统一使用新版普通发票。中国人民银行公告〔2011〕第2号规定，自2011年3月1日起一律使用新版票据凭证，停止签发旧版银行票据凭证。为此，本书除了介绍人民币的防伪知识外，还着重介绍了新版银行票据和新版普通发票的防伪知识，目的是增强学生未来从事这方面工作的防伪辨识能力。

　　3. 本书结合新版银行票据的使用，详细阐述了国内票据结算和国内支付结算，力求展示实际操作过程，以便学生学以致用。

　　4. 本书是在编者充分理解《中华人民共和国会计法》《小企业会计准则》（征求意见稿）《会计基础工作规范》《会计从业资格管理办法》《中华人民共和国人民币管理条例》《现金管理暂行条例实施细则》《中华人民共和国票据法》《中华人民共和国商业银行法》《中国人民银行关于调整票据结算凭证种类和格式的通知》等法律法规的基础上，结合编者的长期会计实践、教学经验和体会编写而成的，实用性强。

　　5. 2015年11月12日，中国人民银行发行了2015年版第五套人民币100元纸币，本书增加了相关内容。

　　本书由厦门华天涉外职业技术学院杨雄、黄秋凤担任主编；山西国际商务职业学院宋建琦、张明，吉林电子信息职业技术学院刘俊廷担任副主编。具体分工如下：学习情境 1、2 由杨雄编写，学习情境 3~5 由黄秋凤编写，学习情境 6 由宋建琦、张明编写，学习情境 7 由刘俊廷编写。

　　本书在编写过程中参考了大量的出纳实务及会计方面的资料，引用了众多专家的相关研究成果。同时，许多同人也提供了大量有益的建议和相关资料，在此一并表示感谢。由于编者的水平有限，书中难免出现不妥和错漏之处，恳请广大师生给予批评指正。

编　者

# 出纳与出纳工作

## 👀 学习目标

1. 职业知识：了解出纳机构、出纳的概念及工作特点；熟悉出纳的日常工作内容、出纳工作的基本要求和原则，以及出纳工作的内容、职责及权限。

2. 职业能力：掌握出纳核算方法及账务处理程序，以及出纳报告的编制及出纳工作的交接。

3. 职业素养：能够处理好出纳与相关部门的工作关系，具备良好的职业道德和严谨的工作作风。

## 👀 案例导入

小王毕业后进入一家服务类公司做出纳。她在出纳岗位上还没有什么经验，急于知道出纳工作具体都做什么。在她的印象中，出纳就是管钱、收钱和付账。同学们，小王的这种理解正确吗？

_____

_____

_____

_____

_____

_____

_____

# 情境任务1.1　出纳岗位与出纳工作认知

出纳是管理货币资金、票据、有价证券收付的一项工作。具体地讲，出纳是按照有关制度和规定，办理本单位的现金收付、银行结算及有关账务，保管库存现金、有价证券及有关票据等工作的总称。从广义上讲，只要是票据、货币资金和有价证券的收付、保管、核算，就都属于出纳工作。它既包括单位会计部门专设出纳机构的各项票据、货币资金、有价证券（如国库券、债券、股票等）收付保管等工作，也包括单位业务部门的货币资金收付、保管等工作。从狭义上讲，出纳工作仅指各单位会计部门专设的出纳岗位或人员的各项工作。

## 1.1.1　出纳岗位

### 1.出纳机构设置

出纳机构一般设置在会计机构内部，如各企业、事业单位财务科、财务处内部设置的专门处理出纳业务的出纳组、出纳室等。《中华人民共和国会计法》（以下简称《会计法》）对各单位会计、出纳机构与人员的设置没有做出硬性规定，只是要求各单位根据业务需要来设定。各单位可根据单位规模大小和货币资金管理的要求，结合出纳工作的繁简程度来设置出纳机构。

### 2.出纳岗位人员配备

一般情况下，有经常性现金收入和支出业务的企业、行政事业单位都应配备专职或兼职出纳人员，负责本单位的出纳工作。出纳人员配备的多少，主要决定于本单位出纳业务量的大小和繁简程度，要以业务需要为原则，既要满足出纳工作量的需要，又要避免徒具形式、人浮于事的现象。

（1）出纳岗位人员配备的形式

出纳岗位人员配备一般可采用一人一岗、一人多岗、一岗多人等几种形式。

① 一人一岗：规模不大的单位，出纳工作量不大，可设专职出纳人员一名。

② 一人多岗：规模较小的单位，出纳工作量较小，可设兼职出纳人员一名。例如，无条件单独设置会计机构的单位，至少要在有关机构中（如单位的办公室、后勤部门等）配备兼职出纳人员一名。但兼职出纳人员不得兼管收入、费用、债权债务账目的登记工作及稽核工作和会计档案保管工作。

③ 一岗多人：规模较大的单位，出纳工作量较大，可设多名出纳人员。例如，分设管理收付的出纳人员和管账的出纳人员，或者分设现金出纳人员和银行结算出纳人员等。

（2）出纳人员的内部分工

单位规模较大、业务复杂、出纳人员有两名以上的单位，要在出纳部门内部实行岗位责任制，对出纳人员的工作进行明确的分工，使每一项出纳工作都有出纳人员负责，每一个出纳人员都有明确的职责。出纳人员的具体分工，要从管理需要和工作便利等方面综合考虑。通常，可按现金与银行存款，银行存款的不同户头，票据与有价证券的办理等工作性质上的差异进行分工，也可以将整个出纳工作划分为不同的阶段和工作步骤，按工作阶段和工作步骤进行分工。对于公司内部结算中心式的出纳机构中的人员分工，还可以按不同分公司定岗定人。

### 3. 出纳岗位的特点

出纳是会计工作的组成部分，具有一般会计工作的本质属性，但它又是一个专门的岗位，一项专门的技术，因此，具有自己的工作特点。其主要特点如下。

（1）社会性

出纳担负着一个单位货币资金的收付、存取工作，而这些工作处于整个社会经济活动的大环境之中，是同整个社会的经济运转相联系的。只要一个单位发生经济活动，就必然要求出纳人员与整个社会的经济运转发生关系。因此，出纳工作具有广泛的社会性。

（2）专业性

出纳作为会计工作的一个重要岗位，有着专门的操作技术和工作规则，包括会计凭证的填制、日记账的登记、保险柜的使用与管理等。因此，要做好出纳工作，除了要接受相关的职业教育外，还需要在实践中不断积累经验，掌握出纳工作要领，熟练使用现代化办公工具，这样才能成为一名合格的出纳人员。

（3）政策性

出纳是一项政策性很强的工作，其工作的每一环节都必须遵循国家法律制度规定进行。例如，办理现金收付业务要遵守我国现金管理规定。《会计法》《会计基础工作规范》等法规都把出纳工作并入会计工作中，并对出纳工作提出了具体的规定和要求。出纳人员不掌握这些政策法规，就做不好出纳工作，就有可能犯错误。

（4）时间性

出纳具有很强的时间性。例如，何时办理汇票结算、何时发放职工工资等，都有严格的时间要求，一天都不能延误。因此，出纳人员心里应有一个时间表，及时办理各项工作，以保证出纳工作的质量。

## 1.1.2　出纳工作

### 1. 出纳工作的内容

出纳的日常工作主要包括货币资金核算、往来结算、工资核算3个方面的内容。

（1）货币资金核算

① 办理现金收付，复核审批单据。出纳人员应严格按照国家有关现金管理制度的规定，根据稽核人员审核签章的收、付款凭证进行复核，办理款项收付。对于重大开支项目，必须经过会计主管人员、总会计师或单位领导审核签章，方可办理。办理完收付款后，要在收、付款凭证上签章，并加盖"收讫""付讫"戳记。

② 办理银行结算，规范使用支票。具体要求如下：出纳人员应严格控制签发空白支票，如因特殊情况确须签发不填写金额的转账支票时，必须在支票上写明收款单位名称、款项用途、签发日期，规定限额和报销期限，并由领用支票人在专设登记簿上签章；逾

期未用的空白支票应交给签发人；对于填写错误的支票，必须加盖"作废"戳记，与存根一并保存；支票遗失时，要立即向银行办理挂失手续；不准将银行账户出租、出借给任何单位或个人办理结算。

③ 认真登日记账，保证日清月结。出纳人员应根据已经办理完毕的收、付款凭证，逐笔、顺序登记现金日记账和银行存款日记账，并结出余额；现金的账面余额要及时与银行对账单核对；月末，要编制银行存款余额调节表，使账面余额与银行对账单上的余额调节相符；对于未达账项，要及时查询；要随时掌握银行存款余额，以防签发空头支票。

④ 保管库存现金，保管有价证券。对于库存现金和各种有价证券，出纳人员要确保其安全和完整无缺。具体要求如下：库存现金不得超过银行核定的限额，超过部分要及时存入银行；不得以"白条"抵充现金，更不得任意挪用现金；如果发现库存现金有短款或长款，应查明原因，根据情况分别处理，不得私下取走或补足；如有短缺，要负赔偿责任；严守保险柜密码，保管好钥匙，不得随意转交他人。

⑤ 保管有关印章，登记注销支票。出纳人员所管的印章必须妥善保管，严格按照规定用途使用。但签发支票的各种印章，不得全部交由出纳一人保管。对于空白收据和空白支票，出纳人员必须严格管理，专设登记簿登记，认真办理领用、注销手续。

⑥ 复核收入凭证，办理销售结算。出纳人员应认真审查销售业务的有关凭证，严格按照销售合同和银行结算制度，及时办理销售款项的结算，催收销售货款；发生销售纠纷，贷款被拒付时，要及时通知有关部门处理。

（2）往来结算

① 办理往来结算，建立清算制度。

- 办理现金结算业务，主要包括：企业与内部核算单位和职工之间的款项结算；企业与外部单位不能办理转账手续和个人之间的款项结算；低于结算起点的小额款项结算；根据规定可以用于其他方面的结算。
- 办理各种应收、暂付款项的及时催收结算，应付、暂收款项的清偿等业务。出纳人员对确实无法收回的应收账款和无法支付的应付账款，应查明原因，按照规定报经批准后处理。
- 加强备用金管理。实行备用金制度的企业，要核定备用金定额，及时办理领用和报销手续，加强管理。对预借的差旅费，出纳人员要督促及时办理报销手续，收回余额，不得拖欠，不准挪用。

② 核算其他往来款项，防止坏账损失。对购销业务以外的各项往来款项，出纳人员要按照单位和个人分户设置明细账，根据审核后的记账凭证逐笔登记，并经常核对余额；年终，要抄列清单，并向领导或有关部门报告。

（3）工资核算

① 执行工资计划，监督工资使用。根据批准的工资计划，出纳人员应会同劳动人事部门，严格按照规定掌握工资和奖金的支付，分析工资计划的执行情况；对于违反工资政策，滥发津贴、奖金的，要予以制止并向领导和有关部门报告。

② 审核工资单据，发放工资奖金。出纳人员应根据实有职工人数、工资等级和工资标准，审核工资奖金计算表，办理代扣款项（包括计算个人所得税、住房公积金、劳保基金、失业保险金等），计算实发工资；按照车间和部门归类，编制工资、奖金汇总表，

填制记账凭证，经审核后，会同有关人员提取现金，组织发放。发放的工资和奖金，必须由领款人签名或盖章。发放完毕后，出纳人员要及时将工资和奖金计算表附在记账凭证后或单独装订成册，并注明记账凭证编号，妥善保管。

③ 负责工资核算，提供工资数据。出纳人员应按照工资总额的组成和支付工资的来源，进行明细核算；根据管理部门的要求，编制有关工资总额报表。

**2. 出纳工作的基本要求**

一个合格的出纳人员，不仅需要全面精通会计相关政策、熟练掌握高超的业务技能，还需要有严谨细致的工作作风等。

（1）会计相关政策

"不以规矩，不能成方圆。"出纳工作涉及的"规矩"很多，如《会计法》《会计基础工作规范》，以及会计制度、现金管理制度、银行结算制度、税收管理制度、发票管理办法，还有本单位的财务管理规定等。出纳人员要做好出纳工作，第一件大事就是学习、了解、掌握财经法规和制度，提高自己的政策水平，从而明白自己在工作中，哪些该干，哪些不该干，哪些该抵制，这样工作起来才会得心应手，才不会犯错误。

（2）业务技能

"台上一分钟，台下十年功。"出纳工作需要很强的操作技巧，如打算盘、用电脑、填票据、点钞票等，都需要有深厚的基本功。作为专职出纳人员，不但要具备处理一般会计事务的能力，还要有较强的数字运算能力，以及良好的货币、票据等真假的鉴别能力，因此，要勤练基本业务技能，勤练汉字、阿拉伯数字的书写，勤练鉴别能力，才能在出纳工作中少出错，不出错，更好地发挥出纳人员在会计工作中的前沿作用。

（3）工作作风

要做好出纳工作首先要热爱出纳工作，要有严谨细致的工作作风和职业习惯。出纳人员每天和金钱打交道，稍有不慎就会造成意想不到的损失，因此必须养成与出纳职业相符合的工作作风，概括起来就是：精力集中，有条不紊，严谨细致，沉着冷静。精力集中就是要全身心地投入工作，不为外界所干扰；有条不紊就是计算器具摆放整齐，钱款票据存放有序，办公环境洁而不乱；严谨细致就是收支计算准确无误，手续完备，不发生工作差错；沉着冷静就是在复杂的环境中随机应变，巧妙应对。

（4）安全意识

各单位中，现金、有价证券、票据、各种印鉴的保管，既要有内部的保管分工，各负其责且相互牵制，也要有对外的安保措施。从办公用房的建造，门、屉、柜的锁具配置，到保险柜密码的管理，都要符合安保要求。出纳人员既要密切配合安保部门的工作，更要增强自身的安全意识，学习安保知识和货币、票据等鉴别知识，把保护自身分管的公共财产物资的安全、完整作为自己的首要任务来完成。

（5）道德修养

出纳人员必须具备良好的职业道德修养，要热爱本职工作，精业、敬业；要遵纪守法，严格监督，并以身作则；要洁身自好，不贪、不占；要实事求是，真实客观；要保守单位机密；要竭力为本单位的中心工作、总体利益、全体员工服务，牢固树立为人民服务的思想。

### 3. 出纳工作的基本原则

出纳工作的基本原则主要是指内部牵制原则或者说钱账分管原则。《会计法》规定："会计机构内部应当建立稽核制度。出纳人员不得兼管稽核、会计档案保管和收入、费用、债权债务账目的登记工作。"

① 钱账分管原则是指凡是涉及款项和财物收付、结算及登记的任何一项工作，必须由两人或两人以上分工办理，以起到相互制约的作用。例如，现金和银行存款的支付，应由会计主管人员或其授权的代理人审核、批准，出纳人员付款，记账人员记账；发放工资，应由工资核算人员编制工资单，出纳人员办理工资发放，记账人员记账。实行钱账分管原则的目的，主要是加强会计人员相互制约、相互监督、相互核对，提高会计核算质量，防止工作误差和营私舞弊等行为的发生。

②《会计法》规定的出纳人员不得兼管稽核、会计档案保管和收入、费用、债权债务账目的登记工作，是由于出纳人员是各单位专门从事货币资金收付业务的会计人员，而且根据复式记账原则，每发生一笔货币资金收付业务，必然引起收入、费用或债权债务等账簿记录的变化，或者说每发生一笔货币资金收付业务都要登记收入、费用或债权债务等有关账簿，如果把这些账簿登记工作都由出纳人员办理，会给贪污舞弊行为以可乘之机。同样道理，如果稽核、内部档案保管工作也由出纳人员经管，也难以防止利用抽换单据、涂改记录等手段进行舞弊的行为。当然，出纳人员不是完全不能记账，只要所记的账不是收入、费用、债权债务方面的账目，是可以承担一部分记账工作的。

总之，钱账分管原则是出纳工作的一项重要原则，各单位都应建立健全这一制度，防止营私舞弊行为的发生，维护国家和单位财产的安全。

### 4. 出纳人员的权限

根据《会计法》《会计基础工作规范》等会计法规的规定，出纳人员具有以下权限。

① 维护财经纪律，执行财会制度，抵制不合法收支和弄虚作假行为。

② 参与货币资金计划定额管理。现金管理制度和银行结算制度是出纳人员开展工作必须遵照执行的法规，而执行这些法规，实际上是赋予了出纳人员对货币资金管理的职权。例如，按现金管理制度规定，要求各单位的库存现金必须限制在一定的范围内，多余的要按规定送存银行等。

③ 管好、用好货币资金。出纳工作每天和货币资金打交道，单位的一切货币资金往来都与出纳工作紧密相连。货币资金的来龙去脉，周转速度的快慢，出纳人员都清清楚楚。因此，提出合理安排、利用资金的意见和建议，及时提供货币资金使用和周转的信息，也是出纳人员义不容辞的责任。出纳人员应树立主动参与意识，把出纳工作融入整个会计工作、经济管理工作之中，以充分发挥出纳在会计工作中的作用。

### 5. 出纳与相关部门或人员的工作关系

（1）出纳与单位负责人及财务主管的关系

出纳与单位负责人及财务主管是上下级关系，因此，出纳人员应遵循以下原则。

① 尊重原则。尊重领导有利于建立和谐的工作氛围。出纳人员在业务处理过程中，要尊重领导的意愿和指示，但是也要保持独立的人格，在不违反法律法规和职业道德的基础上，要与领导保持良好的工作关系，当好领导的参谋。

② 服从原则。服从领导，是建立顺畅的工作秩序的前提。出纳人员在工作中要服从领导的安排，如果在某个环节上与领导有异议，尽量不在公共场合顶撞领导，表达不同意见时要注意讲究方式方法，与领导及时沟通的同时，维护领导的形象。

③ 请示原则。出纳人员在处理每笔资金的收付之前，一定要先请示领导，得到领导的审批之后才能办理。

④ 申辩原则。出纳人员要洁身自好，严格自律，对领导的错误指示要采用适当的形式进行申辩，不偏不倚，实事求是。

（2）出纳与财务同事的关系

出纳人员与财务同事的相处中，要遵循以下原则。

① 尊重原则。出纳工作与其他财务岗位工作密不可分，出纳人员要在尊重同事的前提下，保持顺畅的工作秩序和良好的协作关系。

② 沟通原则。出纳人员要在坚持原则的基础上完成岗位工作，在与同事合作的某些环节上如果遇到问题，要心平气和地沟通，对工作认真负责，公私分明，不推卸责任。

③ 周到原则。出纳工作具有高度的严谨性，既要在工作流程上讲究周到，不忽视每一个环节，还要在工作态度上讲究周到，在职责范围内主动、耐心，竭诚服务。

（3）出纳与税务部门的关系

出纳人员在办理各项收支、结算业务时，应及时关注财政部门颁布的相关政策、法律法规，严格按制度办事；在税务部门对单位进行税务检查时，应积极配合，认真做好凭证、账簿等涉税资料的准备工作。

（4）出纳与银行的关系

出纳人员与银行的接触机最为频繁，要及时了解银行的相关政策和结算规定，熟悉银行结算业务流程，与银行工作人员保持良好的工作关系。

### 6. 出纳人员的职业操守

出纳人员是会计人员的重要组成部分，是同金钱打交道的特殊职业，如果没有良好的素质，很难顺利通过"金钱关"。因此，出纳人员应具备以下职业操守。

（1）取得会计从业资格证书

《会计工作岗位规范》规定，未取得会计从业资格证书的人员，不得从事会计工作。持证上岗不仅是用人单位的要求，也是对用人单位利益的保证。

（2）客观公正，坚持原则

会计人员在办理会计事务时，应当实事求是，客观公正。出纳人员肩负着处理各种利益关系的重任，只有坚持原则，才能正确处理国家、集体与个人的利益关系。在工作中，有时须要牺牲局部与个人利益以维护国家利益，有时须要维护法律法规的尊严而去得罪同志和领导。这些都是出纳人员应该坚持和必须面对的。为了保障国家和集体的利益，出纳人员要真正肩负起国家赋予的实行会计监督的职责，能在出纳工作中坚持原则，自觉抵制不正之风。

（3）清正廉洁，不贪不占

清正廉洁是出纳人员的立业之本，是出纳人员职业道德的首要方面。出纳人员掌握着一个单位的现金和银行存款，有着将公款据为己有或挪作私用的便利条件，因此，要公私分明，自觉抑制不良思想。与此同时，要防止经济违法分子的拉拢而走向犯罪道路；要有坚定的意志和清正廉洁的高贵品质，否则，利用职务之便贪污舞弊、监守自盗、挪用公款，不仅害了集体，也害了自己。

（4）有必要的专业知识和专业技能

出纳人员应当具备必要的专业知识和专业技能，熟悉国家有关法律法规、规章和国家统一会计制度，遵守职业道德。此外，出纳人员每年要按照规定参加继续教育，了解和掌握会计政策及专业知识的变化，以提高业务水平，满足企业经营管理的需要。

（5）爱岗敬业、熟悉法律法规、依法办事、保守秘密、做好服务

出纳人员应当热爱本职工作，努力钻研业务知识，按照会计法律法规和国家统一会计制度规定的程序和要求进行会计工作，保证提供的会计信息合法、真实、准确、及时、完整；保守本单位的商业秘密，除法律规定允许和单位领导同意外，不能私自向外界提供或泄露本单位的会计信息；尽其所能，为改善本单位的内部管理、提高经济效益服务。

# 情境任务1.2　出纳核算方法与出纳账务处理基本程序认知

出纳人员在日常的工作过程中，要运用特定的核算方法，运用一定的业务程序来处理平时的工作事务。

## 1.2.1　出纳核算方法

出纳核算方法是完成出纳任务的手段，与整个会计核算方法基本相同，主要包括设置账户、复式记账、审核和填制凭证、登记账簿、财产清查、编制会计报表，以及对出纳核算资料进行分析和利用等方法。

### 1. 设置账户

设置账户是对核算对象的具体内容进行分类反映和监督的一种专门方法。就出纳核算而言，要分现金、每一种银行存款账户进行记录和核算。出纳常设账户有"现金日记账""银行存款日记账——结算户存款""银行存款日记账——××专户存款"等。

### 2. 复式记账

复式记账是对每一项经济业务通过两个或两个以上有关账户相互联系起来进行登记的一种专门方法。在我国，所有企业、事业单位、机关团体，统一采用借贷记账法。

### 3. 审核和填制凭证

审核和填制凭证是为了保证会计核算质量，审查经济活动的合理性、合法性而采用的一种专门方法。出纳人员对经济业务进行账务处理，在过账前，要复核有关原始凭证，填制或复核记账凭证。出纳人员对原始凭证的复核与专管费用报销人员对原始凭证的审核是两个不同的过程，出纳人员的复核是一种复查性的，是保证会计核算质量的重要的和必不可少的一种手段，是出纳工作的一个步骤；而费用报销的审核则是一项专门的财务管理工作。出纳人员不得兼管费用报销等审核工作。

#### 4. 登记账簿

登记账簿是根据记账凭证，在账簿上连续地、系统地、全面地记录经济业务的一种专门方法。出纳人员应按照记账的正确方法和程序登记账簿，并定期进行对账、结账，提供完整的、系统的核算资料；出纳日记账要逐笔、序时进行登记，并定期结出借贷发生额及余额；出纳人员还应出具出纳报告与总账会计进行核对。其中，现金日记账还要每日结出余额，并与库存现金核对。

#### 5. 财产清查

财产清查是对各项资产物资进行实物盘点、账面核对及对各项往来款项进行查询、核对，以保证账实相符的一种专门方法。通过财产清查，可以查明各项资产物资、债权债务、所有者权益等情况，加强物资管理，保持账记与实存的一致性，并为编制会计报表提供可靠的资料。出纳人员要每天清点核对库存现金，经常性地与银行进行账目核对，适时清点核对库存各种有价证券和结算票据。

#### 6. 编制会计报表

编制会计报表是以表格形式，定期、总括地反映经济活动和财务收支情况的一种专门方法。编制会计报表，可以反映企业财务状况、经营成果和预算、计划的执行情况，为企业增产节约、提高经济效益提供可靠的资料；为有关政府部门进行宏观调控提供有关信息；为投资人、债权人进行投资决策提供所需资料。

#### 7. 对出纳核算资料进行分析和利用

对出纳核算资料进行分析和利用是对核算资料所反映的各项经济指标进行对比分析，以便挖掘收入潜力，找出降低成本的办法，扩大经营成果。

上述出纳核算方法构成了一个完整的总体，它们是相互联系、紧密结合、环环相扣的。缺少哪一环，或者在哪一个环节上出了问题，都将影响整体核算质量。

### 1.2.2　出纳账务处理基本程序

出纳账务处理的基本程序如下。

① 根据原始凭证或汇总原始凭证填制收款凭证、付款凭证；对于投资有价证券业务，还要根据原始凭证或汇总原始凭证直接登记有价证券明细分类账（如债券投资明细分类账、股票投资明细分类账等）。

② 根据收款凭证、付款凭证逐笔登记现金日记账、银行存款日记账、有价证券明细分类账。

③ 现金日记账的余额与库存现金每天进行核对，与现金总分类账定期进行核对；银行存款日记账与开户银行出具的银行对账单每月至少核对一次，与银行存款总分类账定期进行核对；有价证券明细分类账与库存有价证券要定期进行核对。

④ 定期编制出纳报告，提供出纳核算信息。

## 情境描述

天马有限公司工作人员小张是该公司的出纳人员，负责整个公司的出纳业务。

## 任务描述

小张应按规定办理与单位相关的各项收付款业务，填制记账凭证；根据与现金、银行存款收付有关的凭证，登记现金日记账、银行存款日记账；每个月及时结账、对账，并及时编制出纳报告，装订各类凭证并做好出纳档案的保存工作。

## 工作过程

小张每个月的出纳账务处理程序包括以下几个步骤。

**步骤1：办理收付款业务。**

书写要求：小写金额用阿拉伯数字逐个书写，不得写连笔字；在金额前要填写人民币符号"¥"，人民币符号"¥"与阿拉伯数字之间不得留有空白；金额数字一律填写到角分，无角分的，写"00"或符号"—"，有角无分的，分位写"0"，不得用符号"—"。

大写金额用汉字壹、贰、叁、肆、伍、陆、柒、捌、玖、拾、佰、仟、万、亿、元、角、分、零、整等，一律用正楷或行书字体书写；大写金额前未印有"人民币"字样的，应加写"人民币"3个字，"人民币"字样和大写金额之间不得留有空白；大写金额到元或角为止的，后面要写"整"或"正"字，有分的，不写"整"或"正"字。

**步骤2：填制记账凭证。**

① 编制记账凭证。出纳人员应在办理资金收付、银行结算等业务后，根据原始凭证填制记账凭证，并在记账凭证上签章。

1〉记账凭证的日期应为凭证编制日期，而不是业务发生日期。

2〉记账凭证"金额"栏的空白处应画线注销，以避免被填涂而改变行次内容。

3〉记账凭证上，小写的金额合计数前应有人民币符号封口，以免被填涂而改变金额。

② 将记账凭证交由会计主管或其他财务人员进行审核。

**步骤3：根据与现金、银行存款收付有关的凭证登记现金日记账、银行存款日记账。**

① 登记账簿，必须以审核无误的会计凭证为依据。登账完毕后，还要在记账凭证上签名或盖章，并注明所记账簿的页数，或者做登账符号"√"，表示已经记账，避免重记、漏记。

② 按顺序连续登记。各种账簿应按页次顺序连续登记，不得跳行、隔页。如果发生跳行、隔页，应当将空行、空页画线注销，或者注明"此行空白""此页空白"字样，并由记账人员签名或盖章。这样可以避免有人在空行和空页随意添加记录，从而减少在账簿登记中可能出现的漏洞。

日记账每一账页登记完毕结转下页时，应当结出本月开始至本页末止的发生额及余额，写在本页最后一行和下页第一行的有关栏内，并在"摘要"栏内注明"过次页"和

"承前页"字样；也可以将本页合计数及金额只写在下页第一行的有关栏内，并在"摘要"栏内注明"承前页"字样。

③ 逐笔、序时登记日记账，做到日清月结、账款相符。具体要求如下。

1）在登账的科目后标明记账符号"√"。

2）在记账人处签章。

3）日记账中的日期、摘要均为记账凭证中的日期、摘要。

4）结出余额公式，即：上日余额＋本日收入－本日支出＝本日余额。

**步骤4：结账、对账。**

① 每日工作。

1）结账。在每日业务终了时，应结出现金日记账及银行存款日记账的本日余额。在分设收入日记账和支出日记账的情况下，在每日终了按规定登记入账后，应结出当日收入合计数和当日支出合计数，然后将支出日记账中的当日支出合计数，记入收入日记账中的"当日支出合计"栏内，在此基础上再结出当日账面余额。

2）对账。每天下班前，盘点库存现金的实有数，与现金日记账的当日余额核对，查看是否相符，如果不符应查找原因并及时做出处理。

② 月末工作。

1）对账。月末，将日记账与相关收付业务的记账凭证核对（核对的主要工作是：核对凭证；复查记账凭证与原始凭证，看两者是否完全相符；核对账证金额与方向的一致性，如发现错误应立即更正）；将现金日记账、银行存款日记账的余额与现金总账、银行存款总账余额核对；将银行存款日记账与银行对账单核对，并编制银行存款余额调节表；对保管的支票、发票、有价证券、重要结算凭证进行清点，按顺序进行登记核对。

2）结账。现金日记账、银行存款日记账在每月结账时，要结出本月发生额和余额，在"摘要"栏内注明"本月合计"字样，并在下面通栏画单红线。

如果年度终了时，现金日记账、银行存款日记账有余额，要将余额结转下年，并在"摘要"栏内注明"结转下年"字样；在下一会计年度新建有关会计账户的第一行"余额"栏内填写上年结转的余额，并在"摘要"栏注明"上年结转"字样。

**步骤5：编制出纳报告。**

① 在对账、结账后，根据现金日记账、银行存款日记账、其他货币资金明细账、有价证券明细账等核算资料，编制出纳报告。

② 将出纳报告中的数字同据以编制出纳报告的账簿中的有关数字进行核对。

③ 将出纳报告送主管人员处审批。

**步骤6：装订凭证。**

① 装订前的整理。

② 会计凭证的装订，具体步骤如下。

1）填写记账凭证封面。

2）整理记账凭证。

3）用打孔机在凭证的左上角打眼儿。

4）用大针引线绳穿过钻好的眼儿，将凭证缝牢，线绳最好把凭证两端也系上。在凭证的背面打结，然后取下夹子。

5〉将包角纸往后翻，压平，上侧成90°。

6〉按凭证左上角的大小裁剪包角纸，并用包角纸将线绳遮盖并粘牢。

7〉将装订好的凭证放进凭证盒，并在盒脊上填好相关要素。

**步骤7：出纳档案的保存。**

① 整理和保管有关凭证。出纳记账所依据的原始凭证及记账凭证，在出纳记账后，要传递给记账会计，在年终归档前由记账会计进行整理和保存。

② 调阅出纳资料。出纳人员保存的核算资料，按规定不能外借，若有特殊情况需要调阅时，必须报经上级主管部门批准，并应登记，签字，限期归还。调阅的出纳资料不能拆散原卷册。

# 情境任务1.3  出纳报告与出纳交接认知

任何一名出纳人员都随时有可能面临各种假期，如婚假、产假、事假，或者是永久性地离开工作岗位，因而如何做好出纳工作的交接就显得尤为重要。

## 1.3.1  出纳报告

### 1. 出纳报告的含义

出纳人员记账后，应根据现金日记账、银行存款日记账、有价证券明细账、银行对账单等核算资料，定期编制出纳报告和银行存款余额调节表，报告本单位一定时期内的现金、银行存款、有价证券的收支存情况，并与总账会计核对期末余额。

### 2. 出纳报告的填制说明

① 出纳报告的报告期可与本单位总账会计汇总记账的周期相一致，如果本单位总账10天汇总一次，则出纳报告10天编制一次。

② 上期结存数是指报告期前一期期末结存数，即本期报告期前一天的账面结存金额，也是上一期出纳报告的"本期结存"数字。

> **小·贴士**
>
> 本期结存是指本期期末账面结存数字。它等于"合计"数字减去"本期支出"数字。本期结存必须与账面实际结存数一致。

③ "本期收入"按账面本期合计借方数字填列。

④ "合计"是上期结存与本期收入的合计数字。

⑤ "本期支出"按账面本期合计贷方数字镇列。

出纳报告的格式如表1.1所示。

**表1.1 出纳报告的格式**

**出纳报告**

单位名称：　　　　年　　月　　日至　　年　　月　　日　　　　　编号：

| 项　目 | 上期结存 | 本期收入 | 本期支出 | 期末结存 | 备　注 |
|---|---|---|---|---|---|
| 现金 | | | | | |
| 　银行存款 | | | | | |
| 　　其中： | | | | | |
| 　　　基本存款户 | | | | | |
| 　　　一般存款户 | | | | | |
| 　　　专项存款户 | | | | | |
| 　　　…… | | | | | |
| 　其他货币资金 | | | | | |
| 　　其中： | | | | | |
| 　　　外埠存款 | | | | | |
| 　　　银行汇款存款 | | | | | |
| 　　　银行本票存款 | | | | | |
| 　　　…… | | | | | |
| 　有价证券 | | | | | |
| 　　其中： | | | | | |
| 　　　股票 | | | | | |
| 　　　债券 | | | | | |
| 　　　…… | | | | | |
| 合　计 | | | | | |

主管：　　　　　记账：　　　　　复核：　　　　　出纳：

## 1.3.2 出纳交接

出纳交接的具体内容，要根据单位规模大小、出纳人员多少、出纳人员的分工和主管的业务等情况具体而定。工作交接一般应包括财产物资等实物的交接、出纳文件及账证的交接、出纳电算化资料的交接、口头业务介绍及注意事项的交接等。

**情境描述**

天马有限公司出纳人员小张由于工作调动，需要离开出纳岗位，由小李接替该岗位工作。

**任务描述**

小张应按规定与接替人员小李办理交接手续；出纳人员在交接过程中要有专人负责监交；交接之前要对小张管理的财物进行清查，做到账证相符、账表相符、账实相符；交接时需要填写移交清册，将所有移交的票、款、物等详细地在移交清册中注明，并按移交清册向接交人点清，然后由交、接、监三方在移交清册上签字盖章。移交清册应存入会计档案。

 工作过程

出纳工作的交接一般分3个步骤进行。

**步骤1：交接准备。**

① 已经受理的出纳业务尚未填制收、付款记账凭证的，应填制完毕。

② 尚未登记的账目，应登记完毕，结出余额，并在最后一笔余额后加盖本人印章。

③ 整理应该移交的各项资料，对未了事项写出书面说明。

④ 编制移交清册，列明应移交的记账凭证、现金日记账、银行存款日记账、财务专用章、现金收讫章、现金付讫章、会计主管章、现金支票簿、转账支票簿、现金、有价证券、空白凭证、空白账表、文件、资料及其他物品等。有价证券要写明证券名称、数量、金额及号码；空白凭证要写明本数、张数等。

⑤ 填写出纳工作交接说明书，记录移交内容。

**步骤2：交接阶段。**

出纳人员的离职交接，必须在规定的期限内，向接交人员移交清楚。接交人员应认真按移交清册当面点收。

① 现金应根据日记账的余额当面点交，不得短缺。接交人员发现不一致或"白条抵库"现象时，移交人员要在规定期限内负责查清、处理。

② 有价证券的金额要与分类账、备查账记录一致，有价证券面额与发行价不一致时，按照会计账簿上的余额交接。

③ 出纳人员保管的日记账和其他会计资料必须完整无缺，不得遗漏。如有短缺，应移交相关人员查明原因，并在移交清册中注明。

④ 银行存款日记账余额要与银行对账单余额核对相符，如有未达账项，应编制银行存款余额调节表调节，使双方的余额调节一致；如有不符，应由移交人员查明原因，在移交清册中注明并负责处理。

⑤ 接交人员按移交清册点收公章（主要包括财务专用章、支票专用章和领导人名章）、收据、空白支票、发票和其他实物等。

⑥ 接交人员办理接收后，应在日记账扉页的启用表上填写接收时间，并签名盖章。

**步骤3：出纳人员办理移交手续时，必须由监交人监交。**

监交人应为会计部门负责人（会计主管人员）。接交人员要按照移交人员编制的移交清册，当面逐项点收。对需要继续办理的事项和移交中需要说明的问题，移交人应以书面方式当面提交。移交清册一式三份，分别由移交人、接交人、监交人签章后留执。监交人留执一份用于单位存档，接交人留执一份待日后离岗时再移交下去。需要指出的是，在交接之前，财务部门应为接交人员刻好名章，移交人员的名章不再交由接交人使用。现金日记账和银行存款日记账要继续使用的，接交人员不得自行另立新账。移交清册上要注明：单位名称、交接日期、监交人职务。在现金日记账与银行存款日记账扉页的启用表内，还应由移交人、接交人注明交接日期，移交人、接交人和监交人姓名，并由交接双方签章。

操作指导

**出纳工作交接说明书**

移交人原出纳人员×××，因工作调动，财务处已决定将出纳工作移交给×××接管。现办理如下交接。

1.交接日期：××××年××月××日

2.具体业务的移交：

（1）库存现金：××月××日账面余额××元，实存相符，月记账余额与总账相符；

（2）库存国库券：××元，经核对无误；

（3）银行存款余额××元，经编制银行存款余额调节表核对相符。

3.移交的会计凭证、账簿、文件：

（1）本年度现金日记账××本；

（2）本年度银行存款日记账××本；

（3）空白现金支票××张（××号至××号）；

（4）空白转账支票××张（××号至××号）；

（5）委托收款登记簿××本；

（6）电汇登记簿××本；

（7）信汇登记簿××本；

（8）金库暂存物品明细表××份，与实物核对相符；

（9）银行对账单××月份至××月份××本；××月份未达账项说明××份。

4.印鉴：

（1）××公司财务处转讫印章×枚；

（2）××公司财务处现金收讫印章×枚；

（3）××公司财务处现金付讫印章×枚。

5.交接前后工作责任的划分：××××年××月××日前的出纳责任事项由×××负责；××××年××月××日起的出纳工作由×××负责。以上移交事项均经交接双方认定无误。

6.本交接书一式三份，双方各执一份，存档一份。

移交人：×××（签名盖章）

接交人：×××（签名盖章）

监交人：×××（签名盖章）

情 境 总 结

通过对学习情境1的学习，我们知道出纳是管理货币资金、票据、有价证券收付的一项工作。它有广义和狭义之分。出纳岗位是会计工作的一项分工，日常工作主要包括货币资金核算、往来结算、工资核算3个方面的内容。一个合格的出纳人员，不仅需要有全面精通的政策水平、熟练高超的业务技能，还需要有严谨细致的工作作风。出纳工作的基本原则主要指内部牵制原则或钱账分管原则。《会计法》规定："会计机构内部应当建立稽核制度。出纳人员不得兼管稽核、会计档案保管和收入、费用、债权债务账目的登记工作。"由于出纳是同金钱打交道的特殊职业，出纳人员必须具有良好的职业操守，才能过好"金钱关"。

 **思考练习题**

**一、多项选择题**

1.《会计法》规定，出纳人员不得兼管（      ）。
　　A. 所有账簿　　　　　　　　　　B. 会计档案
　　C. 收入、费用账目登记　　　　　D. 债权债务账目登记

2. 出纳人员的日常业务主要有（      ）。
　　A. 现金收支业务　　　　　　　　B. 银行结算业务
　　C. 保管库存现金、有价证券　　　D. 发票的开具

3. 出纳人员的权限主要有（      ）。
　　A. 抵制不合法的收支和弄虚作假行为
　　B. 参与货币资金计划定额管理
　　C. 管好、用好货币资金
　　D. 安排资金使用

4. 出纳与会计的主要区别表现在（      ）。
　　A. 出纳管钱不管账，会计管账不管钱
　　B. 出纳是一种账实兼管的工作，其他财务人员管账不管钱
　　C. 会计管账，出纳分管企业票据、货币资金和有价证券等的收付、保管、核算工作
　　D. 出纳直接参与经济活动过程，其他财务工作一般不直接参与经济活动过程

5. 出纳日常核算工作内容主要有（      ）。
　　A. 货币资金核算　　　　　　　　B. 往来结算
　　C. 工资结算　　　　　　　　　　D. 编制财务报告

6. 出纳业务处理程序主要有（      ）。
　　A. 填制收、付款凭证　　　　　　B. 逐笔登记现金日记账和银行存款日记账
　　C. 做到日清月结　　　　　　　　D. 定期或不定期编制出纳报告

7. 出纳人员办理移交手续时，监交人可以是（      ）。
　　A. 单位负责人　　　　　　　　　B. 会计部门负责人
　　C. 由会计部门负责人指定某一会计人员　D. 不需监交

客观题自测

8.出纳人员在下列情况下须办理移交手续的是（　　）。

　　A.婚假　　　　B.外出学习　　　　C.出差　　　　D.国庆长假

9.出纳人员的配备一般可采用（　　）。

　　A.一人一岗　B.一人多岗　　　C.一岗多人　D.多人多岗

10.出纳人员不得兼管（　　）工作。

　　A.稽核　　　　　　　　　　B.会计档案保管

　　C.收入账目登记　　　　　　D.现金日记账登记

11.实行回避制度单位的会计机构负责人、会计主管人员的（　　）不能在本单位担任出纳工作。

　　A.配偶　　　B.儿女　　　　C.兄弟　　　D.伯父

12.回避制度中，直系亲属是指（　　）。

　　A.夫妻关系　　　　　　　　B.直系亲属关系

　　C.三代以内旁系血亲　　　　D.近姻亲关系

13.属于出纳人员业务范围的有（　　）。

　　A.保管库存现金和有价证券　　B.保管空白支票和空白收据

　　C.保管有关印章　　　　　　　D.保管会计档案

## 二、判断题

1.出纳是管理货币资金、票据、有价证券收付的一项工作。　　　　　　　　（　　）

2.从广义上讲，出纳人员既包括会计部门的出纳人员，也包括业务部门的各类收银员。　　　　　　　　　　　　　　　　　　　　　　　　　　　　　　　　　（　　）

3.出纳工作不需要什么技巧，谁都可以干。　　　　　　　　　　　　　　（　　）

4.《会计法》规定，出纳人员不得兼管稽核、会计档案保管和收入、费用、债权债务账目的登记工作，也就是只能管钱，不能管任何账簿。　　　　　　　　　（　　）

5.出纳人员只要能打算盘或使用计算器就可以了，没有必要取得会计从业资格证。　　　　　　　　　　　　　　　　　　　　　　　　　　　　　　　　　（　　）

6.出纳核算也是一种特殊的明细核算。　　　　　　　　　　　　　　　　（　　）

7.出纳人员暂时离岗时，不必办理移交手续。　　　　　　　　　　　　　（　　）

8.出纳工作是会计工作的重要组成部分，出纳人员是会计部门的成员之一。（　　）

9.国家机关、国有企业、事业单位的会计机构负责人、会计主管人员的直系亲属不得在本单位会计机构中担任出纳工作。　　　　　　　　　　　　　　　　　（　　）

10.因出纳人员变更，为明确责任，新任出纳人员应更换新的现金日记账进行登记。　　　　　　　　　　　　　　　　　　　　　　　　　　　　　　　　　（　　）

## 三、简答题

1.出纳工作有什么特点？

2.出纳工作应遵循的基本原则是什么？

3.出纳人员的职责是什么？

4.出纳人员应具备哪些素质？

# 学习情境 ②

## 出纳的基本操作

### 🔵 学习目标

1. 职业知识：掌握人民币鉴别方法和要点，掌握损伤、残缺人民币的处理及人民币的保护等方法。

2. 职业能力：掌握真假票币的辨别方法、手工点钞技能及小键盘输入技能。

3. 职业素养：熟悉发票、支票和汇票真伪的鉴别方法。

### 🔵 案例导入

小李大学毕业后被顺利录用为银行的储蓄柜员，经过严格的培训之后，已经能够独立上岗办理业务。一天，张先生带了 20 000 元前来储蓄，小李在将 20 000 元过验钞机之后又手工点钞了一遍，怀疑其中有一张面额为 100 元的纸币是假币，但是验钞机没有检验出来。于是，小李立刻叫来柜台经理，经两人仔细辨认，确认这张 100 元纸币是从未见过的假币种类。随后，小李当着张先生的面盖上假币章，并开具了假币收缴凭证，并将盖章的假币收缴凭证的一联交给张先生签字，且告知了他的权利。同时，由于这张假币属于新的造假手段制造的假币，小李立即向公安机关报了案。

请问小李这一系列的做法对吗？我们该如何去辨认钞票的真伪？如果你是一名出纳人员，收到假币又该怎么办呢？

_____

_____

_____

_____

_____

_____

# 情境任务2.1　人民币真伪鉴别

人民币是我国的法定货币。出纳人员在办理日常的货币资金业务时，一定要准确鉴别人民币的真伪，以保证资金的安全和完整。可见，掌握人民币的防伪特征，是出纳人员日常工作的一项重要技能。

## 2.1.1　人民币的防伪特征

我国当前主要流通使用第五套人民币，人民币票券在印制方面的主要防伪特征如下。

### 1. 人民币用纸的防伪特征

印制人民币用的纸张是特制的纸张，一般叫作钞票纸。这种纸张主要具有以下4个特征。

（1）纸的质地优良

制造钞票纸的原料是棉短绒和少量木浆，比一般的造纸原料贵重得多，而且造纸原料配方有着严格的固定比例，造出来的纸质地光洁细腻，坚韧耐折，挺括平整。如果用手拿着钞票纸在空中抖动，或者两手拿着钞票纸的两端一松一紧地拉动，再或者用手指轻弹钞票纸的表面，都会发出清凌明脆的声音。而普通印刷纸的原料大都是稻草、麦秆、破布等，纸的质地绵软粗糙，韧性和张力不足，极易拉断。如果在空中抖动，它的声音发闷。

（2）无荧光反应

钞票纸的原材料都是纯净清洁、不含杂质的，白度很高，不添加荧光增白剂，呈自然的洁白色，在紫外线的光照下，没有荧光反应。而普通的印刷纸，一般都要添加荧光增白剂，在紫外线的光照下，会发出明亮的蓝白荧光。

（3）水印

钞票纸采用了水印技术。水印是在钞票纸的生产过程中，通过改变纸浆纤维密度的方法制成的，在造纸的过程中已经制作定型，而不是后压印上去或印在钞票纸表面上的。因此，水印图案都有较强的立体感、层次感和真实感。

（4）安全线

安全线是在造纸的过程中，采用特殊技术在纸张中嵌入一条比较薄的金属或塑料线。许多国家还在安全线上增设了防伪技术，如在安全线上印上缩微文字，在安全线上加入磁性和全息特征，采用开窗安全线——这种安全线一部分埋在纸里，一部分裸露在纸面上。例如，2005年版人民币5元及以上券别均采用了全息磁性开窗安全线。

### 2. 人民币所用油墨的防伪特征

印制钞票的油墨是特制的油墨，这种油墨的原材料构成比较复杂。其中，颜料、填充料、干燥剂等都是特殊制造的，各种原材料的调制和配比，都有专门技术。针对不同的印刷设备，油墨的调制方法和性能也有所不同。这样印出来的钞票画面，油墨在纸上的堆积层比较厚，立体感强，用手触摸会有突出的感觉。在钞票的不同部位还可使用不同性能的油墨，就更加强了钞票的防伪功能。在人民币上使用的防伪油墨，常用的有色荧光油墨、无色荧光油墨、磁性油墨、光变油墨、红外光油墨、防复印油墨等。

### 3. 人民币制版和印刷的防伪特征

**（1）票面设计**

人民币票面的设计采用民族特色图案衬托主景，花符对称，正背面对应，阴阳光线分明，在不同部位上或凹印或凸印、平印错落有致，多种防伪措施和标志布局合理，加上名人手写银行行名，使伪造者难以一一仿效。

**（2）印刷制版**

人民币印刷制版采取了先进的机器雕刻与手工雕刻相结合的技术。机雕的底纹、团花、网状线极其精细，仿制的难度极大。手工雕刻的每一个图景、图形，都是由美术家绘制、雕刻师精心雕刻的，由于每个美术家、雕刻师均有自己的艺术风格，其雕刻的深浅、弧度、角度，他人很难模仿，因此有极强的防伪功能。

**（3）多色接线技术**

人民币票面各种图案、图形上的线条，是由多种颜色组成的，在不同的部位或线段上显示了不同的颜色，且线段间衔接自然，即由一种颜色自然地、渐变地过渡到另一种颜色，没有重叠、缺口、漏白、错位等现象，更没有生硬的感觉。而假币的线条色彩变换过渡不自然，较容易被鉴别。

**（4）彩虹印刷技术**

人民币票面主图的背景部位由各种细线条组成的图案，叫作底纹。底纹由直线、斜线、波纹线等构成，线条分布均匀，有一定的规律性。由于底纹色彩的面积比较大，因此多种颜色的变换可以呈现出彩虹般的色彩效果。

**（5）对印技术**

人民币的正面和背面是一次印刷完成的。对印技术印出来的钞票就会有完全符合预定设计要求的效果，如果用迎光照看和斜光映看相对照的方法，就可检验出这种图案或花纹在正面和背面的颜色、位置、样式及色彩的变换等都是一样的。例如，第五套人民币的胶印对印图案。

## 2.1.2 假币的基本特点

综合各种假币的主要特征和制作手段，一般可归纳为变造币和伪造币两种。

### 1. 变造币的基本特点

变造币是指在真币的基础上，通过涂改、剪接、挖补、揭层等办法进行加工处理，改变真币原形态，以此实现升值的假币。根据对真币的加工处理方法不同，变造币又可分为以下3种。

**（1）涂改币**

涂改币是将真币票面金额用化学药剂涂掉，再用油墨或颜料加以涂改，使其面额增大的假币。这种变造币的涂改部分在颜色、花纹等方面和真币有明显的不同，它的破绽是较易鉴别的。

（2）剪贴币

剪贴币是将真币剪贴拼凑成局部缺位的假币。例如，把5张拼成6张，把8张拼成10张等。也有的是将票面金额部分进行挖补，使其面额增值。这种变造币，其拼凑、挖补部分的图案、花纹、线条不能完全准确对接，因此，只要留心注意，就可以发现问题。

（3）揭页币

揭页币是将真币的纸层揭开，一分为二，再用其他纸张粘贴于背后的单面假币。这种变造币，虽然其图案、花纹等都和真币一样，但它另外一面是空白的，只能掺在众多的真币当中滥竽充数，蒙混过关。因此，在清点大批量钞票时应注意这类假币。

### 2. 伪造币的基本特点

伪造币是指仿造真币原样，利用各种手段仿制的假币。按其仿制手段和方法，可将伪造币分为以下4种类型。

（1）手绘假币和手工刻版印刷的假币

手绘假币是按照真币的样子临摹的假币。手工刻版印刷的假币是用蜡纸、石版、塑料、木板等材料手工雕刻制版印刷的假币。这种方法伪造出来的假币质量比较粗劣，但在过去是比较常见的一种假币。它的特点是：由于使用的是普通的胶版纸或书写纸，颜料也是一般的绘画颜料或广告色，因此看起来笔调粗细不匀，颜色和图纹与真币差异较大。这类假币较易鉴别，但警惕性较差的老人、小孩等人群较易受骗。

（2）拓印假币

拓印假币是以真币拓印成的假币。它的制作方法是：以真币为基础，用某种化学药品使真币上的图纹油墨脱离一部分，然后拓印到另外的纸上而形成假币。这种假币又叫拓印币，其图案、花纹等和真币完全一样，但由于它只得到真币上的一部分油墨，所以墨色较浅，画面形态显得单薄，给人以一种脆弱的感觉。真币被拓印后也遭受到一定的损坏——颜色变浅或图纹模糊不清，被称为被拓印币。被拓印币虽是真币形成的，但它的背后必定有拓印假币，所以更值得注意。

（3）复印合成假币

复印合成假币是利用黑白或彩色复印机制作的假币。它的制作方法是：先将真币在复印机上复印出真币的图案花纹，再用彩色套印的方法合成钞票样的假币。这种假币的印制效果比前述各种假币都要精细些，但在人民币的各种防伪措施面前它的仿制却无能为力，特别是在纸张、油墨等方面难以乱真，通过一定方法即可予以鉴别。

（4）机制假币

机制假币是利用现代化的制版印刷设备伪造的货币。这类假币主要是从中国香港、台湾地区流入，比较逼真，版别也较多，对社会的危害很大。但只要我们掌握人民币的仿伪特征及鉴别方法，就不难鉴别这类假币。例如，这类假币的水印大多是印上去的，不用透光就可看见；假币纸张在紫外光下会发出荧光，其线条多为网点结构，等等。

# 情境任务2.2 第五套人民币的防伪特征

我国现行流通的第五套人民币有两种。一种是2005年8月31日中国人民银行发行的 2005 年版第五套人民币，各面额纸币年版号为"2005 年"。经国务院批准发行的 2005 年版第五套人民币有：100 元、50 元、20 元、10 元、5 元纸币和 1 角硬币。另一种是 2015 年 11 月 12 日中国人民银行发行的 2015 年版第五套人民币 100 元纸币。

## 2.2.1 第五套人民币各币值的防伪特征

### 1. 2005 年版第五套人民币 1 角硬币的防伪特征

图 2.1 2005 年版第五套人民币 1 角硬币的防伪特征

第五套人民币 1 角硬币的材质由铝合金改为不锈钢，色泽为钢白色。其正面为"中国人民银行""1 角"和汉语拼音字母 YIJIAO 及年号 2005，背面为兰花图案及中国人民银行的汉语拼音字母 ZHONGGUO RENMIN YINHANG，直径为 19 mm。2005 年版第五套人民币 1 角硬币的防伪特征如图 2.1 所示。

### 2. 2005 年版第五套人民币 5 元纸币的防伪特征

第五套人民币 5 元纸币主色调为紫色，票幅长 135 mm，宽 63 mm。票面正面主景为毛泽东头像，左侧为中国人民银行行名、阿拉伯数字 5、面额"伍圆"和花卉图案。票面左上角为中华人民共和国国徽图案，票面右下角为盲文面额标记。票面正面印有双色横号码。票面背面主景为泰山图案，右上方为中国人民银行的汉语拼音字母和蒙、藏、维、壮 4 种民族文字的中国人民银行字样和面额。2005 年版第五套人民币 5 元纸币的防伪特征如图 2.2 所示。

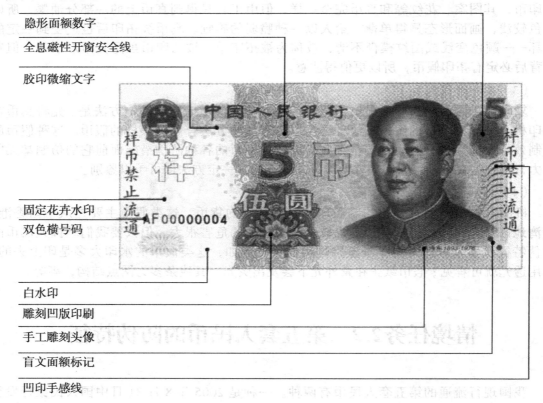

隐形面额数字
全息磁性开窗安全线
胶印微缩文字
固定花卉水印
双色横号码
白水印
雕刻凹版印刷
手工雕刻头像
盲文面额标记
凹印手感线

汉语拼音YUAU

年号 "2005年"

**图 2.2　2005 年版第五套人民币 5 元纸币的防伪特征**

### 3. 2005年版第五套人民币10元纸币的防伪特征

第五套人民币 10 元纸币主色调为蓝黑色，票幅长 140 mm，宽 70 mm。票面正面主景为毛泽东头像，左侧为中国人民银行行名、阿拉伯数字 10、面额 "拾圆" 和花卉图案。票面左上角为中华人民共和国国徽图案，票面右下角为盲文面额标记。票面正面印有双色横号码。票面背面主景为长江三峡图案，右上方为中国人民银行的汉语拼音字母和蒙、藏、维、壮 4 种民族文字的中国人民银行字样和面额。2005 年版第五套人民币 10 元纸币的防伪特征如图 2.3 所示。

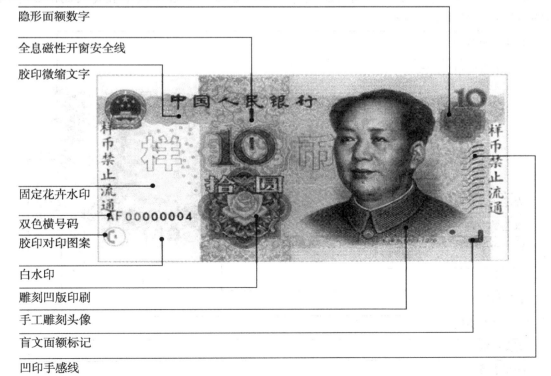

隐形面额数字

全息磁性开窗安全线

胶印微缩文字

固定花卉水印

双色横号码

胶印对印图案

白水印

雕刻凹版印刷

手工雕刻头像

盲文面额标记

凹印手感线

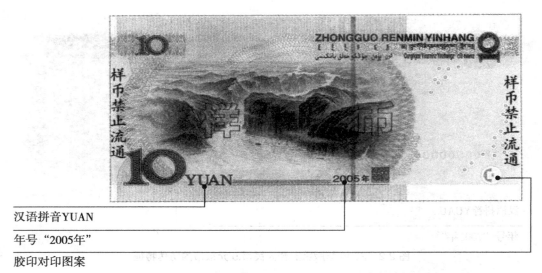

汉语拼音YUAN

年号"2005年"

胶印对印图案

图 2.3　2005 年版第五套人民币 10 元纸币的防伪特征

### 4. 2005年版第五套人民币20元纸币的防伪特征

第五套人民币 20 元纸币主色调为棕色，票幅长 145 mm，宽 70 mm。票面正面主景为毛泽东头像，左侧为中国人民银行行名、阿拉伯数字 20、面额"贰拾圆"和花卉图案。票面左上角为中华人民共和国国徽图案，票面右下角为盲文面额标记。票面正面印有双色横号码。票面背面主景为桂林山水图案，右上方为中国人民银行的汉语拼音字母和蒙、藏、维、壮 4 种民族文字的中国人民银行字样和面额。2005 年版第五套人民币 20 元纸币的防伪特征如图 2.4 所示。

隐形面额数字

全息磁性开窗安全线

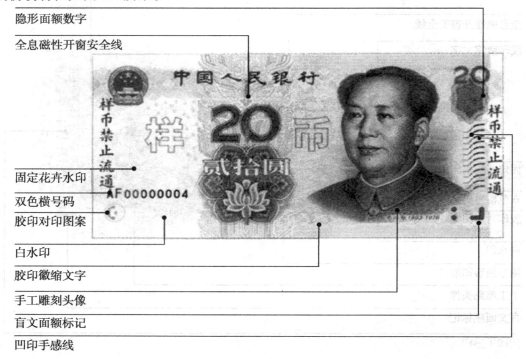

固定花卉水印

双色横号码

胶印对印图案

白水印

胶印徽缩文字

手工雕刻头像

盲文面额标记

凹印手感线

雕刻凹版印刷

汉语拼音YUAN

年号"2005年"

胶印对印图案

**图2.4 2005年版第五套人民币20元纸币的防伪特征**

### 5. 2005年版第五套人民币50元纸币的防伪特征

第五套人民币50元纸币主色调为绿色，票幅长150 mm，宽70 mm。票面正面主景为毛泽东头像，左侧为中国人民银行行名、阿拉伯数字50、面额"伍拾圆"和花卉图案。票面左上角为中华人民共和国国徽图案，票面右下角为盲文面额标记。票面正面印有双色异形横号码。票面背面主景为布达拉宫图案，右上方为中国人民银行的汉语拼音字母和蒙、藏、维、壮4种民族文字的中国人民银行字样和面额。2005年版第五套人民币50元纸币的防伪特征如图2.5所示。

隐形面额数字

胶印对印图案

胶印微缩文字

固定人像水印

双色异形横号码

光变油墨面额数字

白水印

雕刻凹版印刷

手工雕刻头像

盲文面额标记

凹印手感线

全息磁性开窗安全线

样币禁止流通

样币禁止流通

汉语拼音YUAN

年号"2005年"

胶印对印图案

**图2.5　2005年版第五套人民币50元纸币的防伪特征**

### 6. 2005年版第五套人民币100元纸币的防伪特征

第五套人民币100元纸币主色调为红色，票幅长155 mm，宽77 mm。票面正面主景为毛泽东头像，左侧为中国人民银行行名、阿拉伯数字100、面额"壹佰圆"和椭圆形花卉图案。票面左上角为中华人民共和国国徽图案，票面右下角为盲文面额标记。票面正面印有双色异形横号码。票面背面主景为人民大会堂图案，左侧为人民大会堂内圆柱图案，右上方为中国人民银行的汉语拼音字母和蒙、藏、维、壮4种民族文字的中国人民银行字样和面额。2005年版第五套人民币100元纸币的防伪特征如图2.6所示。

隐形面额数字

胶印对印图案

胶印微缩文字

样币禁止流通

固定人像水印

双色异形横号码

光变油墨面额数字

白水印

雕刻凹版印刷

手工雕刻头像

盲文面额标记

凹印手感线

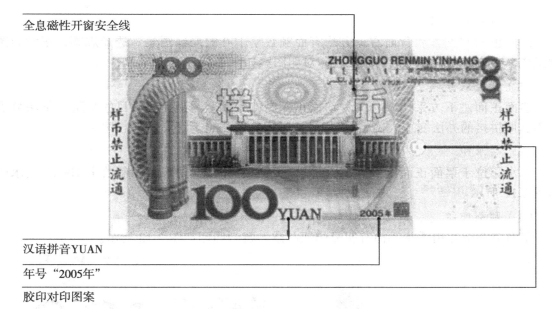

全息磁性开窗安全线

汉语拼音YUAN

年号"2005年"

胶印对印图案

**图2.6 2005年版第五套人民币100元纸币的防伪特征**

### 7. 2015年版第五套人民币100元纸币的防伪特征

2005年版第五套人民币100元纸币自发行以来，迄今已有10年。10年间，自动售货设备和现金自动处理设备蓬勃发展，一些不法分子也不断利用新技术来伪造人民币，这就对人民币的机读性能提出了更高要求。为了更好地保护人民币持有人的利益，不断提高钞票的防伪技术和印制质量，中国人民银行于2015年11月12日发行了2015年版第五套人民币100元纸币。2015年版100元纸币增加了防伪性能较高的光变镂空开窗安全线、光彩光变数字、磁性全埋安全线等防伪特征，防伪技术水平较2005年版100元纸币有明显提升，主要有以下七大防伪特征。

（1）光变镂空开窗安全线

安全线是人民币的重要防伪特征。光变镂空开窗安全线位于票面正面右侧，线宽4 mm，当观察角度由直视变为斜视时，安全线颜色由品红色变为绿色；透光观察时，可见安全线中正反交替排列的镂空字样"￥100"。光变镂空开窗安全线对光源要求不高，颜色变化明显，同时集成镂空文字特征，有利于公众鉴别。光变镂空开窗安全线如图2.7所示。

（2）光彩光变数字

票面正面中部印有光彩光变数字100，垂直观察时以金色为主，平视观察时以绿色为主。随着观察角度的改变，颜色在金色和绿色之间交替变化，并可见一条亮光带在数字上下滚动。光彩光变数字如图2.8所示。

（3）人像水印

人像水印位于票面正面左侧空白处。透光观察，可见毛泽东头像。人像水印如图2.9所示。

（4）胶印对印图案

票面正面左下方和背面右下方均有面额数字100的局部图案。透光观察，正背面图案组成一个完整的面额数字100。胶印对印图案如图2.10所示。

（5）横竖双号码

票面正面左下方采用横号码，票面正面右侧采用竖号码（注：目的是防止不法分子采用真假拼接的办法变造人民币）。横竖双号码如图2.11所示。

（6）白水印

白水印位于票面正面横号码下方。透光观察，可以看到水印面额数字100。 白水印如图2.12所示。

（7）雕刻凹印

票面多个地方用手指触摸有明显的凹凸感。雕刻凹印如图2.13所示。

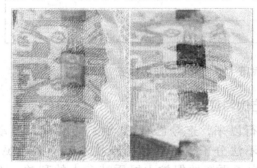

图2.7　光变镂空开窗安全线

图2.8　光彩光变数字

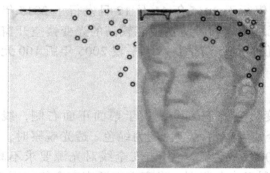

图2.9　人像水印

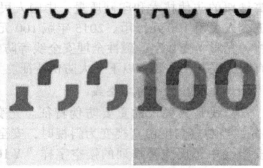

图2.10　胶印对印图案

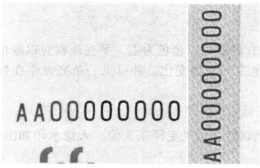

图2.11　横竖双号码

图2.12　白水印

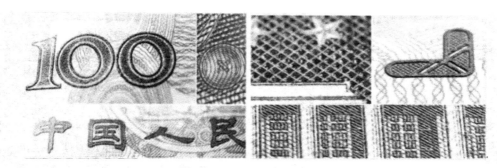

图2.13　雕刻凹印

**8. 2015年版与2005年版人民币100元纸币的比较**

与2005年版第五套人民币100元纸币相比，2015年版第五套人民币100元纸币在保持规格，正背面主图案、主色调、中国人民银行行名、国徽、盲文和汉语拼音行名、民族文字等不变的前提下，对部分图案做了适当调整，对整体防伪性能进行了提升。

（1）正面图案

票面中部增加光彩光变数字100，其下方团花中央花卉图案调整为紫色；取消左下角光变油墨面额数字，调整为胶印对印图案；胶印对印的上方为双色横号码；正面主景图案右侧增加光变镂空开窗安全线和竖号码；右上角面额数字由横排改为竖排，并对数字样式进行了调整。正面图案的变化如图2.14所示。

图2.14　正面图案的变化

（2）背面图案

票面年号改为"2015年"；取消了右侧全息磁性开窗安全线和右下角防复印图案；调整了面额数字样式、票面局部装饰图案色彩和胶印对印图案及其位置。背面图案的变化如图2.15所示。

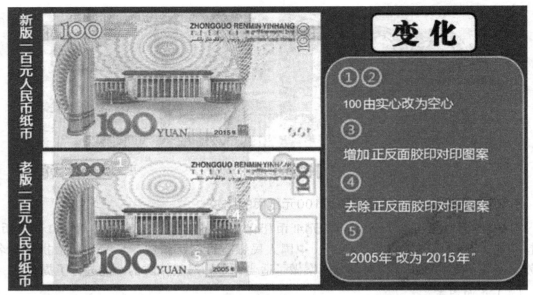

图 2.15　背面图案的变化

### 2.2.2　鉴别第五套人民币假币的要点

鉴别假币，首先要详细了解人民币及其防伪特征，从人民币的纸张、水印、凹版印刷、缩微文字、对印图案、安全线、光变面额数字、无色荧光图案、磁性油墨等方面与真币进行比较，从而做出准确判断。鉴别人民币纸币真伪，通常采用"一看、二摸、三听、四测"的方法。

#### 1. 看

（1）看水印

第五套人民币各券别纸币的固定水印位于各券别纸币票面正面左侧的空白处，迎光透视，可以看到立体感很强的水印。100 元、50 元纸币的固定水印为毛泽东头像图案。20 元、10 元、5 元纸币的固定水印为花卉图案。2005 年版、2015 年版 100 元纸币都有白水印，位于票面正面双色异形横号码（2015 年版为双色横号码）下方，迎光透视，可以看到透光性很强的水印 100 字样。

（2）看安全线

2005 年版第五套人民币将原磁性微缩文字安全线改为全息磁性开窗安全线，50元、100 元纸币票面背面中间偏右，有一条开窗安全线，开窗部分可以看到由微缩字符"￥50""￥100"组成的全息图案，仪器检测有磁性。20 元、10 元、5 元纸币票面正面中间偏左，有一条开窗安全线，开窗部分可以看到由微缩字符"￥20""￥10""￥5"组成的全息图案，仪器检测有磁性。

2015 年版第五套人民币 100 纸币，透光观察时，可见安全线中正反交替排列的镂空数字"￥100"。

（3）看光变油墨

2005 年版第五套人民币 100 元纸币和 50 元纸币票面正面左下方的面额数字采用光

变油墨印刷。将垂直观察的票面倾斜到一定角度时，100元纸币的面额数字会由绿变为蓝色；50元纸币的面额数字则会由金色变为绿色。

2015年版第五套人民币100元纸币票面正面中部印有光彩光变数字100，垂直观察时以金色为主，平视观察时以绿色为主。

（4）看票面图案是否清晰，色彩是否鲜艳，对接图案是否可以对接上

2005年版第五套人民币100元、50元纸币票面正面主景图案左侧中间处，20元和10元纸币票面正面左下角和背面右下角均有一圆形局部图案，迎光透视，可以看到正背面的局部图案合并为一个完整的古钱币图案。

2015年版第五套人民币100元纸币票面正面左下方和背面右下方均有面额数字100的局部图案。透光观察，正背面图案组成一个完整的面额数字100。

（5）用5倍以上放大镜观察票面，看图案线条、缩微文字是否清晰、干净

第五套人民币纸币各券别票面正面胶印图案中，多处均印有微缩文字，第五套人民币100元、50元、20元、10元、5元等面额纸币印有胶分别印缩微文字"RMB100""RMB50""RMB20""RMB10""RMB5"等字样，大多隐藏在花饰中。

### 2. 摸

① 摸凹印手感线、人像、盲文点、中国人民银行行名、面额数字等，这些部位是用雕刻凹版印刷，用手指触摸有明显凹凸感。

② 摸纸币是否薄厚适中、挺括度好。

### 3. 听

听即通过抖动钞票使其发出声响，根据声音来分辨人民币真伪。钞票纸具有挺括、耐折、不易撕裂等特点。手持钞票用力抖动、手指轻弹或两手一张一弛轻轻对称拉动，能听到清脆响亮的声音。

### 4. 测

对制作手法比较高明、伪造质量较好的假币，仅靠眼看、手摸、耳听有时还是不能够准确鉴别的，还需借助一些简单的工具和专用的仪器来分辨。例如，借助放大镜可以观察票面线条清晰度，同一线条不同颜色的对接是否准确，胶印缩微文字、雕刻凹印印刷图案是否清晰等；再如，用紫外光照射票面，可以观察钞票纸张和油墨的荧光反映，如真币左上角紫外光下显现出一矩形框"100""50""20""10""5"字样，发出强亮的桔黄色荧光。

要准确判断一张钞票的真假，须综合运用"看、摸、听、测"4种方法，然后做出综合判断，才能准确的把真币和假币区别开来。不能只用一种方法或只观察、检测某一个防伪点，否则就可能判断错误。

# 情境任务2.3　人民币的使用

人民币在使用过程中经常会出现损伤、残缺等情况，作为专业的出纳人员不仅要学会保护人民币，还要清楚地知道各种残损币的处理方法。

### 2.3.1 损伤、残缺人民币的处理

#### 1. 损伤、残缺人民币的含义

损伤人民币是指在流通中因自然磨损、保管不善或其他原因引起的，损坏了其票面完整性的票币。例如，纸币有破裂、油浸、熏焦、水湿、污染变色、虫蛀、鼠咬、霉烂、火烧等情况，硬币出现严重磨损、破缺、变形等情况。

残缺人民币是指由于某种原因明显缺少了一部分的票币。

#### 2. 损伤、残缺人民币的挑剔标准

凡有下列情况之一者，属于损伤、残缺人民币。

① 票面缺少部分损及行名、花边、字头、号码、国徽之一者。

② 票面裂口超过纸幅 1/3 或损及花边、图案者。

③ 纸质较旧，四周或中间有裂缝或票面断开又粘补者。

④ 由于油浸、墨渍造成票面肮脏的面积较大，或者涂写字迹过多，妨碍票面整洁者。

⑤ 票面变色严重，影响图案清晰者。

⑥ 硬币残缺、穿孔、变形、磨损、氧化腐蚀，损坏部分花纹者。

#### 3. 损伤、残缺人民币的处理

根据中国人民银行颁布的《残缺人民币兑换办法》的规定，损伤、残缺人民币可以进行兑换，具体规定如下。

（1）凡损伤、残缺人民币属于下列情况之一者，可持币向银行营业部门全额兑换

① 票面残缺部分不超过 1/5，其余部分的图案、文字能照原样连接者。

② 票面污损、熏焦、水湿、油浸、变色，但能辨别真假，票面完整或残缺不超过 1/5，票面其余部分的图案、文字能照原样连接者。

（2）凡损伤、残缺人民币属于下列情况者，可半额兑换

票面残缺 1/5 ~ 1/2，其余部分的图案、文字能照原样连接者，应持币向银行营业部门按照原面额的半数兑换，但不得流通使用。

（3）凡损伤、残缺人民币属于下列情况之一者，不予兑换

① 票面残缺 1/2 以上者。

② 票面污损、熏焦、水湿、变色，不能辨别真假者。

③ 故意挖补、涂改、剪贴、拼凑、揭去一面者。

不予兑换的损伤、残缺人民币由中国人民银行收回销毁，不得流通使用。

及时回收市场流通中的损伤、残缺人民币，保持人民币的整洁，维护国家货币的信誉，需要企业、事业单位，广大群众，银行等各方面的配合。不论是单位还是个人，如果留有不宜流通的损伤、残缺人民币，都不要再次使用或对外找付，应挑拣、粘补、整理好，随时送存银行或办理兑换。

### 2.3.2 人民币的保护

#### 1. 使用人民币的注意事项

人民币是中华人民共和国的法定货币，爱护、使用人民币是每个公民的义务。使用人民币时应注意以下几点。

① 收、付人民币时，要平铺整理，不要乱揉乱折。

② 不得在人民币上乱涂、乱画、乱写和乱盖印记。

③ 出售油污、污染商品的收款人员，要把手擦干净后再收款，以免弄脏人民币。

④ 防止化学药物对人民币的浸蚀，在生活中不要将肥皂、洗涤剂与人民币放在一起。

⑤ 用机具收、付款时，应注意避免损伤人民币。

⑥ 不要在硬币上凿字、打眼、锤击、折弯等，以免使其变形和受损。

⑦ 对不宜继续使用的损伤、残缺人民币要及时粘补，随时到银行营业部门办理兑换。

⑧ 对在人民币上乱写、乱画的不良行为，要进行批评教育。

#### 2. 发现假币的处理

根据《中华人民共和国人民币管理条例》和《中国人民银行假币收缴、鉴定管理办法》的规定，发现假币时的处理方法如下。

① 出纳人员在收、付现金时如发现假币，应立即送交附近的银行进行鉴定。

② 单位发现可疑币不能断定其真假时，发现单位不得随意加盖假币戳记和没收，应向持币人说明情况，开具临时收据，连同可疑币及时报送中国人民银行当地分支机构或中国人民银行授权的鉴定机构进行鉴定。经中国人民银行或其授权的鉴定机构鉴定，确属假币时，按发现假币后的处理方法处理；如果确定不是假币时，应及时将钞票退还持币人。

③ 广大人民群众在日常生活中如发现假币，应立即就近送交银行进行鉴定，并向公安机关和银行举报及提供有关详情，协助破案。

④ 银行收到假币时，应按规定予以没收，并当着持币人的面在假币上加盖假币戳记，同时开具统一格式的假币没收收据给持币人，并将所收假币登记造册，妥善保管，定期上缴中国人民银行当地分支机构。

⑤ 假币没收权属银行、公安机关和司法部门。其他单位和个人如果发现假币，应按上述办法处理或按当地反假币法规所规定的办法处理。

# 情境任务2.4 票据真伪鉴别

随着市场经济的发展，市面上出现了许多虚假票据，这不仅给国家带来了损失，也给企业的财务管理带来了严重的危害。出纳人员是财务部门的第一道关口，应掌握票据的鉴别方法，把好第一道关，把假票据所带来的危害消灭在萌芽之中。

### 2.4.1 发票真伪鉴别

发票的鉴别主要有以下几种方法。

**1. 发票来源的鉴别**

（1）发票来源必须合法

取得的发票必须是通过税务机关领购的发票，不得通过非法渠道取得。例如，以伪造、私印、盗窃、欺骗等非法手段获取的发票，以及以私自买卖或授意非法填开等方式取得的发票，都是不合法的。

（2）必须使用发票专用章

从2011年起，发票必须使用发票专用章，没有使用发票专用章的发票不能作为报销凭证。

（3）开具内容与实际经营行为一致

除了由付款方开具外，发票是由销售商品、提供服务方在收款时开具的。发票取得方所购买货物的品种、数量、单价、金额或服务项目等，与发票上所反映的内容必须完全一致；收到的发票所反映的内容与购买的货物或接受的服务一致。例如，发票上写的并非具体产品名称，而是类别名称，如生产用品、办公用品、交电、百货、日杂、土产，而且金额较大，这就可能存在问题，应查明原因。

（4）发票票面填开必须规范、合法

应注意：取得的发票是否属于过期作废发票，有无大头小尾、转借代开、错填漏填、漏张、错联、复写不符合规定等问题；对于手工开具的发票，如果发现发票填写部位的笔迹不一致，票面有涂改痕迹，发票背面无复写的痕迹、发票填写发生移位等情况，就应当注意发票是否被变造。

> **小·贴士**
>
> 所谓大头小尾，是指出具发票方在开具手写发票时，所开具发票的正式发票联数额大，而存根联数额小的一种现象。

**2. 普通发票的鉴别**

根据《国家税务总局关于印发〈全国普通发票简并票种统一式样工作实施方案〉的通知》规定，从2011年1月1日起，全国统一使用新版普通发票，各地废止的旧版普通发票停止使用。新版普通发票根据填开方式的不同，分为通用机打发票、通用手工发票和通用定额发票三大类。通用机打发票分为税控发票、网络开具发票和机打发票（平推式发票和卷式发票）；通用手工发票分为百元版和千元版两种版式；通用定额发票按人民币等值以元为单位，划分为壹元、贰元、伍元、拾元、贰拾元、伍拾元、壹佰元，共7种面额。继续保留航空运输电子客票行程单、机动车销售统一发票、二手车销售统一发票、公路内河货物运输业统一发票、建筑业统一发票、不动产销售统一发票、换票证和公园门票。

从2011年1月起，使用新版普通发票后，各地又进一步扩大了机打发票的使用范围，对经营额较大，或者通过计算机实施企业管理的纳税人，引导其使用机打发票。同时，结合各地区实际情况，严格控制手工发票的开具限额和使用范围，手工发票的限额严格控制在百元版和千元版，逐步缩小手工发票使用量，甚至取消手工发票。考虑到目前防伪技术的发展现状，国家税务总局暂不统一普通发票的全国防伪措施。为了便于各地税务机关和纳税人查询鉴别，在发票背面应印明本地区的防伪措施，以及鉴别和查询方式。由于目前普通发票的防伪措施全国不统一，下面以厦门市通用机打发票为例加以说明，如图 2.16 所示。

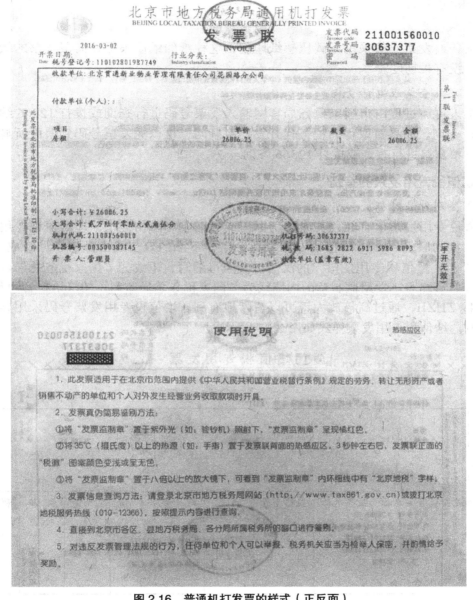

图 2.16　普通机打发票的样式（正反面）

厦门市普通发票主要有以下 4 种鉴别方法。

（1）看防伪彩纤

新版普通发票的发票联采用复合防伪彩纤原纸印制，在自然光下目视纸张正反两面均可见红色和蓝色彩色纤维，线条呈不规则弯曲，不均匀地分布在票面之上；在紫外光照射下则呈清晰明亮的蓝色荧光纤维。

（2）试温变油墨

新版普通发票的发票联左上角税徽标志和背面"厦门国税"采用温变油墨技术，这种油墨遇到 50℃以上的高温便发生颜色的变化。鉴别时，可将新版发票裹在装有热水的杯子上，随即可见发票左上角红色的税徽标志由红色变无色，发票背面"厦门国税"4 个字由柠檬绿色变为黄色。

（3）触摸发票

新版普通发票一般采用无碳压感纸印制，这种纸的纸质很好，而假发票的纸质一般很光滑，没有柔韧度。

（4）网站查询或电话查询

持票人可通过厦门市国家税务局官网输入发票号码进行查询或拨打 12366 纳税服务热线进行查询。如果对取得的税务代开发票有疑问，可以凭发票号码到票面所显示的开具单位发票窗口进行查询或拨打 12366 咨询。

### 3. 增值税专用发票的鉴别

（1）鉴别外表特征

增值税专用发票上有红色荧光防伪标记或微缩字母防伪标记，即增值税专用发票的发票联、抵扣联上"××增值税专用发票"字样下端的双实线由微缩字母组成。其中，上线为"××增值税专用发票"的汉语拼音声母缩写，下线为"国家税务总局监制"的汉语拼音声母缩写。发票监制章的内圆线为"国家税务总局监制"的汉语拼音声母缩写，即 GJSHWZJJZH，通过高倍放大镜可以清晰地看到。增值税专用发票号码采用异型号码字体印刷。增值税专用发票样式如图 2.17 所示。

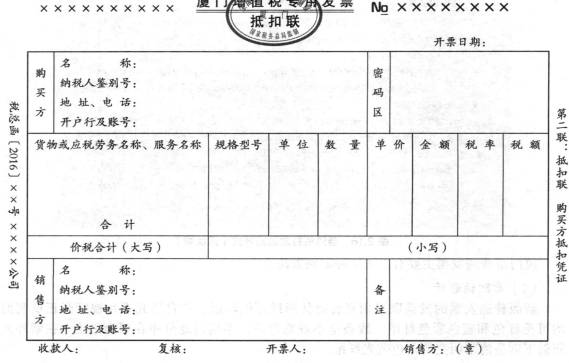

图 2.17　增值税专用发票样式

（2）查询增值税防伪税控系统

增值税防伪税控系统是强化增值税专用发票的防伪功能，避免收取假发票的有力手段。企业从税务机关领购增值税专用发票时，须持由税务机关统一核发的税控IC卡，由税务部门通过企业发行子系统将企业所购发票的起止范围登记在其税控IC卡上，同时，有关这些发票的流向信息被登记在企业发行子系统中。这样，税务部门在增值税专用发票的发放环节中便掌握了其使用情况，便于加强管理。

在开票过程中，可利用防伪开票子系统提供的加密功能，将增值税专用发票上的主要信息（包括开票日期、发票代码、发票号、购销双方的税务登记号、金额和税额等）经数据加密形成防伪电子密码（也称密文）打印在发票上，同时将用于加密的所有信息逐票输入到金税卡的黑匣子中。如须鉴别一张发票的真伪，可通过数据扫描仪或键盘将发票上的密文输入到认证报税子系统中，采用字符鉴别技术将图像转换成数字信息，经解密恢复出7项关键参数，再与发票上的相应内容比对。由于防伪增值税专用发票是一票一密，因而比对结果一致则为真票，若不一致则为假票。

（3）其他鉴别方式

① 增值税专用发票，公路、内河货物运输发票可到税务机关认证。
② 可直接登录各地税务机关网站发票查询系统进行查询。
③ 通过12366纳税服务热线进行鉴别。
④ 到税务机关进行查询。

## 2.4.2 支票真伪鉴别

支票是付款单位签发，通知银行从其账户中支付款项的凭证。支票分为现金支票和转账支票两种。现金支票是从银行提取现金时使用的，要在支票背面加盖印鉴。现金支票只能用于提取现金，不能用于转账。因此，凡有顾客持现金支票购物时，商场一律不予受理。转账支票主要是用于同一城市各单位之间的商品交易、劳务供应及其他款项往来的结算。

支票签发一律记名（即签发的支票必须注明收款人的名称），填齐所有项目，加盖银行预留印鉴必须清晰，带密码的支票出纳人员要核清密码号。

中国人民银行为提高银行票据凭证的防伪性能，保证票据的流通和安全使用，从2011年3月1日起，一律使用新版银行票据凭证（2010版银行票据凭证），停止签发旧版银行票据凭证。

2010版银行票据凭证的防伪工艺与旧版相比有了较大调整。在用纸方面，现金支票、转账支票的纸张使用新型专用水印纸，纸张中增加了新型荧光纤维，票据凭证均采用双色底纹印刷。在印制标准方面，所有票据的号码调整为16位，分上下两排。使用支付密码器编制密码的支票，仍以票据号码后8位流水号作为编码要素。统一支票底纹颜色，不再按行别分色。现金支票的主题图案为梅花，转账支票、清分机支票的主题图案为竹。支票号码前不再冠地名。现金支票上的"现金支票"字样改为黑色印刷，票据小写金额栏分隔线由实线改为虚线。在凭证格式、要素内容的调整方面，取消小写金额栏下方支付密码框，调整为"密码"和"行号"栏（现金支票只有"密码"栏）；将"本支票付款期限十天"调整为"付款期限自出票之日起十天"；存根联"附加信息"栏由3栏缩减为两栏，相应扩大"收款人"栏；背面缩小"附加信息"栏，背书栏由一栏调整为两栏；"附加信息"栏对应的背面位置加印温馨提示"根据《中华人民共和国票据法》等法律法规的规定，签发空头支票由中国人民银行处以票面金额 5% 但不低于 1000 元的罚款"。

2010 版现金、转账支票样式及防伪说明如图 2.18 和图 2.19 所示。

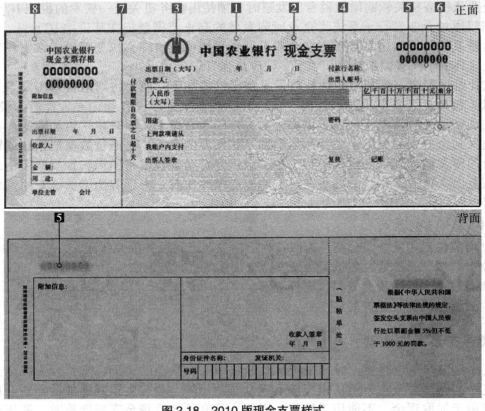

图 2.18　2010 版现金支票样式

**防伪说明：**

 1. 水印：支票用纸为满版人民币符号 ¥ 和 ZP 字样的黑白水印纸。

 2. 荧光纤维：纸张含有无色荧光纤维，在紫外光下呈红蓝双色。

 3. 行徽：采用红色荧光油墨印制，在紫外光下呈橘黄色。

 4. 水线：采用水溶性红色变光油墨印制，在紫外光下有微弱的红色荧光反应，被涂改后会发生变化。

 5. 渗透号码：采用棕黑色渗透油墨印制，号码正面显示为棕黑色，背面显示有红色渗透效果。

 6. 无色荧光：在紫外光下可见团花及主题花卉荧光图案。

 7. 微缩文字：由拼音字母 ZHIPIAO 组成。

 8. 双色底纹：目视可见蓝绿双色底纹。

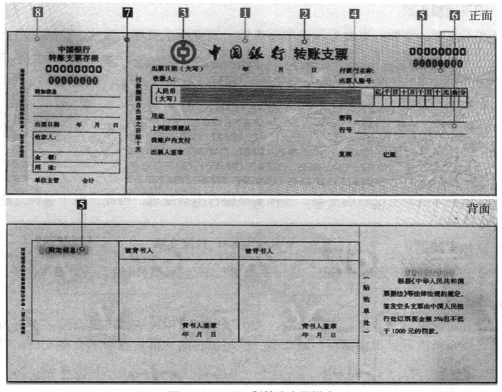

图2.19  2010版转账支票样式

**防伪说明**：同现金支票。

在出纳日常工作中，除了通过上述支票的防伪标志鉴别支票的真伪外，还应通过以下方法来鉴别支票的有效性。

### 1. 预期支票或远期支票

预期支票中填写的日期不是开出支票的当天，而是预期的某一天。例如，3月5日开出的支票，填写的日期却是3月25日。这样的支票，有可能在3月25日以后，由于开出支票方无款支付导致持票方收不到款项。同时，这种支票也违反了《支付结算办法》的有关规定。

### 2. 过期支票

支票从签发之日起有效期为10天，对于在10天之前开出的支票就属于过期支票。例如，收到支票当天是3月15日，而支票填写的日期却是3月5日之前。对于过期支票，银行不再受理，会造成持票方无法收回款项的情况。

### 3. 印鉴不符支票

支票上都要加盖开出支票单位的财务专用章和法人代表（或指定负责人）的印章——这些印鉴必须在开户银行留存。银行主要是通过核对支票上的印鉴是否与银行预留印鉴相符，来作为支付款项的依据。加盖非银行预留印鉴的支票为无效支票。盖章错误，有的可能是无意的，有的可能就是故意的，甚至用私刻的印鉴代替。对此，出纳人员应了解对方印鉴的使用情况。

#### 4. 印鉴模糊支票

盖章不清晰、重影、重叠等印鉴模糊支票，银行不予受理，因此，出纳人员应拒绝接受。对于盖错印章画销（即在盖错印鉴上打一个 × ）后，另加盖正确印鉴的支票，可以接受。另外，印章颠倒的情况，也可以接受。

#### 5. 金额不符支票

金额是支票必须记载的事项之一。支票的大小写金额填写必须一致。对于大小写金额填写不符，或者有涂改的支票属于无效支票，出纳人员应拒绝接受。

#### 6. 污损支票

污损支票即票面有脏污的支票。这种支票银行不会受理，因此，对于这种支票出纳人员应拒绝接受。

#### 7. 缺角支票

缺角支票即票面不完整的支票。这种支票银行不会受理，出纳人员也不应接受。

#### 8. 涂改支票

支票上的收款单位名称、签发日期、大小写金额及用途一律不得涂改，否则为无效支票。支票必须用碳素墨水填写，圆珠笔、铅笔填写的支票均属于不合格支票，但打印支票是允许的。

#### 9. 作废支票

作废支票即由于银行改版而作废的不能使用的支票。这种支票当然不能接受，因此，出纳人员应了解支票的改版情况，以防受骗。

#### 10. 空头支票

空头支票即到了提款日，出票方银行存款不足的支票。对于空头支票，银行不仅不会退票，而且还要对出票方处以支票面额5%，但不低于1 000元的罚款。同时，持票人有权要求出票方支付票面金额2%以内的赔偿金。

在经济犯罪中，常有用变造支票、空头支票购买商品的情况，常见的方式是：买卖双方从未有过业务往来，且买方的购买量很大，又大都是在下午4点前后（周五最多）声称公司急用某商品，并许诺价格高一成都可以接受，然后选好商品递上支票。对于这种情况要特别小心，也许从直观上看支票是绝对没有问题的，但往往在支票入账时，才发现是变造支票或空头支票，从而给卖方企业带来损失。因此，在这种情况下，相关人员不能因为对方采购量大且价高而放松警惕，特别是外地公司开出的支票，更应到银行鉴别真伪后，才能进行交易。

### 2.4.3 汇票真伪鉴别

我国汇票包括银行承兑汇票、商业承兑汇票和银行汇票3种。2010版汇票的防伪工艺与旧版相比有如下调整。在用纸方面，使用新型专用水印纸，并在纸张中增加了新型荧光纤维和安全线，票据均采用双色底纹印刷。在印制标准方面，票据的号码调整为16位，分上下两排；统一汇票底纹颜色，银行汇票、银行承兑汇票不再按行别分色；汇票主题图案为兰花；银行汇票号码前一律不再冠地名；银行承兑汇票左上角不再加印各银行行徽；取消银行汇票、银行承兑汇票左上角无色荧光暗记；票据小写金额栏分隔线由实线改为虚线。在凭证格式、要素内容方面，取消银行汇票收款人账号；小写金额栏增加亿元位；将左上角"付款期限壹个月"调整为"提示付款期限自出票之日起壹个月"，并移至票据左边款处；印制企业名称改印在票据背面左边款；银行承兑汇票票面右下框增加"密押"栏。

　　在汇票业务迅猛发展的同时，假冒、变造、克隆商业汇票的事件也随之发生，作为出纳人员，应严把审查关，以避免企业因此而造成损失。2010版银行承兑汇票、商业承兑汇票及银行汇票样式及防伪说明分别如图2.20、图2.21和图2.22所示。

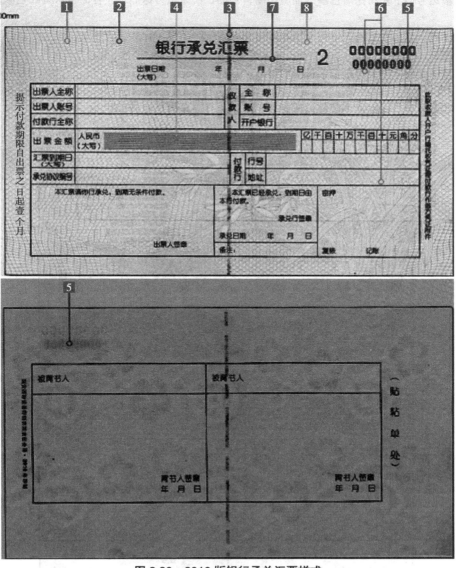

图 2.20　2010 版银行承兑汇票样式

**防伪说明：**

 1. 纸张水印：第2联为满版梅花和PJ字母变形图案的黑白水印纸。

 2. 荧光纤维：第2联纸张中含有无色荧光纤维，在紫外光下呈红蓝双色。

 3. 安全线：纸张中采用全埋式安全线，透光可见PJ字样。

 4. 水线：采用水溶性荧光油墨印制，在紫外光下有微弱的红色荧光反应，被涂改后会发生变化。

 5. 渗透号码：采用棕黑色渗透油墨印制，号码正面显示为棕黑色，背面显示有红色渗透效果。

 6. 无色荧光：在紫外光下可见团花及主题花卉荧光图案（梅花或竹子）。

 7. 微缩文字：由大写拼音字母HUIPIAO组成。

 8. 双色底纹：目视可见蓝绿双色底纹，中间部分采用隔色印刷工艺。

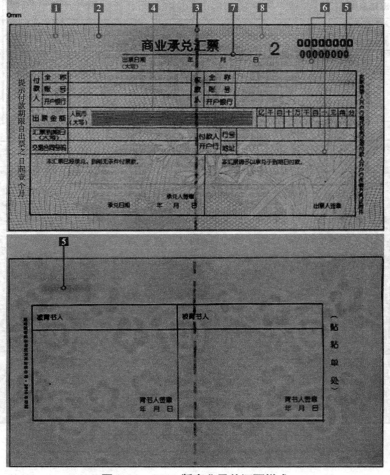

图2.21　2010版商业承兑汇票样式

防伪说明：同银行承兑汇票。

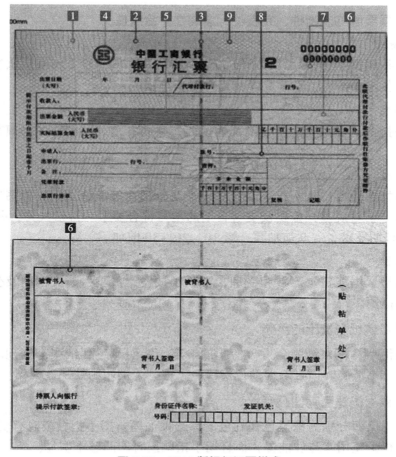

图 2.22　2010 版银行汇票样式

**防伪说明：**

 1. 纸张水印：第 2 联为满版梅花和 PJ 字母变形图案的黑白水印纸。

 2. 荧光纤维：第 2 联纸张中含有无色荧光纤维，在紫外光下呈红蓝双色。

 3. 安全线：纸张中采用全埋式安全线，透光可见 PJ 字样。

 4. 行徽：采用红色荧光油墨印制，在紫外光下呈橘黄色。

 5. 水线：采用水溶性荧光油墨印制，在紫外光下有微弱的红色荧光反应，被涂改后会发生变化。

 6. 渗透号码：采用棕黑色渗透油墨印制，号码正面显示为棕黑色，背面显示有红色渗透效果。

 7. 无色荧光：在紫外光下可见团花及主题花卉荧光图案（梅花或竹子）。

 8. 微缩文字：由大写拼音字母 HUIPIAO 组成。

 9. 双色底纹：目视可见蓝绿双色底纹，中间部分采用隔色印刷工艺。

2010 版汇票的鉴别方法主要有以下几种。

### 1. 审查汇票票面的清晰性、完整性、准确性、合法性

（1）清晰性

这主要是指票据平整洁净，字迹、印章清晰可辨，票面没有折痕、水迹、油渍或其他污物，票面各记载要素、签章及背书无涂改痕迹。

（2）完整性

这主要是指票据无缺角、撕痕或其他损坏，票面各记载要素及背书填写完整，各种签章齐全。

（3）准确性

这主要是指票面所记载的行名、行号、汇票专用章等准确无误，背书连续，票据大小写金额一致，书写规范，签发及支付日期的填写符合要求（月份大写，并且要求在1、2 月前加零，日期要求 1 ~ 9 前加零，逢 10、20、30 前加零）等。

（4）合法性

这主要是指票据能正常流转和受理，不属于被盗、被骗、遗失范围及公检法禁止流通和公示催告范围。

### 2. 听抖动汇票纸张发出的声响

用手抖动汇票，汇票纸张会发出清脆的响声，能明显感到纸张有韧性。而假票的纸张手感软、绵、不清脆，而且票面颜色发暗、发污，个别印刷处字迹模糊。

### 3. 触摸汇票号码是否有凹凸感

汇票号码正反面分别为棕黑色和红色的渗透性油墨，用手指触摸时有明显的凹凸感。假票的号码则很少使用渗透性油墨，而且用手指触摸时凹凸感不明显。

### 4. 借助纸张防伪、油墨防伪和设计印刷防伪3种主要防伪技术

（1）纸张防伪

汇票第 2 联为满版梅花和 PJ 字母变形字样；纸张中含有无色荧光纤维，在紫外光下呈红蓝双色；纸张中采用全埋式安全线，透光可见 PJ 字样；用涂改液涂改后可见纸张变色；采用无荧光纸，紫外光下无荧光反映。

（2）油墨防伪

汇票水线（大写金额处）采用可溶性荧光水性墨，自然光下呈红色，紫外光下呈弱橘红色，如果票据被涂改、变造，则此处会发生变化，线条会发生明显改变；行徽（商业汇票无行徽）采用红色荧光油墨印制，自然光下呈红色，紫外光下呈橘黄色；号码后 8 位采用棕黑色渗透油墨印制，正面棕黑色，背面有红色渗透效果。

（3）设计印刷防伪

目视汇票可见蓝绿双色底纹，复印、复制后会出现双色底纹套合偏差、色偏；16 位号码处，紫外光下可见团花及主题花卉荧光图案（梅花或竹子）；汇票采用彩虹印刷技术，票面底版两种色彩自然过渡，左边为绿，过渡为淡红，再过渡为绿。辨别真伪汇票时，可查看纯色区、混合区位置是否有明显偏差，颜色是否有色偏；也可借助放大镜看

缩微文字是否清晰、完整，内容、字体是否正确，如"银行承兑汇票"正面字样的下划线是否由汉语拼音 HUIPIAO 组成。

### 2.4.4 本票真伪鉴别

2010 版本票的防伪工艺与旧版相比有如下调整。清分机本票纸张使用新型专用清分机纸，纸张中增加了新型荧光纤维；非清分机本票纸张中增加了安全线，票据采用双色底纹印刷。在印制标准方面，票据的号码调整为 16 位，分上下两排；本票主题图案为菊花；行名前不再加印统一徽记；号码前不再冠地名；票据小写金额栏分隔线由实线改为虚线。在凭证格式、要素内容方面，增加小写金额栏；将左上角"付款期限贰个月"调整为"提示付款期限自出票之日起贰个月"，并移至票据左边款处；印制企业名称改在票据背面左边款；金额栏右下方增加"密押"栏和"行号"栏。

2010 版非清分机纸银行本票样式及防伪说明如图 2.23 所示，2010 版清分机纸银行本票样式及防伪说明如图 2.24 所示。

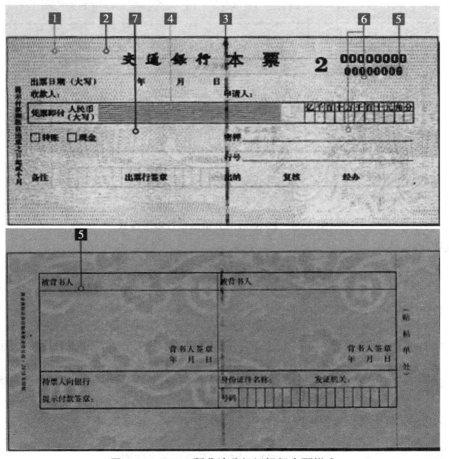

图 2.23　2010 版非清分机纸银行本票样式

**防伪说明：**

 1. 纸张水印：第 2 联为满版梅花和 PJ 字母变形图案的黑白水印纸。

 2. 荧光纤维：第 2 联纸张中含有无色荧光纤维，在紫外光下呈红蓝双色。

 3. 安全线：纸张中采用全埋式安全线，透光可见 PJ 字样。

 4. 水线：采用水溶性荧光油墨印制，在紫外光下有微弱的红色荧光反应，被涂改后会发生变化。

 5. 渗透号码：采用棕黑色渗透油墨印制，号码正面显示为棕黑色，背面显示有红色渗透效果。

 6. 无色荧光：在紫外光下可见团花及主题花卉荧光图案（梅花或竹子）。

7. 双色底纹：目视可见蓝绿双色底纹，中间部分采用隔色印刷工艺。

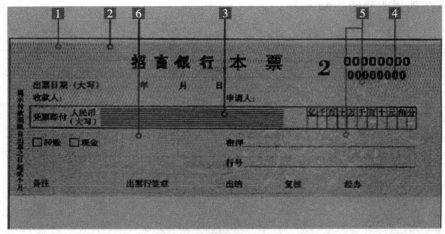

**图 2.24　2010 版清分机纸银行本票样式**

**防伪说明：**

 1. 纸张：第 2 联用纸为清分机防涂改专用纸。

 2. 荧光纤维：第 2 联纸张中含有无色荧光纤维，在紫外光下呈红蓝双色。

 3. 水线：采用水溶性荧光油墨印制，在紫外光下有微弱的红色荧光反应，被涂改后会发生变化。

 4. 渗透号码：采用棕黑色渗透油墨印制，号码正面显示为棕黑色，背面显示有红色渗透效果。

 5. 无色荧光：在紫外光下可见团花及主题花卉荧光图案（梅花或竹子）。

 6. 双色底纹：目视可见蓝绿双色底纹，中间部分采用隔色印刷工艺。

# 情境任务2.5  手 工 点 钞

点钞是出纳人员必须掌握的一项基本技能，一般分为手工点钞和机具点钞两种方法。出纳人员整点票币时，不仅要做到点数准确无误，还必须对残损币、伪造币及变造币进行挑拣和处理，保证点钞的质量和速度。为了提高自身的点钞技术水平，出纳人员除了掌握一定的票币整点方法和鉴别知识外，平时还应多学多练，才能在工作中得心应手，顺利地完成工作任务。

## 2.5.1  点钞的基本要求

出纳人员在点钞时要达到"五好钱捆"的标准，即点准、挑净、墩齐、捆紧、盖章清楚。另外，还应做到以下几点。

### 1. 坐姿端正

点钞时的坐姿会直接影响点钞技术的发挥和提高。正确的坐姿应该是直腰挺胸，身体自然，肌肉放松，双肘自然放在桌上，持票的左手腕部接触桌面，右手腕部稍抬起，应做到整点票币时轻松持久，活动自如。

### 2. 操作定型，用品定位

点钞时所使用的印泥、图章、水盒、腰条等要按使用顺序固定位置放好，以便点钞时使用顺手。

### 3. 点数准确

点钞的关键是一个"准"字，清点和计数的准确是点钞的基本要求。点钞时，一要精神集中；二要定型操作；三要手点、脑记，手、眼、脑紧密配合。

### 4. 开扇均匀

使用各种点钞方法时，都应将票币打成扇形或坡形，便于捻动且防止夹张，还能提高点钞的速度和准确性。

### 5. 动作连贯

动作连贯包括两方面的含义。一是点钞过程中的各个环节必须衔接紧密、环环紧扣。例如，点完100张票币墩齐后，左手持票，右手取腰条纸，同时左手的票币跟上去，迅速扎好小把；在右手放票的同时，左手取另一把票币准备清点，而右手则顺手蘸水，这样可使扎把和持票及清点各环节紧密地衔接起来。二是清点时各个动作要连贯，即第一组动作和第二组动作之间，要尽量缩短或不留空隙时间，当第一组的最后一个动作即将完毕时，第二组的第一个动作要跟上。例如，用手持式四指拨动点钞法点钞时，当第一组动作的食指捻下第4张票币时，第二组动作的小指要迅速跟上，不留空隙。这就要求双手动作要协调、均匀，切忌忽快忽慢、忽多忽少。另外，在点钞时尽量减少不必要的小动作、假动作，以免影响动作的连贯性和点钞速度。

### 2.5.2 点钞的基本步骤

点钞是一个从拆把开始到扎把为止的连续、完整的过程，一般包括拆把持钞、清点、计数、墩齐、扎把、盖章等环节。要加快点钞速度，提高点钞水平，就必须把各个环节的工作都做好。出纳人员进行点钞时，应按以下步骤进行操作，以避免技术性失误。

#### 1. 拆把持钞

成把清点时，首先须将腰条纸拆下。拆把时，可将腰条纸脱去，保持其原状，也可将腰条纸用手指勾断。通常，初点时采用脱去腰条纸的方法，复点时采用将腰条纸勾断的方法。持钞速度的快慢、姿势是否正确，也会影响点钞速度，要注意每一种点钞方法的持钞方法。

#### 2. 清点

清点是点钞的关键环节。清点的速度、准确性，直接关系到点钞的速度、准确性。因此，要勤学苦练清点基本功，做到既快又准。在清点过程中，还须将残损票币按规定标准剔出，以保持流通中票面的整洁。在清点过程中如发现差错，应将差错情况记录在原腰条纸上，并把原腰条纸放在票币上面一起扎把，不得将其扔掉，以便事后查明原因，另做处理。

#### 3. 计数

在点钞时，应大脑与手、眼协作，时刻掌握清点的张数。在采用手持式单指单张点钞法时，由于每次只捻一张票币，计数也必须一张一张地计，直至计到 100 张。从 1 到 100 的数中，绝大多数是两位数，计数速度往往跟不上捻钞速度，因此必须巧计，如采用分组计数法。

分组计数法有两种，具体如下。

第 1 种是：

1、2、3、4、5、6、7、8、9、1；

1、2、3、4、5、6、7、8、9、2；

……

1、2、3、4、5、6、7、8、9、10。

第 1 行的最后一个数字 1，表示 10；最后一行的最后一个数字 10，表示 100，这样正好 100 张。这种方法是将 100 个数编成 10 个组，每个组都由 10 个一位数组成，前面 9 个数都表示张数，最后一个数既表示这一组的第 10 张，又表示这个组的组序号码，即第几组。这样，在清点时计数的频率和捻钞的速度能基本吻合。

第 2 种是：

1、2、3、4、5、6、7、8、9、10；

2、2、3、4、5、6、7、8、9、10；

……

10、2、3、4、5、6、7、8、9、10。

这种计数方法的原理与第 1 种相同，不同的是把组的号码放在每组数的前面。

这两种计数方法既简捷迅速又省力好记，有利于准确计数。计数时要注意不要念出声来，要用心计。

### 4. 墩齐

票币清点完毕扎把前，先要将票币墩齐，以便扎把时保持票币外观整齐美观。票币墩齐的标准是四条边呈水平状，不露头或不呈梯形错开，卷角应拉平。墩时，双手松拢，先将票币竖起来，双手将票币捏成瓦形在桌面上墩齐，然后将票币横立并将其捏成瓦形在桌面上墩齐。

### 5. 扎把

每把票币清点完毕后，要扎好腰条纸。腰条纸要求扎在票币的 1/2 处，左右偏差不得超过 2 cm。同时，要扎紧，以提起第一张票币不被抽出为准。

### 6. 盖章

盖章是点钞过程中的最后一个步骤，是指在腰条纸上加盖点钞员名章，表示对此把票币的质量、数量负责。因此，每个出纳人员点钞后盖在腰条纸上的名章，是分清责任的标志，图章要清晰可辨。

## 2.5.3 手工点钞的方法

点钞方法多种多样，常见的手工点钞方法有：手持式点钞法、手按式点钞法、扇面式点钞法等。

### 1. 手持式点钞法

手持式点钞法一般可分为手持式单指单张点钞法、手持式单指多张点钞法、手持式四指拨动点钞法和手持式五指拨动点钞法等。

（1）手持式单指单张点钞法

这是最基本、最常用的一种点钞法。其特点是：由于持票面积小，清点票币时能看到的票面大，很容易发现假币和残损币。这种方法的基本要领如下。左手横执票币，正面朝向身体，左手拇指在票币正面左端约 1/4 处，食指与中指在票币背面与拇指同时捏住票币，无名指与小指自然弯曲并伸向票币前压住票币的左下方，与中指夹紧票币；食指伸直，拇指向上移动按住票币的侧面，将票币压成瓦形（左手手心向下），左手将票币从桌面上擦过，拇指顺势将票币向上翻成微开的扇形，并斜对自己面前；右手拇指、食指、无名指 3 个指头同时蘸水，用右手拇指指尖向下捻动票币右下角（幅度不宜过大），右手食指在票币背后配合拇指捻动，用无名指将捻起的票币往怀里弹，边点边计数。

（2）手持式单指多张点钞法

手持式单指多张点钞法是在手持式单指单张点钞法的基础上发展起来的，一指可点 2 张以上，目前有的一指可点 7 张。其操作方法，除清点、计数外，其他均与手持式单指单张点钞法相同，只是持票时钞票的倾斜度稍大点。

① 清点。清点时，右手拇指肚放在钞票正面的右上角，拇指尖略超过票面。点 2 张时，先用拇指肚捻下第 1 张，拇指尖捻第 2 张；点 3 张以上时，拇指均衡用力，捻的幅度也不要太大，食指、中指在票币后面配合拇指捻动，无名指向怀里弹，弹的速度要快。

清点时应从左侧看，这样看得幅度大，看得清楚。

② 计数。采用分组计数法，如点3张，以3张为一组计一个数，33组余1张就是100张，以此类推。

（3）手持式四指拨动点钞法

这种点钞法适用于收款、付款和整点工作，5角以上的票币均能点，特点是效率高（4个手指都拨票），计数省力（4张计一个数）。操作时，主要用手指关节活动，动作范围小，可以减轻劳动强度，最适用于点整把票币，不适于点残损币太多的票币。其操作方法如下。

① 持票。左手无名指、小指夹住票币左下端，中指与拇指沿票币的两侧伸出，卡住票币。拇指要高于中指，中指稍用力，使票币右上角稍向后倾斜成弧形，便于清点，中指稍弯曲抵住票币背面中上方。

② 清点。右手食指、中指、无名指、小指4个指头同时蘸水，清点时先以小指触及票面弧形面上，然后再以无名指、中指、食指的顺序逐一触及弧形面上，并向怀里（下方）拨票。清点时左手拇指、中指随着右手清点的动作逐渐向上移动，食指稍加向前推动，以适应待点票币的厚度。

③ 计数。计数时采用分组计数法，4张为一组，计一个数，从食指拨下票币后起计。应注意以下几点。拨票时，要充分使手指关节活动，尽量减少腕部动作，以减轻劳动强度。左手拇指和中指夹住票币两侧时，必须松紧适当，以免票币脱落或不易拨下。拨票时，眼睛应集中在票币的右上角，这样可以看到票面的1/2，便于看出残破损币，发现双张或拨空等。

（4）手持式五指拨动点钞法

手持式五指拨动点钞法的操作方法有以下3种。

① 除清点外，其他均与手持式四指拨动点钞法相同。清点时，先从拇指开始触及票面及票面弧形面上，然后以食指、中指、无名指、小指顺序逐一清点，向怀内下方拨票，手腕旋转连续拨动票币，5张为一组，计一个数。

② 持把方法与手持式单指单张点钞法基本相同，不同的是左手食指略伸出票面夹住票币不让其下垂，拇指夹住票币侧面上端。清点时，右手5指同时蘸水后，从小指开始，然后无名指、中指、食指，逐一触及票币上端，轻轻向外推动，到拇指收尾，每指推点1张，5张为一组，计一个数。

③ 持把方法与手持式单指单张点钞法相同。清点时，右手5指稍离开，微曲，向怀里（下方）轻轻拨动票币的右上角（或中间）。清点时先从拇指开始，到小指收尾，每个手指拨点1张，拨动一次是5张。5张为一组，计一个数。

### 2. 手按式点钞法

手按式点钞法是将票币平放在桌面上进行清点的点钞方法。手按式点钞法一般可分为手按式单指单张点钞法、手按式双张点钞法等。

（1）手按式单指单张点钞法

手按式单指单张点钞法是一种传统的点钞方法，在我国流传甚广，适用于收款、付款和整点各种新旧、大小票币。由于这种点钞方法是逐张清点，看到的票面较大，因此便于挑剔残损票，特别适于清点散把票币和辅币及残损币多的票币。

①拆把。将票币横放在桌面上，正对点钞员；用左手小指、无名指微弯按住票币的左上方约1/3处；用右手食指伸向腰条纸并将其勾断，拇指、食指和中指微屈做好清点准备。

②清点。右手拇指托起右下角的部分票币，用右手食指捻动票币，其余手指自然弯曲。右手食指每捻起一张，左手拇指便将票币推送到左手食指与中指间夹住，这样就完成了一次清点动作。以后依次连续操作。

用这种方法清点时，应注意右手拇指托起的票币不要太多，否则会使食指捻动困难；也不宜太少，否则会增加拇指活动次数，从而影响清点速度，一般一次以20张左右为宜。

③计数。计数时可采用双数计数法。如果数至50张但计不到100张，也可采用分组计数法，以10为一组计数。计数方法与手持式单指单张基本相同。

上述操作方法，左右手的拇指、中指、食指在清点过程中，每捻起一张都需要动作，不仅影响速度，而且票币容易滑动以致松散，不易清点，手指也很累。因此，手按式单指单张点钞法还有另一种操作形式——手按式双张点钞法。

（2）手按式双张点钞法

手按式双张点钞法是在手按式单指单张点钞法的基础上发展起来的点钞方法，因此其点钞的基本方法与手按式单指单张法基本相同，只是清点和计数略有不同。以下着重介绍它们的不同之处。

采用手按式双张点钞法时，左手的小指、无名指压在票币的左上方约1/4处；右手拇指、食指、中指同时蘸水后，用拇指托起部分票币，用中指向上捻起第1张，随即用食指捻起第2张，捻起的这两张票币由左手拇指送到左手食指和中指之间夹住。计数时采用分组计数法，2张为一组，数到50组即100张。点双张时，应注意右手臂要稍抬起，高于右手腕，手指朝右边，这样便于捻动。

### 3. 扇面式点钞法

扇面式点钞法最适合用于整点新券及复点工作，是一种效率较高的点钞法。但使用这种点钞法清点时往往只看票边，票面可视面极小，不便挑剔残损币和鉴别假币，因此不适于清点新旧币混合的票币。

扇面式点钞法一般有拆把持钞、开扇、清点、计数、合扇、墩齐或扎把6个基本环节。由于清点方法不同，扇面式点钞法可分为扇面式一按多张点钞法和扇面式多指多张点钞法两种。一次按的张数越多，清点的难度就越大，因此初学者应注意选择适量的张数。

（1）扇面式一按多张点钞法

①拆把持钞。票币竖拿，左手拇指在票币前，食指和中指在票币后，一并捏住票币左下部约1/3处，无名指和小指自然弯曲。右手拇指在票币前，其余四指横在票币后约1/2处，用右手虎口卡住票币，并把票币压成瓦形，再用拇指勾断票币上的腰条纸做开扇准备。

②开扇。开扇也叫打扇面，是扇面式点钞法最关键的环节。扇面开得是否均匀，直接影响到点钞的准确性。因此，扇面一定要开得均匀，即每张票币的间隔要均匀。开扇有一次性开扇和多次开扇两种方法。

一次性开扇的方法是：以左手为轴，以左手拇指和食指持票的位置为轴心，右手拇指用力将票币往外推，右手食指和中指将票币往怀里方向转过来然后向外甩动，同时左手拇指和食指从右向左捻动。左手捻、右手甩的动作要同时进行。一次性开扇效率高，但难度较大。开扇时要注意左右手的协调配合，右手甩扇面时要用力，甩时左手拇指要放松，这样才能一次性甩开扇面，并使扇面开得均匀。

多次开扇的方法是：首先以左手为轴，右手食指和中指将票币向怀里左下方压，用右手腕把票币压弯，稍用力往怀里方向从右侧向左侧转动，转到左侧时右手将压弯的票币向左上方推起，拇指和食指向左捻动，左手拇指和食指在右手捻动时略放松，并从右向左捻动。这样反复操作，右手拇指逐次由票币中部向下移动，移至右下角时即可将票币推成扇形面。然后双手持票，将不均匀的地方抖开；如果不均匀处在左半部，则向左方抖开；如果不均匀处在右半部，则向右方抖开。这种开扇方法较一次性开扇方法费时，但比较容易掌握。用这种方法开扇时，要注意开扇动作的连贯性，动作不连贯，会影响整体点钞速度。

③ 清点。清点时，左手持扇面，扇面平持但票币上端略上翘使扇面略略倾斜。右手中指、无名指、小指托住票币背面，拇指在票币右上角 1 cm 处，一次按下 5 张或 10 张，按下后用食指压住，拇指继续向前按第 2 次，以此类推。清点时，左手应随着右手清点的速度，以腕部为轴稍向怀里方向转动扇面。用这种方法清点时，要注意拇指下按时用力不宜过大。从下按的张数来看，如果出纳人员经验丰富，可一次下按 6 张、8 张、12 张、14 张、16 张等。

④ 计数。计数时采用分组计数法。一次按 5 张，即 5 张为一组，计满 20 组即为 100 张；一次按 10 张，即 10 张为一组，计满 10 组即为 100 张，以此类推。

⑤ 合扇、墩齐、扎把。清点完毕即可合扇。合扇时，用左手虎口松拢票币向右边压；右手拇指在前，其余四指在后托住票币右侧并从右向左合拢，左右手指往中间一起用力，使票币竖立在桌面上，两手松拢轻墩，墩齐后即可扎把。

（2）扇面式多指多张点钞法

采用扇面式多指多张点钞法，一指可下按 5 张、6 张、7 张、8 张等，最多可下按 15 张，因此这种点钞方法的速度相当快。这种点钞法的基本环节与扇面式一按多张点钞法相同，仅清点环节有所区别。故这里只介绍扇面式多指多张点钞法的清点环节，以四指 5 张为例。

清点时，左手持扇面，右手清点。先用右手拇指下按第 1 个 5 张，然后右手食指沿票币上端向前移动下按第 2 个 5 张，中指和无名指依次下按第 3、第 4 个 5 张，这样即完成一组动作。当右手无名指下按第 4 个 5 张后，拇指应迅速接着下按第 5 个 5 张，即开始第二轮的操作，4 个手指依次轮流反复操作。由于右手手指移动速度快，在清点过程中应注意右臂要随各个手指点数时轻轻向左移动，还应注意每指清点的张数应相同。下按 6 张、7 张……票币的方法与下按 5 张相同。用五指、三指、二指均可清点，清点方法与四指 5 张相同。

# 情境任务2.6　小键盘输入

　　小键盘是电脑传票输入的主要工具，它由四则运算符号"＋""－""*""／"键，回车键，小数点键，数字1～9键和NumLock数字指示键5个部分组成，如图2.25所示。小键盘输入的快慢直接关系到出纳人员的工作效率。

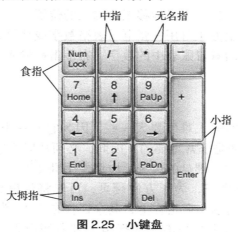

**图 2.25　小键盘**

## 2.6.1　小写数字输入的指法

　　电脑传票小写数字输入是先看小写数字，然后输入数字的过程，比大写数字输入简单。输入时，正确的姿势和指法，有利于提高输入速度和准确率。

### 1. 正确的姿势和指法

　　① 身体要自然坐直，两脚放平与胳膊平行，眼睛与屏幕的距离在40～50 cm。传票本放于键盘左下方，以免因为翻动传票时误输入数字。

　　② 右手在小键盘上自然张开，中指放于基准键5上，食指放在数字键4上，无名指放在数字键6上，大拇指在数字键0上，小拇指放在回车键上。实行手指分工原则，是为了将手指的移动控制在最小的范围之内。

### 2. 注意事项

　　① 输入数字时，要保证NumLock数字指示灯亮起。

　　② 各手指要平放在基准键上，每个手指只负责相应的几个键，输入数字后，手指要马上回到基准键上，这样有利于熟悉数字之间的间隔，防止混淆。

　　③ 手腕平直，手指弯曲自然，只限于用手指指尖击键，切忌用指面击键。输入时要注意轻点、快弹，身体其他部分不要接触工作台或键盘。

　　④ 击键速度要均匀，用力要轻，要有节奏感，不可用力过猛。

　　⑤ 输入时必须盲打。

⑥ 如果发现输入有误，可用"?"键和翻页键（PgDn 和 PgUp）进行修改。

⑦ 保持处于半角状态。半角字符占一个字节宽度，即 1234567890，全角字符占两个字节宽度，即１２３４５６７８９０。

## 2.6.2　小键盘的运用

### 1. 账表计算的操作

账表计算的操作步骤如下。

① 建立一张空白电子表格，将光标移至要输入的位置。

② 账表放在桌面的左上方（可用一张电子表格数字或珠算练习纸替代）。

③ 读数和输入时，眼睛看着账表中的数字，右手击键输入数字。

### 2. 传票计算的操作

（1）传票的翻页

传票输入比一般的数字输入难度要大一些，因为它有一个翻页的过程，而这个过程对传票计算的速度和准确率是非常重要的，因此，必须从以下这些方面练好基本功。

① 根据传票本的设计和小键盘的位置，应用左手翻传票，右手输入数字。

② 翻页前，先把传票墩齐，为了方便翻页，可先将传票捻成扇形，方法是：首先，左右手轻轻捏住传票左右两端（拇指在上，其余四指在下），为捻成扇形做好准备；然后右手捏紧传票，并将传票右上角以右手大拇指为轴向怀内翻卷，翻卷后左手随即捏紧，右手放开；重复上述动作，直到把传票捻成幅宽适当、票页均匀的扇形；最后，用夹子夹住传票的左上角，把扇形固定下来。

③ 传票捏成扇形后，左手小指、无名指和中指自然弯曲压在传票的左端，大拇指和食指自然伸开做好翻页准备。随后，进行翻页，当大拇指翻过一页后，食指随即放于其下面将传票夹住，同时，大拇指伸向下一页做翻页准备。翻页的角度不宜过大，以能看清楚数据便于输入为准，看数、默记、输入等动作应协调一致，以便提高输入速度。切忌在未看完数字或数字未记住又未输入完之前就急于翻页，以致再次掀动传票，形成忙乱现象。

④ 当输入到一页的末二位时，默记末位数，随即用大拇指将页码掀起，将其夹至中指和食指之间，紧接着输入下一页。

⑤ 翻页时，要用大拇指的指腹去掀票页的刃边，不要用大拇指、食指搓捏票页。

⑥ 为了方便翻页，可放一个海绵缸在键盘左上角，以备湿润手指之用。

（2）传票数字的输入

电脑传票小写数字 0～9 均衡地分布于每一页中，每组数字以"元"为金额单位，输入数字时要在"元"和"角"之间输入小数点，一组数字输入完毕后按回车键转到下一页。

情 境 总 结

　　人民币是我国的法定货币，同其他国家的货币一样，人民币具有特殊的防伪特征。我国现行流通的是2005年版第五套人民币。2015年11月12日中国人民银行发行了2015年版第五套人民币100元纸币，在保持2005年版第五套人民币100元纸币规格，正背面主图案、主色调，中国人民银行行名、国徽、盲文和汉语拼音行名、民族文字等不变的前提下，对部分图案做了适当调整，对整体防伪性能进行了提升。

　　对于出纳人员而言，同人民币打交道是一项日常工作，因此，应当掌握鉴别假币的要点，即采用"一看、二摸、三听、四测"的方法来鉴别人民币的真伪。对于损伤、残缺人民币，应及时送存银行或办理兑换。爱护人民币是每个公民的义务，假币没收权属银行、公安机关和司法部门。广大群众在日常生活中如发现假币，应立即就近送交银行鉴定，并向公安机关和银行举报及提供有关详情，协助破案。银行收到假币时，应按规定予以没收，并开具统一格式的假币没收收据给持币人，并将所收假币登记造册，妥善保管，定期上缴中国人民银行当地分支机构。

　　虚假发票是犯罪的根源，不仅给国家带来了损失，也给企业的财务管理带来了严重的危害。因此，出纳人员应当掌握发票的鉴别方法，把好账务部门的第一道关，拒收虚假发票的同时，拒绝使用虚假发票。

　　出纳人员应掌握支票真伪鉴别方法，防止受骗上当，另外，还应当遵纪守法，拒绝签发空头、远期支票，不出租支票或将支票转让其他单位和个人使用或交收款单位代签。在出纳的日常工作中，还应当注意鉴别支票的有效性，如预期支票或远期支票、过期支票、印鉴不符支票等。除此之外，出纳人员还应当掌握汇票（银行承兑汇票、商业承兑汇票和银行汇票）的鉴别方法。

　　点钞一般分为手工点钞和机具点钞两种方法，是出纳人员必须掌握的一项基本技能。为了提高出纳工作效率，出纳人员还应当熟练掌握小键盘输入技能。

 思考练习题

客观题自测

**一、单项选择题**

1. 关于钞票纸的防伪特征，说法错误的是（　　　　）。

　　A. 纸的质地高超　　　　B. 有荧光反应　　　　C. 水印　　　　D. 安全线

2. 第五套人民币开始发行的时间是（　　　　）。

　　A. 1962年　　　　　　B. 1987年　　　　　　C. 1999年　　　D. 2005年

3. 真钞号码的印刷采用（　　　　）。

　　A. 平印印刷　　　　　　　　　　　　　　B. 凹印印刷

　　C. 凸印印刷　　　　　　　　　　　　　　D. 背面无压痕印刷

4. 2015年版100元纸币的隐形数字在（　　　　）位置。

　　A. 左上角团花装饰　　　　　　　　　　　B. 右下角团花装饰内

　　C. 左下角团花装饰内　　　　　　　　　　D. 右上角团花装饰内

5. 第五套人民币的胶印对印图案没有应用于（　　　）元纸币中。

    A. 100　　　　　　B. 50　　　　　　C. 5　　　　　　D. 10

6. 第五套人民币20元胶印的水印是（　　　）。

    A. 毛泽东头像　　　B. 荷花　　　　　C. 月季花　　　D. 水仙花

7. 第五套人民币100元纸币正面胶印图案中的微缩文字是（　　　）。

    A. RMB　　　　　　　　　　　　　B. RMB 和 RMB100

    C. RMB 和 RMB100 元　　　　　　D. RMB100

8. 在日常生活中误收假币，处理方法正确的是（　　　）。

    A. 折价兑换给他人　　　　　　　　B. 趁人不注意，夹在真币中付给他人

    C. 上交当地银行　　　　　　　　　D. 作为捐款捐入捐款箱

9. 第五套人民币100纸元币、50元纸币的固定水印为（　　　）。

    A. 毛泽东头像图案　　　　　　　　B. 荷花图案

    C. 月季花图案　　　　　　　　　　D. 水仙花图案

10. 全国统一使用新版普通发票，各地废止的旧版普通发票停止使用的时间是（　　　）

    A. 2011 年 1 月 1 日　　　　　　B. 2011 年 2 月 1 日

    C. 2011 年 3 月 1 日　　　　　　D. 2011 年 4 月 1 日

11. 税务机关管理发票的法定标志是（　　　）。

    A. 全球统一发票监制章　　　　　　B. 全国统一发票监制章

    C. 全省统一发票监制章　　　　　　D. 全市统一发票监制章

12. 纳税人对外开具的发票应加盖（　　　）。

    A. 单位公章　　　　　　　　　　　B. 法人私章

    C. 发票专用章　　　　　　　　　　D. 财务专用章

13. （　　　）依照《中国人民银行假币收缴、鉴定管理办法》对假币收缴、鉴定实施监督管理。

    A. 中国人民银行总行　　　　　　　B. 金融机构

    C. 中国人民银行及其分支机构　　　D. 各个银行

14. 未经（　　　）批准，任何单位和个人不得研制、仿制、引进、销售、购买和使用印制人民币所特有的防伪材料、防伪技术、防伪工艺和专用设备。

    A 中国人民银行　　　　　　　　　B. 国家专利局

    C. 中国印钞造币总公司　　　　　　D. 国务院

15. 金融机构在办理业务时如发现假币，应由该金融机构至少（　　　）业务人员当面予以收缴。

    A. 2 名　　　　　　B. 3 名　　　　　　C. 4 名　　　　　D. 5 名

16. 金融机构收缴假币时，对（　　　）应当面以统一格式的专用袋加封，并在封口处加盖"假币"字样的戳记。

    A. 假纸币和假银币　　　　　　　　B. 假纸币和假硬币

    C. 假硬币

17. 金融机构在办理业务时发现假币，应当面加盖（     ）字样的戳记，并对实物进行单独保管。

    A."伪造币"          B."变造币"          C."假币"          D."假币"

18. 使用假币印章应采用（     ）油墨。

    A. 红色          B. 黑色          C. 蓝色          D. 橘红色

19. 2015 年版 100 元纸币于 2015 年（     ）正式发行。

    A. 8 月 10 日        B. 9 月 3 日        C. 10 月 1 日        D. 11 月 12 日

20. 2015 年版 100 元纸币采用的光彩光变数字，在垂直观察时，数字以（     ）为主；平视观察时，数字以（     ）为主。随着观察角度的改变，数字颜色交替变化，并可看到（     ）上下滚动。

    A. 金色，蓝色，一条亮光带          B. 绿色，金色，一束反射光

    C. 蓝色，绿色，一束反射光          D. 金色，绿色，一条亮光带

21. 2015 年版 100 元纸币采用的光变镂空开窗安全线，位于票面正面（     ），当票面上下转动时，安全线的颜色在（     ）至（     ）间变化。

    A. 左侧，品红色，绿色          B. 右侧，黑色，黄色

    C. 左侧，品红色，黄色          D. 右侧，品红色，绿色

22. 2015 年版 100 元纸币的正面左下方和背面右下方，均有（     ）的局部图案，透光观察，可组成完整的对印图案。

    A. 面额数字 100          B. 古钱币

    C. 人民银行行徽          D. 数字 2015

## 二、多项选择题

1. 印制人民币的防伪油墨主要有（     ）。

    A. 防复印油墨       B. 普通油墨       C. 有色荧光油墨       D. 磁性油墨

2. 属于变造币的是（     ）。

    A. 涂改币       B. 蜡印假币       C. 剪贴币       D. 揭页币

3. 采用比较方法鉴别假币，主要是比较（     ）。

    A. 纸质       B. 水印       C. 年份       D. 安全线

4. 1999 年版及 2005 年版第五套人民币纸币正面左下角的号码，用光变油墨印制的有（     ）。

    A. 100 元纸币       B. 50 元纸币       C. 20 元纸币       D. 5 元纸币

5. 2005 年版第五套人民币纸币有磁性的部位有（     ）。

    A. 双色横号码       B. 安全线       C. 隐形面额数字       D. 凹印手感线

6. 人民币具有凹凸感的部位主要有（     ）。

    A. 手工雕刻人像          B. 育文点

    C. 中国人民银行行名          D. 凹印手感线

7. 普通发票具有的特征是（     ）。

    A. 有"全国统一发票监制章"字样          B. 水印图案为菱形，中间有 SW 字母

    C. 发票监制章采用有色荧光油墨套印          D. 发票字轨采用有色荧光油墨套印

8. 鉴别银行承兑汇票的方法，正确的是（     ）。

    A. 用手抖动汇票，汇票纸张会发出清脆的响声，能明显感到纸张韧性的，是真的

    B. 汇票号码用手指触摸时有明显凹凸感的，是真的

    C. 肉眼可看到在汇票表面无规则地分布着色彩纤维的，是真的

    D. "银行承兑汇票"字样的下划线是由汉语拼音 HUIPIAO 组成的，是真的

9. 残损人民币属于下列情况之一者，可全额兑换（            ）。

    A. 票面残缺部分不超过 1/5，其余部分的图案、文字能照原样连接者

    B. 票面污损、熏焦、水湿、油浸、变色，但能辨别真假，票面完整或残缺不超过

       1/5，票面其余部分的图案、文字能照原样连接者

    C. 票面污损、熏焦、水湿、变色，不能辨别真假者

    D. 票面残缺 1/5~1/2，其余部分的图案、文字能照原样连接者

10. 2005 年版第五套人民币 100 元、50 元纸币票面正面左下角分别印有 100、50 字样的光变油墨面额数字，票面倾斜一定角度（即票面与视线处于同一平面）时，分别呈现出的颜色为（        ）。

    A. 蓝色        B. 金色        C. 红色        D. 绿色

11. 新版普通发票根据填开方式的不同，分为（        ）。

    A. 通用机打发票               B. 通用手工发票

    C. 通用定额发票               D. 通用不定额发票

12. 虚开发票行为是指（        ）。

    A. 为他人开具与实际经营业务情况不符的发票

    B. 为自己开具与实际经营业务情况不符的发票

    C. 介绍他人开具与实际经营业务情况不符的发票

    D. 让他人为自己开具与实际经营业务情况不符的发票

13. （        ）行为是《中华人民共和国人民币管理条例》所禁止的。

    A. 伪造、变造人民币         B. 故意毁损人民币

    C. 持有伪造、变造的人民币         D. 制作、仿制、买卖缩小的人民币图样

    E. 经中国人民银行批准后，装帧流通人民币

14. 单位和个人如持有假币，应当及时上交到（        ）。

    A. 办理货币存取款和外币兑换业务的金融机构

    B. 中国人民银行     C. 公安机关    D. 司法部门    E. 工商管理机关

15. （        ）可以收缴假币。

    A. 人民银行         B. 商业银行        C. 信用社

    D. 证券公司               E. 收费站

16. 2015 年版 100 元纸币随着观察角度变换而产生颜色变化的防伪特征有（        ）。

    A. 光变油墨面额数字               B. 光彩光变数字

    C. 光变镂空开窗安全线              D. 横竖双色号码

17. 2015 年版 100 元纸币包含面额信息的防伪特征有（        ）。

    A. 光变镂空开窗安全线               B. 雕刻凹印

    C. 白水印                       D. 胶印对印图案

18. 2015 年版 100 元纸币较 2005 年版 100 元纸币主要增加了（        ）防伪特征。

    A. 光彩光变数字               B. 光变油墨面额数字

    C. 光变镂空开窗安全线               D. 有色荧光竖号码

19. 2015年版100元纸币采用雕刻凹印技术的部分是（　　　　）。

A.中华人民共和国国徽　　　　B.中国人民银行行名

C.人像水印　　　　D.有色荧光竖号码

### 三、判断题

1. 纸币票面污渍、涂写字迹面积超过 2 cm² 的；不超过 2 cm²，但遮盖了防伪特征之一的人民币，不宜流通。　（　）

2. 能辨别面额，票面剩余4/5以上，其图案、文字能按原样连接的，按原面额全额兑换。　（　）

3. 在现金收款业务中，出纳人员如发现假币，应马上没收。　（　）

4. 通用手工发票分为百元版、千元版和万元版。　（　）

5. 2015年版100元纸币采用的有色荧光竖号码，在特定波长紫外光照射下可见绿色荧光效果。　（　）

6. 2015年版100元纸币采用了光变镂空开窗安全线和全埋安全线两种安全线，两种安全线透光观察时都可看到镂空文字。　（　）

7. 2015年版100元纸币采用的胶印对印图案，在透光观察时可看到透光性很强的水印面额数字100。　（　）

8. 2015年版100元纸币采用雕刻凹印技术的图案有：国徽、中国人民银行行名、凹印手感线、右上角面额数字等。　（　）

### 四、简答题

1. 第五套人民币鉴别的要点有哪些？

2. 什么是损伤、残缺人民币？其挑剔标准有哪些？

3. 以厦门市普通发票为例，如何鉴别通用机打发票的真伪？

4. 2010版支票防伪工艺与旧版相比做了哪些调整？

5. 金融机构在办理业务时发现假币，应如何处理？

6. 在交通事故中，车主看到汽车漆被人擦坏，在接受对方赔款时觉得太少，因而将对方所赔款的人民币纸币当场撕毁，结果受到公安机关9 000元的罚款。请问公安机关的处罚是否正确？其处罚依据是什么？

## 出纳凭证与账簿整理

### 学习目标

1. 职业知识：了解会计凭证、账簿种类设置等基本规定。

2. 职业能力：掌握日记账的启用和登记方法，出纳记账错误及查找方法；熟悉账簿的更换和保管规定，账簿记录错误的更正方法。

3. 职业素养：能够与会计配合，做好会计业务第一个环节——凭证及账簿登记工作。

### 案例导入

经过 3 年专业知识的学习，李明终于从学校走向了工作岗位。在学校学习会计专业课程时，经济业务都是以文字形式出现的，但在单位中，却没有文字形式的经济业务，而且还要面临大量的、各式各样的发票和凭证。李明分不清楚原始凭证的种类，且没有充分掌握原始凭证和记账凭证的具体整理方法。李明很苦恼，原始凭证到底要怎么归类？实际工作中如果账簿登记错误要怎样进行更正？

_____

_____

_____

_____

_____

_____

_____

_____

_____

# 情境任务3.1 会计凭证认知

会计凭证简称凭证，是记录经济活动，明确经济责任的书面证明，是登记账簿、进行会计监督的重要依据。

任何企业、事业和行政单位在从事任何一项经济活动时，有关人员必须根据有关规定和程序填制和取得会计凭证，对整个经济活动过程做出书面记录。有关部门及人员要在会计凭证上盖章签字，表示对会计凭证的真实性、正确性与合法性负责。会计人员必须对已取得的会计凭证进行严格的审核，只有准确无误的会计凭证才能作为登记各种账簿的凭据。会计凭证的种类多种多样，按其填制程序和用途的不同可以分为原始凭证和记账凭证两大类。

## 3.1.1 原始凭证

### 1. 原始凭证的概念

原始凭证又称原始单据，是在经济业务发生或完成时取得或填制的，用以记录、证明经济业务已经发生或完成的文字凭证，是进行会计核算的原始资料。原始凭证不但记载着大量的经济信息，又是证明经济业务发生的初始文件，与记账凭证相比较，具有较强的法律效力，因此它是一种很重要的凭证。

### 2. 原始凭证的种类

原始凭证按来源渠道可分为外来原始凭证和自制原始凭证。

（1）外来原始凭证

外来原始凭证是指同外部单位发生经济往来关系时，从外部单位取得的原始凭证，如购货时取得的增值税专用发票和普通发票等。增值税专用发票和普通发票的样式如图3.1和图3.2所示。

（2）自制原始凭证

自制原始凭证是指由本单位内部经办业务的部门或个人在执行或完成某项经济业务时所填制的原始凭证。原始凭证按填制方式和内容的不同，又可分为一次凭证、累计凭证、汇总原始凭证和记账编制凭证4种。

① 一次凭证。一次凭证是指凭证的填制手续是一次完成的，用以记录一项或若干项同类性质经济业务的原始凭证。外来原始凭证和大部分自制原始凭证都是一次凭证，如收货单、发货单、购货发票、付款收据、费用报销单等。

② 累计凭证。累计凭证是指在一定时期内连续记录同类经济业务，期末按其累计数作为记账依据的自制原始凭证。它主要适用于经济重复发生的经济业务，如工业企业用的限额领料单。其样式如图3.3所示。

××××××××××× **厦门增值税专用发票** №×××××××××
**抵扣联**

开票日期：

税总函〔2016〕××号×××××公司

| 购买方 | 名　　　称：<br>纳税人鉴别号：<br>地址、电话：<br>开户行及账号： | | | | | 密码区 | | | |
|---|---|---|---|---|---|---|---|---|---|
| 货物或应税劳务名称、服务名称 | 规格型号 | 单位 | 数量 | 单价 | 金额 | 税率 | 税额 | | |
| | | | | | | | | | |
| 合　计 | | | | | | | | | |
| 价税合计（大写） | | | | （小写） | | | | | |
| 销售方 | 名　　　称：<br>纳税人鉴别号：<br>地址、电话：<br>开户行及账号： | | | | | 备注 | | | |

收款人：　　　　复核：　　　　开票人：　　　　　　销售方：（章）

第二联：抵扣联　购买方抵扣凭证

图3.1　增值税专用发票样式

**江南市供排水有限公司水费专用发票**
**发票联**

国税企（　）

№

年　月　日　　　　　地址：　　　　客户名称：

| 月份 | 上月抄度 | 本月抄度 | 实用度数 | 收费项目 | 单价 | 金额/元 | | | | | | |
|---|---|---|---|---|---|---|---|---|---|---|---|---|
| | | | | | | 万 | 千 | 百 | 十 | 元 | 角 | 分 |
| | | | | | | | | | | | | |
| | | | | | | | | | | | | |
| | | | | | | | | | | | | |
| 备注： | | | | | | | | | | | | |
| 合计 | 人民币（大写） | | | | | | | | | | | |

填票人：　　　　　　　　收款人：　　　　　　　企业（盖章有效）

第二联　记账联

图3.2　普通发票样式

## 限 额 领 料 单

领料部门：×车间                                                      凭证编号：×××
用　　途：　　　　　　　　　　20××年×月份　　　　　　发料仓库：×××

| 材料类别 | 材料编号 | 材料名称及规格 | 计量单位 | 领用限额 | 实际领用 | 单价 | 金额 | 备注 |
|---|---|---|---|---|---|---|---|---|
|  |  |  |  |  |  |  |  |  |

供应部门负责人：　　　　　　　　　　生产计划部门负责人：

| 日期 | 数量 | | 领料人签章 | 发料人签章 | 扣除代用数量 | 退料 | | | 限额结余 |
|---|---|---|---|---|---|---|---|---|---|
|  | 请领 | 实发 |  |  |  | 数量 | 收料人 | 发料人 |  |
|  |  |  |  |  |  |  |  |  |  |
|  |  |  |  |  |  |  |  |  |  |
|  |  |  |  |  |  |  |  |  |  |
| 合计 |  |  |  |  |  |  |  |  |  |

**图 3.3　限额领料单样式**

③ 汇总原始凭证。汇总原始凭证是指将一定时期内若干记录同类性质经济业务的原始凭证汇总编制成一张原始凭证，如收料凭证汇总表、发料凭证汇总表、工资结算汇总表等。汇总原始凭证所汇总的内容，只能是同类经济业务，即只能将反映同类经济业务的各原始凭证汇总编制成一张汇总原始凭证，不能汇总两类或两类以上的经济业务。汇总原始凭证也属于原始凭证的范畴。

④ 记账编制凭证。记账编制凭证是由会计人员根据已经入账的结果，对某些特定事项进行归类、整理而编制的一种原始凭证。例如，月末计算已销商品成本时，根据库存商品账簿记录所编制的成本计算表；月末计算产品生产成本时，所编制的制造费用分配表及月末所编制的利润分配计算表等。

### 3. 原始凭证的主要内容

原始凭证从来源来看，有些是从外单位取得的，有些是本单位自制的。由于经济业务的内容是千差万别的，因而记录经济业务的原始凭证所包括的具体内容也各不相同，各有其不同的要求和特点。但是，每一种原始凭证都必须客观地、真实地记录和反映经济业务的发生和完成情况，都必须明确有关单位、部门及人员的经济责任。这些共同的要求，决定了每种原始凭证都必须具备以下基本内容。可参考图3.4。

海南增值税专用发票　　　　　　　　　　　NO.0234567

开票日期：2016年1月18日

| 购买方 | 名　　称：广西爱华电子有限公司<br>纳税人鉴别号：6624756435645972988<br>地址、电话：广西柳州市二环路243号<br>开户行及账号：工行　5614268454893657568 | | | | | 密码区 | （略） | | |
|---|---|---|---|---|---|---|---|---|---|
| 货物或应税劳务、服务名称 | 规格型号 | 单位 | 数量 | 单价 | | 金额 | 税率 | 税额 | |
| B产品 | | 件 | 800 | 180.00 | | 144 000.00 | 17% | 24 480.00 | |
| 合　　计 | | | | | | ￥144 000.00 | | ￥24 480.00 | |
| 价税合计（大写） | | ⊗ 壹拾陆万捌仟肆佰捌拾元整 | | | | | （小写）￥168 480.00 | | |
| 销售方 | 名　　称：江州市吉利电器有限公司<br>纳税人鉴别号：6188991549617866115<br>地址、电话：江州市幸福路129号　31586889<br>开户行及账号：工行江州市分行　5918336544786991899 | | | | | 备注 | 江州市吉利电器有限公司<br>6188991549617866115<br>发票专用章 | | |

收款人：周州　　　　复核：李民　　　　开票人：李文海　　　　销售方（章）：

第二联：抵扣联　购买方抵扣凭证

图3.4　原始凭证内容示例

① 原始凭证的名称。例如，借据、收据、增值税专用发票等。

② 原始凭证填制日期和经济业务发生日期。例如，图3.4中的开票日期2016年1月18日。

③ 填制凭证单位的名称及公章或专用章。例如，图3.4中的江州市吉利电器有限公司及其发票专用章。

④ 经办人或责任人的签名或盖章。例如，图3.4中的开票人李文海。这些经办人或责任人都要签名或盖章，他们对购买商品的真实性、合法性负责。

⑤ 接受凭证单位的名称。例如，图3.4中的广西爱华电子有限公司。

⑥ 经济业务的内容。例如，图3.4中的B产品。

⑦ 经济业务的单位、数量、单价和金额。例如，图3.4中的B产品：单位为件、数量为800、单价为180、金额为144 000.00。上述基本内容，一般不得缺少，否则不能成为具有法律效力的原始凭证。有些原始凭证还应具备一些特殊内容和要求，如使用增值税专用发票要按规定填写购销双方的纳税人识别号，地址、电话，开户行及账号等。

### 4. 原始凭证的填写要求

无论是外来原始凭证，还是自制原始凭证，都必须在每项经济业务发生或完成时直接取得或填制有关的原始凭证。原始凭证大部分是由各单位业务经办人填制，但也有少部分由财务人员填制，如各种收款收据、费用计提与摊配表、现金解款单、支票进账单等。为了保证原始凭证能够准确、及时、清晰地反映各项经济业务活动的真实情况，提高会计核算的质量，并使其真正具有法律效力，原始凭证的填制必须做到真实可靠、手续完备、内容完整、书写清楚、编号连续、填制及时。原始凭证的填制必须符合下列基本要求。

（1）记录真实

必须实事求是地填写经济业务，原始凭证上填制的日期、业务内容、数量、金额等必须与实际情况完全符合，确保凭证内容真实可靠。

（2）填制内容要完整，不可遗漏

原始凭证必须按规定的格式和内容逐项填写齐全，同时必须由经办业务的部门及人员签字或盖章，以便使其对凭证的真实性和合法性负完全的责任。

（3）要明确经济责任

原始凭证上要有经办人员或部门的签章。外来原始凭证必须盖有填制单位的财务专用章；从个人取得的凭证，必须有填制人员的签名或盖章；自制原始凭证，必须有经办单位负责人的签名或盖章；对外开出的原始凭证，必须加盖本单位的财务专用章。

（4）填制及时

原始凭证要按照规定程序传递、审核，以便据以编制记账凭证。

（5）书写清晰，字迹工整

原始凭证要用蓝黑墨水填写，支票要用碳素墨水填写；两联或两联以上套写的凭证，必须全部印透；大小写金额数字要符合规定，正确填写，具体应符合下列要求。

① 阿拉伯数字应当一个一个地写，不得连笔写。阿拉伯金额数字前面应当书写货币符号或货币名称简写。例如，人民币符号"￥"，货币名称简写RMB；美元符号"$"，货币名称简写USD。货币符号或货币名称简写与阿拉伯金额数字之间不得留有空白。例如，人民币20 500元的小写金额应写为￥20 500，不得写为￥20 500。凡阿拉伯数字前写有货币符号或货币名称简写的，数字后面不再写货币单位。

> **小·贴士**
>
> 人民币符号"￥"是汉语拼音 yuan 第 1 个字母 Y 的缩写变形，既代表了人民币的币制，又表示人民币"元"的单位。为了区别 Y 和阿拉伯数字之间的误认和误写，在 Y 字上加上两横而写作"￥"，读音仍为"元"。

② 所有以元为单位（其他货币种类为货币基本单位，下同）的阿拉伯数字，除表示单价等情况外，一律填写到角分；无角分的，角位和分位可写00，或符号"—"；有角无分的，分位应当写0，不得用符号"—"代替。

③ 汉字大写数字金额，如零、壹、贰、叁、肆、伍、陆、柒、捌、玖、拾、佰、仟、万、亿等，一律用正楷字或行书字体书写，不得用〇（另）、一、二、三、四、五、六、七、八、九、十等简化字代替，更不得任意自造简化字。汉字大写数字的正楷、行书字体如表3.1所示。大写数字金额到元为止的，在"元"字后应写"整"或"正"字；大写金额数字到角为止的，在"角"字后可写"整"或"正"字；大写金额数字有分的，"分"字后不写"整"或"正"字。

表3.1 汉字大写数码的正楷、行书字体

| 壹 | 贰 | 叁 | 肆 | 伍 | 陆 | 柒 | 捌 | 玖 | 拾 | 佰 | 仟 | 万 | 亿 | 元 | 角 | 分 | 整 |
|---|---|---|---|---|---|---|---|---|---|---|---|---|---|---|---|---|---|
| 壹 | 贰 | 叁 | 肆 | 伍 | 陆 | 柒 | 捌 | 玖 | 拾 | 佰 | 仟 | 万 | 亿 | 元 | 角 | 分 | 整 |

④ 大写金额数字前未印有货币名称的，应当加填货币名称，货币名称与金额数字之间不得留有空白。

⑤ 阿拉伯金额数字中间有0时，汉字大写金额要写"零"字；阿拉伯数字金额中间连续有几个0时，汉字大写金额中可以只写一个"零"字；阿拉伯金额数字元位是0，或者数字中间连续有几个0、元位也是0但角位不是0时，汉字大写金额可以只写一个"零"字。

（6）不得任意涂改、刮擦或挖补

原始凭证上的文字和数字都要认真填好，要求字迹清楚，易于辨认，不得任意涂改、刮擦或挖补。一般凭证如果发现错误，应当按规定方法更正。对于有关现金、银行存款收支业务的凭证，如果填写错误，不能在凭证上更正，应加盖"作废"戳记，重新填写，以免错收错付。

（7）各种原始凭证要延续编号

如果凭证已预先印定编号，如发票、支票、收据等，在需要作废时，应当加盖"作废"戳记，并连同存根和其他各联全部保存，不得随意撕毁。

### 5. 原始凭证的复核

出纳人员是财务部门的第一道关口，一定要把好凭证复核关。原始凭证复核的内容主要包括真实性复核、完整性复核和合法性复核3个方面。

（1）真实性复核

所谓真实是指原始凭证上所反映的应当是经济业务的本来面目，不得掩盖、歪曲和颠倒真实情况。

① 经济业务双方当事单位和当事人必须是真实的。开出原始凭证的单位、接受原始凭证的单位、填制原始凭证的责任人、取得原始凭证的责任人都要据实填写，不得冒他人、他单位之名，也不得填写假名。

② 经济业务发生的时间、地点，填制凭证的日期必须是真实的。不得把经济业务发生的真实时间改为以前或以后的时间；不得把在甲地发生的经济业务改为在乙地发生，也不得把填制原始凭证的真实日期改为以前或以后的日期。

③ 经济业务的内容必须是真实的。如果是购货业务，就必须标明货物的名称、规格、型号等；如果是住宿业务，就要标明住宿的日期；如果是乘坐交通工具业务，就得标明交通工具种类和起止地点；如果是就餐业务，就必须标明就餐，不得把购物写成就餐，把就餐写成住宿；如果是劳动报酬支付业务，就应该附有考勤记录和工资标准等。

④ 经济业务的"量"必须是真实的。如果是购买货物业务，就要标明货物的重量、长度、体积、数量；其他经济业务也要标明计价所使用的量，如住宿4天、开会3天等。

⑤ 最后，也是最关键的一点就是单价、金额必须是真实的。不得在填写原始凭证时抬高或压低单价，多开或少开金额。

（2）完整性复核

所谓完整是指原始凭证应具备的要素要完整、手续要齐全。出纳人员在复核时要检查原始凭证必备的要素是否都填写了。例如，发票上是否有供货单位的发票专用章，是否使用了合法发票，是否有本联发货票用途、发货票编号等。要素不完整的原始凭证，原则上应当退回重填。特殊情况下需有旁证并经领导批准才能报账。

复核原始凭证的手续是否齐全，包括：双方经办人是否签字或盖章，需要旁证的原始凭证，旁证不齐也应视为手续不齐全。例如，某些金属和化工材料的发货票或提货单后还应附有证明货物化学成份的化验单等凭证；不需入库的物品，发货票上还应有使用证明人的签名；需要另外登记的原始凭证，须经登记以后再到会计部门报账；需要经领导签名批准的原始凭证，要有领导的亲笔签名。手续不齐全的原始凭证，应退回且补办手续后再予以受理。

（3）合法性复核

所谓合法是指要按会计法规、会计制度（包括本单位制定的正在使用的一些内部会计制度）和计划预算办事。在实际工作中，违法的原始凭证主要有以下3种情况，复核时要加以注意。

① 明显的假发票、假车票。有些原始凭证带有明显的时间性，时间变了，再用过去的原始凭证，很明显是假的。有些原始凭证印制粗糙，印章不规范，也可以看出是假的。

② 虽是真实的原始凭证，但制度规定不允许报销。例如，私人购置和私人使用的物品，个人非因公外出发生的各种费用等都不能用公款报销。

③ 虽能报销，但制度对报销的比例或金额有明显限制的，超过比例和限额的不能报销。例如，职工因公出差乘坐火车、轮船，到旅馆住宿，对等级、金额都有限定，超过部分应自费。

### 6. 对问题原始凭证的处理

在审核原始凭证的过程中，出纳人员要认真执行《会计法》所赋予的职责、权限，坚持制度、坚持原则。对违反国家规定的收支，超过计划、预算或规定标准的各项支出，违反制度规定的预付款项，非法出售材料、物资，任意出借、变卖、报废和处理财产物资，以及不按国家关于成本开支范围和费用划分的规定乱挤乱摊生产成本的原始凭证，出纳人员应拒绝办理。对于内容不完整、手续不完备、数字有差错的原始凭证，出纳人员应予以退回，要求经办人补办手续或进行更正。对于经过伪造或涂改等弄虚作假、严重违法的原始凭证，出纳人员在拒绝办理的同时，应当予以扣留，并及时向单位主管或上级主管报告，请求查明原因，追究当事人的责任。

### 7. 一般外来原始凭证遗失的处理

一般外来原始凭证如有遗失（不含增值税专用发票），应当取得原开出单位盖有公章的证明，并注明原来凭证的号码、金额和内容等，由经办单位会计机构负责人、会计主管人员和单位领导人批准后，才能代作原始凭证。如果确实无法取得证明，如火车票、船票、飞机票等原始凭证，由当事人写出详细情况，由经办单位会计机构负责人、会计主管人员和单位领导人批准后，代作原始凭证。

## 3.1.2 记账凭证

### 1. 记账凭证的含义

记账凭证是指会计人员根据审核无误后的原始凭证进行归类、整理，并确定会计分录而编制的凭证，是登记账簿的直接依据。

### 2. 记账凭证的种类

（1）按照适用的经济业务不同，记账凭证可分为专用记账凭证和通用记账凭证

① 专用记账凭证是指专门记录某一类经济业务的记账凭证。专用记账凭证按其所记录的经济业务是否与现金或银行存款的收付有关又可分为收款凭证、付款凭证和转账凭证 3 种。

- 收款凭证是用以反映现金或银行存款收入业务的记账凭证，是根据现金或银行存款收入业务的原始凭证填制而成的。实际工作中，出纳人员应根据会计管理人员或指定人员审核批准的收款凭证，作为记录现金或银行存款的收入依据。出纳人员根据收款凭证收款（尤其是收入现金）时，要在凭证上加盖"收讫"戳记，以避免差错。收款凭证样式如图 3.5 所示。

收 款 凭 证

借方科目：　　　　　　　　　　　　　年　　月　　日　　　　　　　　　　　　　　字第　　号

| 摘　要 | 贷方科目 | | 金　额 | | | | | | | | | | | 记账 |
|---|---|---|---|---|---|---|---|---|---|---|---|---|---|---|
| | 总账科目 | 明细科目 | 亿 | 千 | 百 | 十 | 万 | 千 | 百 | 十 | 元 | 角 | 分 | |
| | | | | | | | | | | | | | | |
| | | | | | | | | | | | | | | |
| | | | | | | | | | | | | | | |
| | | | | | | | | | | | | | | |
| | | | | | | | | | | | | | | |
| | | | | | | | | | | | | | | |
| | | | | | | | | | | | | | | |
| | | | | | | | | | | | | | | |
| 附件　　张 | 合　计 | | | | | | | | | | | | | |

会计主管　　　　　　记账　　　　　　出纳　　　　　　审核　　　　　　制证

图 3.5　收款凭证样式

- 付款凭证是用以反映现金或银行存款支出业务的记账凭证，是根据现金或银行存款支出业务的原始凭证填制而成的。实际工作中，出纳人员应根据会计主管人员或指定人员审核批准的付款凭证，作为记录现金或银行存款支出并付出现金或银行存款的依据。出纳人员根据付款凭证付款时，要在凭证上加盖"付讫"戳记，以免重付。付款凭证样式如图 3.6 所示。

## 付 款 凭 证

贷方科目： 　　　年　　月　　日 　　　　　　　　字第　　号

| 摘 要 | 借方科目 | | 金 额 | | | | | | | | | | | 记账 |
|---|---|---|---|---|---|---|---|---|---|---|---|---|---|---|
| | 总账科目 | 明细科目 | 亿 | 千 | 百 | 十 | 万 | 千 | 百 | 十 | 元 | 角 | 分 | |
| | | | | | | | | | | | | | | |
| | | | | | | | | | | | | | | |
| | | | | | | | | | | | | | | |
| | | | | | | | | | | | | | | |
| | | | | | | | | | | | | | | |
| | | | | | | | | | | | | | | |
| | | | | | | | | | | | | | | |
| | | | | | | | | | | | | | | |
| | | | | | | | | | | | | | | |
| 附件　　张 | 合　计 | | | | | | | | | | | | | |

会计主管　　　　　记账　　　　　出纳　　　　　审核　　　　　制证

**图 3.6　付款凭证样式**

- 转账凭证是用以反映与现金或银行存款收付无关的转账业务的凭证，是根据有关转账业务的原始凭证或记账编制凭证填制而成的。转账凭证样式如图 3.7 所示。

> **小·贴士**
>
> 为便于鉴别，收款凭证、付款凭证和转账凭证一般印制成不同颜色。

## 转 账 凭 证

　　　年　　月　　日 　　　　　　　　字第　　号

| 摘 要 | 会计科目 | | 借方金额 | | | | | | | | | | | 贷方金额 | | | | | | | | | | | 记账 |
|---|---|---|---|---|---|---|---|---|---|---|---|---|---|---|---|---|---|---|---|---|---|---|---|---|---|
| | 总账科目 | 明细科目 | 亿 | 千 | 百 | 十 | 万 | 千 | 百 | 十 | 元 | 角 | 分 | 亿 | 千 | 百 | 十 | 万 | 千 | 百 | 十 | 元 | 角 | 分 | |
| | | | | | | | | | | | | | | | | | | | | | | | | | |
| | | | | | | | | | | | | | | | | | | | | | | | | | |
| | | | | | | | | | | | | | | | | | | | | | | | | | |
| | | | | | | | | | | | | | | | | | | | | | | | | | |
| | | | | | | | | | | | | | | | | | | | | | | | | | |
| | | | | | | | | | | | | | | | | | | | | | | | | | |
| | | | | | | | | | | | | | | | | | | | | | | | | | |
| | | | | | | | | | | | | | | | | | | | | | | | | | |
| | | | | | | | | | | | | | | | | | | | | | | | | | |
| 附件　　张 | 合　计 | | | | | | | | | | | | | | | | | | | | | | | | |

会计主管　　　　　记账　　　　　审核　　　　　出纳　　　　　制单

**图 3.7　转账凭证样式**

会计实务中，对于现金和银行存款之间的划转业务，为了避免记账重复，一般只编制付款凭证，不编制收款凭证。也就是将现金存入银行时，编制现金付款凭证；从银行存款提取现金时，编制银行存款付款凭证。

② 通用记账凭证是不分收付转业务，采用统一格式的记账凭证。通用记账凭证样式如图 3.8 所示。

### 记 账 凭 证

年　　月　　日　　　　　　　　　　　　　　　　　　　字第　　号

| 摘　要 | 会 计 科 目 | | 借方金额 | | | | | | | | | | | 贷方金额 | | | | | | | | | | | 记账 |
|---|---|---|---|---|---|---|---|---|---|---|---|---|---|---|---|---|---|---|---|---|---|---|---|---|---|
| | 总账科目 | 明细科目 | 亿 | 千 | 百 | 十 | 万 | 千 | 百 | 十 | 元 | 角 | 分 | 亿 | 千 | 百 | 十 | 万 | 千 | 百 | 十 | 元 | 角 | 分 | |
| | | | | | | | | | | | | | | | | | | | | | | | | | |
| | | | | | | | | | | | | | | | | | | | | | | | | | |
| | | | | | | | | | | | | | | | | | | | | | | | | | |
| | | | | | | | | | | | | | | | | | | | | | | | | | |
| | | | | | | | | | | | | | | | | | | | | | | | | | |
| | | | | | | | | | | | | | | | | | | | | | | | | | |
| | | | | | | | | | | | | | | | | | | | | | | | | | |
| | | | | | | | | | | | | | | | | | | | | | | | | | |
| 附件　　张 | 合　　计 | | | | | | | | | | | | | | | | | | | | | | | | |

会计主管　　　　　记账　　　　　审核　　　　　出纳　　　　　制单

**图 3.8　通用记账凭证样式**

（2）按填制方式的不同，记账凭证可以分为复式证账凭证和单式证账凭证

① 复式记账凭证是指把一项经济业务所涉及的会计科目，集中填列在一张凭证上的记账凭证，即一张凭证上登记两个或两个以上的会计科目，既有借方，又有贷方。如前面介绍的收款凭证、付款凭证、转账凭证和通用记账凭证都是复式记账凭证。其优点是集中反映账户的对应关系，了解经济业务的全貌，减少凭证数量，节约纸张。其缺点是不便于汇总计算每一会计科目的发生额。

② 单式记账凭证是指把一项经济业务所涉及的会计科目，分别按每个会计科目填制凭证的记账凭证，即把同类经济业务所涉及的会计科目分别记入两张或两张以上的记账凭证中，每张记账凭证只填列一个会计科目。

### 3. 记账凭证的填制和审核

（1）记账凭证的基本要素

记账凭证是登记账簿的直接依据，它是在审核无误的原始凭证的基础上，系统归类整理编制而成的。记账凭证有很多种类，同一种类的记账凭证又有不同的格式，但所有的记账凭证都必须具备下列基本内容。

① 记账凭证的名称。

② 记账凭证的编号。

③ 填制凭证的日期。

④ 有关经济业务的内容摘要。

⑤ 有关账户的名称（包括总分类账、明细分类账）、方向和金额。

⑥ 有关原始凭证的张数。

⑦ 有关人员的签名或盖章。

（2）记账凭证的填制要求

填制记账凭证，即由会计人员将各项记账凭证要素按规定方法填写齐全，便于账簿登记。记账凭证虽有不同格式，但从记账凭证确定会计分录、便于保管和查阅会计资料等方面出发，各种记账凭证除严格按原始凭证的填制要求填制外，还应注意以下几点。

① 将经济业务的内容以简练概括的文字填入"摘要"栏内，以便日后查阅凭证和登记账簿。

② 根据经济业务的性质，按照会计制度所规定的会计科目和每一个会计科目所核算的内容，正确编制会计分录。

③ 每张记账凭证只能反映一项经济业务，除少数特殊业务外，不得将不同类型经济业务的原始凭证合并填制记账凭证，对同一笔经济业务不得填制对应关系不清的多借多贷的记账凭证。

④ 所附原始凭证完整、齐全。除结账与更正差错的记账凭证可以不附原始凭证外，其他记账凭证必须附有原始凭证，便于复核会计分录是否正确，也便于日后查阅原始凭证。

⑤ 内容填写齐全。记账凭证中的各项内容必须填写齐全，并按规定程序办理签章手续，不得简化手续。

⑥ 凭证错误的更正。记账之前发现记账凭证有错误，应重新编制正确的记账凭证，并将错误凭证作废或撕毁。

（3）记账凭证的审核

记账凭证是登记账簿的直接根据，需要严格审核，确保正确无误。记账凭证的审核，主要包括以下 4 个方面。

① 所附原始凭证是否齐全，是否经过审核，原始凭证所记录的经济业务内容和数额与记账凭证是否一致。

② 会计科目和核算内容是否与财务会计制度的规定相符，会计分录和账户对应关系是否正确，金额是否正确。

③ 需要填制的内容是否有遗漏。审核发现了错误，要查清原因，按规定更正。

④ 实行会计信息化的单位，对于机制记账凭证，要认真审核，做到会计科目使用正确，数字准确无误。打印出来的机制记账凭证要有制单人员、稽核人员、记账人员及会计主管人员签章。

记账凭证经过审核后，如发现错误，应查明原因，及时更正。只有审核后正确无误的记账凭证，才能据以登记账簿。

### 3.1.3 记账凭证的填写

#### 1. 日期的填写

这里的日期一般填写财务人员填制记账凭证当天的日期，也可以根据管理需要，填写经济业务发生的日期或月末日期。例如：

① 报销差旅费的记账凭证按报销当日的日期填写；

② 现金收、付款记账凭证按办理收付现金的日期填写；

③ 银行收款业务的记账凭证一般按财务部门收到银行进账单或银行回执的戳记日期填写；

④ 当实际收到的进账单日期与银行戳记日期相隔较远，或者次月初收到上月的银行收、付款凭证，按财务部门实际办理转账业务的日期填写；

⑤ 银行付款业务的记账凭证，一般按财务部门开出银行存款付出单据的日期或承付的日期填写；

⑥ 属于计提和分配费用等转账业务的记账凭证，应按当月最后的日期填写。

#### 2. 编号的填写

记账凭证编号的作用是分清记账凭证处理的先后顺序，便于登记账簿和进行记账凭证与账簿记录核对，防止会计凭证丢失，并且方便日后查找。记账凭证编号的方法有以下 6 种。

① 将财务部门的全部记账凭证作为一类，统一编号，编为记字第 ×× 号。

② 分别按现金和银行存款收入、现金和银行存款付出及转账业务 3 类进行编号，分别编为收字第 ×× 号、付字第 ×× 号、转字第 ×× 号。

③ 按现金收入、现金付出、银行存款收入、银行存款付出及转账 5 类进行编号，分别编为现收字第 ×× 号、现付字第 ×× 号、银收字第 ×× 号、银付字第 ×× 号、转字第 ×× 号。

④ 当月记账凭证的编号，可以在填写记账凭证的当日填写，也可以在月末或装订凭证时填写。记账凭证无论是统一编号还是分类编号，均应分月份按自然数字顺序、连续编号。

⑤ 通常，一张记账凭证编一个号，不得跳号、重号。业务量大的单位，可使用记账凭证编号单，按照本单位记账凭证编号的方法，事先在编号单上印满顺序号，编号时用一个销一个，由制证人注销，在装订凭证时将记账凭证编号单附上，使记账凭证的编号和张数一目了然，方便查找。

⑥ 复杂的会计事项，需要填制两张或两张以上的记账凭证时，采用分数编号法。例如，第 8 号记账凭证需要填制两张记账凭证，则第一张编号为 $8\frac{1}{2}$，第二张编号为 $8\frac{2}{2}$。

#### 3. 摘要的填写

会计凭证中有关经济业务内容的摘要必须真实。在填写摘要时，既要简明，又要全面、清楚，应以说明问题为主。写物要有品名、数量、单价；写事要有过程；银行结算凭证要注明支票号码、去向。送存款项要注明现金、支票、汇票等。遇有冲转业务，不应只写"冲转"字样，应写明冲转某年、某月、某日、某项经济业务和凭证号码，也不能只写对方科目。摘要应能够正确地、完整地反映经济活动和资金变化的来龙去脉，切忌含糊不清。

### 4. 所附原始凭证张数的计算和填写

（1）所附原始凭证张数的计算原则

记账凭证一般应附有原始凭证，并注明其张数。凡属收、付款业务的记账凭证都必须有附件；职工出差借款的借据必须附在记账凭证上，收回借款时应另开收据或退还经出纳（收款人）签名的借款结算联；转账业务中，属于摊提性质的经济业务应有附件。另外，附件的张数应用阿拉伯数字填写。

没有经过汇总的原始凭证，按自然张数计算，有一张算一张；经过汇总的原始凭证，每一张汇总单或汇总表算一张。例如，某职工填报的差旅费报销单上附有车票、船票、住宿发票等原始凭证35张，35张原始凭证在差旅费报销单上的"所附原始凭证张数"栏内已做了登记，在计算记账凭证所附原始凭证张数时，这一张差旅费报销单连同其所附的35张原始凭证一起，只能算一张。财务部门编制的原始凭证汇总表所附的原始凭证，一般也作为附件的附件处理，原始凭证汇总表连同其所附的原始凭证算在一起，作为一张附件填写。

但是，属收、付款业务的，其附件张数的计算要做特殊处理，应把原始凭证汇总表及所附的原始凭证或说明性质的材料均算在其张数内，有一张算一张。当一张或几张原始凭证涉及几张记账凭证时，可将原始凭证附在其中一张主要的记账凭证后面，并在"摘要"栏内注明"本凭证附件包括××号记账凭证业务"字样，在其他有关记账凭证的"摘要"栏内注明"原始凭证附于××号记账凭证后面"字样。

（2）记账凭证的附件的处理

在实际工作中，记账凭证所附的原始凭证种类繁多，为了便于日后的装订和保管，在填制记账凭证时应对附件进行必要的外形加工。

① 过宽、过长的附件，应进行纵向和横向的折叠。折叠后附件的外形尺寸，不应长于或宽于记账凭证，同时还要便于翻阅。附件本身不必保留的部分可以裁掉，但不得因此影响原始凭证内容的完整。

② 过窄、过短的附件，不能直接装订时，应进行必要的加工后再粘贴于特制的原始凭证粘贴纸上，然后再装订粘贴纸。原始凭证粘贴纸的外形尺寸应与记账凭证相同，纸上可先印一个合适的方框，不能直接装订的原始凭证，如汽车票、地铁车票、市内公共汽车票、火车票、出租车票等，都应按类别整齐地粘贴于粘贴纸的方框之内，不得超出。

③ 粘贴时应横向进行，从左至右，并应粘在原始凭证的左边，逐张右移，后一张左边整齐的粘贴于前一张原始凭证的下方，每张附件只粘左边的 0.6 ~ 1 cm 长，粘牢即可。粘好以后要捏住记账凭证的左上角向下抖几下，看是否有未粘住或未粘牢的。另外，还要在粘贴单的空白处分别写出每一类原始凭证的张数、单价与总金额。例如，某人报销差旅费，报销单后面的粘贴单附有 0.5 元的市内公共汽车票 20 张，1 元的公共汽车票 12 张，285 元的火车票 1 张，869 元的飞机票 1 张，就应分别在汽车票一类下面空白处注明 $0.5 \times 20 = 10$ 元，$1 \times 12 = 12$ 元，在火车票一类下面空白处注明 $285 \times 1 = 285$ 元，在飞机票一类下面空白处注明 $869 \times 1 = 869$ 元。这样，万一将来原始凭证不慎失落，也很容易查明丢的是哪一种票面的原始凭证，而且也为计算附件张数提供了方便。原始凭证粘贴如图3.9所示。

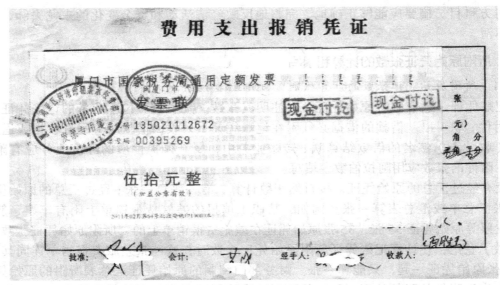

图 3.9 原始凭证粘贴

## 3.1.4 会计凭证的装订

### 1. 会计凭证装订前的准备

会计凭证装订前的准备是指对会计凭证进行排序、粘贴和折叠。因为原始凭证的纸张面积与记账凭证的纸张面积不可能全部一样，有时前者大于后者，有时前者小于后者，这就需要出纳人员在制作会计凭证时对原始凭证加以适当整理，以便装订成册。

① 纸张面积大于记账凭证的原始凭证，可按记账凭证的纸张面积进行适当的纵向或/和横向折叠。注意应把凭证的左上角或左侧面让出来，以便装订后还可以展开查阅。

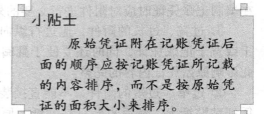

小·贴士

原始凭证附在记账凭证后面的顺序应按记账凭证所记载的内容排序，而不是按原始凭证的面积大小来排序。

② 纸张面积过小的原始凭证，可先按一定次序和类别排列，再粘在一张同记账凭证大小相同的白纸上——粘贴时宜用胶水。票证应分张排列，同类、同金额的单据尽量粘在一起，同时在一旁注明张数和合计金额。如果是板状票证，可以将票面票底轻轻撕开，厚纸板弃之不用。

③ 纸张面积略小于记账凭证的原始凭证，可先用回形针或大头针别在记账凭证后面，待装订时再抽去回形针或大头针。有的原始凭证不仅面积大，而且数量多，可以单独装订，如工资单、耗料单等，但在记账凭证上应注明保管地点。

会计凭证经过上述的加工整理之后，就可以装订了。

### 2. 会计凭证的装订方法

会计凭证的装订是指把定期整理完毕的会计凭证按照编号顺序，外加封面、封底，装订成册，并在装订线上加贴封签；在封面上，应写明单位名称、年度、月份、会计凭证的种类、起讫日期、起讫号数，以及记账凭证或原始凭证的张数，并在封签处加盖骑缝图章。会计凭证封面样式如图3.10所示。

**记 账 凭 证**

年  月  日

单位名称：＿＿＿＿＿＿＿＿＿＿＿＿＿＿＿＿＿＿＿＿＿＿

日　　期：自　　年　　月　　日起至　　　年　　月　　日止

凭证指数：自　　号至　　号　　　　凭证类别：＿＿＿＿＿

记账凭证张数：共　　张

会计主管：　　　　审校：　　　　　　装订：

**图3.10 会计凭证封面样式**

① 如果采用单式记账凭证，在整理、装订会计凭证时，必须保持会计分录的完整。为此，应按凭证号码顺序还原装订成册，不得按科目归类装订。对各种重要的原始单据，以及各种需要随时查阅和退回的单据，应另编目录，单独登记保管，并在有关的记账凭证和原始凭证上相互注明日期和编号。

② 会计凭证的装订既要美观大方又要便于翻阅，因此，在装订时要先设计好装订册数及每册的厚度。一般来说，一本凭证的厚度以1.5～2.0 cm为宜，太厚了不便于翻阅核查，太薄了又不利于竖立放置。凭证装订册数可根据凭证的多少来定，原则上以月份为单位装订，每月订成一册或若干册。对于业务量小、凭证不多的单位，把若干个月份的凭证合并订成一册就可以，只要在凭证封面上注明本册所含月份的凭证即可。

③ 为了使装订成册的会计凭证外形美观，在装订时要考虑到凭证的整齐均匀，特别是装订线的位置，如果太薄，可用纸折一些三角形纸条，均匀地垫在此处，以保证它的厚度与凭证中间的厚度一致。

**3. 会计凭证装订操作**

会计凭证的装订方法有边订法、角订法等。下面介绍角订法的操作步骤，该方法简单易行。

① 将凭证封面和封底裁开，分别附在凭证前面和后面，再拿一张质地相同的纸（可以再找一张凭证封皮，裁下一半用，另一半为订下一本会计凭证备用）放在封面上角，做护角线。

② 在凭证的左上角画一个边长为5 cm的等腰三角形，用夹子夹住，用装订机在底线上分布均匀地打两个眼儿。

③ 用大针引线绳穿过两个眼儿。如果没有针，可以将回形别针顺直，然后将两端折向同一个方向，将线绳从中间穿过并夹紧，也可把线引过来，一般装订机打出的眼儿是可以穿过的。

④ 在凭证的背面打线结。线绳最好在凭证中端系上。

⑤ 将护角向左上侧折，并将一侧剪开至凭证的左上角，然后抹上胶水。

⑥ 向后折叠，并将侧面和背面的线绳扣粘死。

⑦ 待晾干后，在凭证本的脊背上面写上"某年某月第几册共几册"字样。装订人在

装订线封签处签名或盖章。现金凭证、银行凭证和转账凭证最好依次、顺序编号，每一个月都从头编一次序号。凭证少的单位，可以全年顺序编号。会计凭证装订的操作步骤如图 3.11 所示。

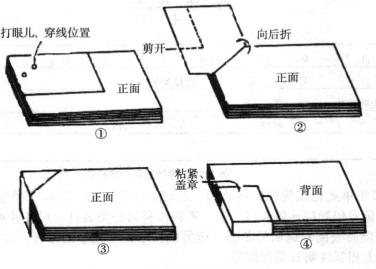

图 3.11　会计凭证装订的操作步骤

## 3.1.5　会计凭证的传递与保管

### 1. 会计凭证的传递

会计凭证的传递是指各种会计凭证从填制、取得到归档、保管的全部过程，即会计凭证在企业、事业和行政单位内部有关人员和部门之间传送、交接的过程。此传递过程中，要规定各种凭证的填写方法、传递单位与凭证份数，规定会计凭证传递的程序、移交的时间和接受与保管的有关部门。会计凭证传递程序是企业管理规章制度的重要组成部分。传递程序是否科学，关系到该企业管理制度是否完备。科学的传递程序有以下两个方面的作用。

（1）有利于完善经济责任制度

会计凭证作为记录经济业务、明确经济责任的书面证明，体现了经济责任制度的执行情况。企业、事业和行政单位可以通过对会计凭证传递程序和传递时间的规定，进一步完善经济责任制度，使各项经济业务的处理顺利进行。

（2）有利于及时进行会计记录

从经济业务的发生到登记账簿有一定的时间间隔，通过会计凭证的传递，可以使财务部门尽早了解经济业务的发生和完成情况，并通过财务部门内部的凭证传递，及时记录经济业务，进行会计核算，实行会计监督。

### 2. 会计凭证的保管

保证会计凭证的安全与完整是全体财务人员的共同职责。在立卷存档之前，会计凭证的保管由财务部门负责。保管过程中应注意以下 5 个问题。

① 会计凭证应及时传递，不得积压。记账凭证在装订成册之前，原始凭证一般是用回形针或大头针固定在记账凭证后面，在这段时间内，凡使用记账凭证的财务人员都有责任保管好原始凭证和记账凭证。使用完后要及时传递，并且要严防在传递过程中散失。

② 凭证在装订以后存档以前，要妥善保管，防止受损、弄脏、霉烂及鼠咬虫蛀等。

③ 对于性质相同、数量较多或各种随时需要查阅的原始凭证，如收、发料单，工资单等，可以单独装订保管，在封面上注明记账凭证种类、日期、编号，同时在记账凭证上注明"附件另订"字样和原始凭证的名称及编号。

④ 原始凭证不得外借，其他单位和个人经本单位领导批准可以调阅会计凭证时，要填写会计档案调阅表，详细填写所借阅会计凭证的名称、调阅日期、调阅人姓名和工作单位、调阅理由、归还日期、调阅批准人等。一般不准调阅人将会计凭证携带外出。需要复制的，要说明所复制的会计凭证的名称、张数，经本单位领导同意后在本单位财务人员监督下进行，并应登记与签字。

⑤ 会计凭证装订成册后，应由专人负责分类保管。年终应登记归档。

# 情境任务3.2　出纳账簿认知

账簿就是以会计凭证为依据，延续地、系统地、全面地、综合地记录和反映各项经济业务的内容，并由相互联系的专门格式和账页所组成的簿籍。设置和登记账簿是会计核算的一种专门方法，也是会计核算的主要环节。

## 3.2.1　账簿的基本内容

各类账簿都应具备封面、扉页和账页3个基本内容。

① 封面，主要标明账簿的名称，如总分类账、制造费用明细账、材料明细账等，还应标明记账单位名称。

② 扉页，主要用来登载经管人员一览表，如图3.12所示。

③ 账页，是账簿的主要内容，它除了标明账户名称、总页数和分页数外，主要记录经济业务的内容，设置有登账日期栏、凭证种类和号数栏、摘要栏、金额栏。

**账簿启用和经管人员一览表**

账簿名称 _____　　　　　　　　　　　　单位名称 _____

账簿编号 _____　　　　　　　　　　　　账簿册数 _____

账簿页数 _____　　　　　　　　　　　　启用日期 _____

会计主管（签章）　　　　　　　　　　　　　　记账人员（签章）

| 移交日期 | | | 移交人 | | 接管日期 | | | 接管人 | | 会计主管 | |
|---|---|---|---|---|---|---|---|---|---|---|---|
| 年 | 月 | 日 | 姓名 | 盖章 | 年 | 月 | 日 | 姓名 | 盖章 | 姓名 | 盖章 |
| | | | | | | | | | | | |
| | | | | | | | | | | | |

图 3.12　账簿启用和经管人员一览表样式

### 3.2.2 账簿的种类

#### 1. 按性质和用途分类

账簿按性质和用途来分，可分为日记账、分类账和备查账。

① 日记账也称序时账，是按经济业务发生时间的先后顺序记录经济业务的账簿。这种账簿按照所记录的经济业务范围的不同，又分为普通日记账和特种日记账。普通日记账用来序时记录所有经济业务，其样式如图3.13所示。特种日记账用来序时记录某种经济业务，如现金日记账、银行存款日记账等，其样式如图3.14所示。

#### 普 通 日 记 账

第 页

| 20××年 | | 凭 证 | | 会计科目 | 摘 要 | 借方金额 | 贷方金额 | 过 账 |
|---|---|---|---|---|---|---|---|---|
| 月 | 日 | 字 | 号 | | | | | |
| | | | | | | | | |

图3.13 普通日记账样式

#### 现 金 日 记 账

第 页

| 20××年 | | 凭证号码 | | 对方科目 | 摘 要 | 收 入 | 付 出 | 结 余 |
|---|---|---|---|---|---|---|---|---|
| 月 | 日 | 字 | 号 | | | | | |
| | | | | | | | | |

图3.14 特种日记账样式

② 分类账是按照账户分类记录各项经济业务的账簿。这种账簿按照分类详细程度的不同，分为总分类账和明细分类账。总分类账简称总账，是根据一级会计科目设立的总分类账户，是提供总括会计信息的账簿。明细分类账简称明细账，是按照二级会计科目或明细会计科目设立的分类账户，是提供详细会计信息的账簿。

③ 备查账又称辅助账，是对日记账和分类账中不能记载或记载不全的经济业务进行补充登记的账簿，如租入、租出固定资产登记簿、代销商品登记簿等。

#### 2. 按外在形式分类

账簿按外在形式来分，可分为订本账、活页账、卡片账。

① 订本账是将账页固定装订成册的账簿。这种账簿可避免账页散失，防止抽换账页，易于归档保管。因此，通常规定总分类账和现金日记账、银行存款日记账等采用订本账。

② 活页账是将账页装订在卡片箱中的账簿。这种账簿可根据需要增加账页，便于记账工作的分工，但易于散失或被抽换。这种账簿在使用前要按账户顺序编号，年度终了

时按实际使用的账页装订成册，并按账页顺序编定页码。明细分类账多为活页账。

③ 卡片账是将账卡装在卡片箱中的账簿。这种账簿的特点是比较灵活，可根据需要增添、调整，但也易于散失。

### 3.2.3　账簿的登记规则

#### 1. 登记账簿的基本要求

（1）登记账簿要及时

账簿必须根据审核无误的会计凭证及时登记。为了防止重记、漏记和便于查阅，登记时应将记账凭证号记入账簿，同时在记账凭证上注明"√"记号，表示已经登记入账。

（2）登记账簿的间隔时间

登记账簿的间隔时间没有统一的规定，根据各单位所采用的具体会计核算形式而定。一般情况下，总分类账可以定期登记，但至少1个月登记1次。普通日记账和债权债务明细账应于交易或事项发生时登记。现金日记账、银行存款日记账应根据收、付款记账凭证，随时按照业务发生顺序逐笔登记，每日终了应结出余额。出纳人员必须每天掌握银行存款和现金的实有数，谨防开出空头支票或影响经营活动的正常用款。

（3）书写要留空

账簿中书写的文字和数字上面要留有适当空格，不要写满格，一般应占格距的1/2。这样，一旦发生登记错误，能比较容易地进行更正，同时也方便查账工作。

（4）记账用墨水规定

为了使账簿记录清晰整洁，防止篡改，记账时必须用蓝、黑色墨水笔书写，不能使用铅笔和圆珠笔书写。红墨水只能在结账划线、改错、冲账等规定范围内使用。

> **小·贴士**
>
> 对使用红墨水记账的情况，国家统一会计制度有特殊的规定，主要有以下几种。
> 1. 按照红字冲账的记账凭证，冲销错误记录。
> 2. 在不设借贷等栏的多栏式账页中，登记减少数。
> 3. 在三栏式账户的"余额"栏前，如未印明余额方向的，在"余额"栏内登记负数余额。
> 4. 根据国家统一会计制度的规定可以用红字登记的其他会计记录。

（5）各类账簿必须按编好的页码顺序登记，不得隔页、跳行

如果不慎发生隔页、跳行现象，应在空页或空行处用红墨水笔画对角线或注明"此行空白""此页空白"等字样，不得任意撕毁订本式账簿的账页，不得随意抽掉活页式或卡片式账簿的账页。

（6）结出余额

凡需要结出余额的账户，结出余额后，应当在"借或贷"栏内注明"借"或"贷"字样。没有余额的账户，应当在"借或贷"栏内注明"平"字样，并在"余额"栏内的元位注明"0"字样。现金日记账和银行存款日记账必须逐日结出余额。

（7）过次承前

订本账如果出现预留账页不够，需要字样跳页登记时，应在末行"摘要"栏内注明"过入第××页"字样，并在新账页第一行"摘要"栏内注明"承××页"字样。每登满一页账页，应在该账页的最后一行加计本页发生额及余额，并在"摘要"栏内注明"过次页"字样；同时在下一页的首行记入上页加计的发生额及余额，并在"摘要"栏内注明"承前页"字样。

（8）摘要书写

"摘要"栏的文字记述要简洁、清楚、扼要、规范，书写工整，不得乱用简化字，数字应用阿拉伯数字书写。

（9）账簿更改

不得对账簿进行刮擦、挖补、涂改或用其他化学方式更改字迹，以防篡改舞弊。

（10）定期打印

实行会计信息化的单位，总分类账和明细分类账应当定期打印；发生收款和付款业务的，在输入收款凭证和付款凭证的当天必须打印出现金日记账和银行存款日记账，并与库存现金核对无误。

### 2. 总分类账与明细分类账平行登记

总分类账是根据总分类账科目设置的，用来对会计要素具体内容进行总分类核算的账户。明细分类账是根据明细分类科目设置的，用来对会计要素具体内容进行明细分类核算的账户。总分类账和明细分类账，两者登记的经济业务内容是相同的，只是详细程度不同。因此，在会计核算中，要采取平行登记的方法。所谓平行登记是指对每一笔经济业务都要根据会计凭证，一方面记入相关总分类账户，另一方面又要记入所属明细分类账户的一种登账方法。采用平行登记，一方面可以满足经营管理者掌握总括资料及详细核算资料的相互关系，另一方面可以检查账务记录的正确性。可见，平行登记是企业内部牵制制度在会计核算上的具体运用。平行登记的要点如下。

（1）期间相同

它是指对同一笔经济业务，在同一会计期间内（如月度内），既要记入相关的总分类账户，又要记入所属明细分类账户，不能漏记或重记。

（2）方向相同

它是指对同一笔经济业务，在登记总分类账和明细分类账时，其各自的记账方向必须一致。也就是总分类账登记在借方，明细分类账也应登记在借方；总分类账户登记在贷方，明细分类账户也应登记在贷方。

（3）依据相同

它是指登记总分类账和明细分类账的最终依据都是会计凭证（包括原始凭证和记账凭证）。

（4）金额相等

它是指将一笔经济业务记入总分类账户的金额应与记入所属明细分类账户的金额之和相等。

### 3.2.4 账簿记录错误的更正方法

#### 1. 划线更正法

在结账前发现账簿记录有错误而记账凭证无错误，应采用划线更正法。更正方法是：先在账簿中错误的文字或数字上画一条红线，表示注销错误部分，画线时要保证原有字迹仍可辨认，以备查考，然后将正确的文字或数字用蓝字写在所画的线的上端，并由更正人员在更正处签章，以表示负责。对改正错误的数字一定要用红线全部划去，不能只改个别数字。

**情境描述**

兴华有限公司是一家皮革厂，注册资本为500万元。

**任务描述**

兴华公司出纳人员张三在根据记账凭证登账时，将3 500元误记为3 000元。

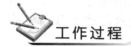

**工作过程**

张三应采用划线更正法将错误的数字全部用红线划去，再在红线上面空白处用蓝字写3 500，予以更正，并加盖名章，具体如下所示。

3 500

~~3 500~~  张三

#### 2. 红字更正法

该方法即用填制红字记账凭证（金额用红字）来更正错误记录。这种方法一般用于以下两种情况。

① 在记账后发现记账凭证和会计账簿记录的金额有错误，所记金额大于应记金额。更正方法是：将多记的金额用红字填制一张与原记账凭证会计科目相同的记账凭证，并据以登记账户，用以冲销多记的金额，更正错误。

**情境描述**

兴华有限公司是一家皮革厂，注册资本为500万元。

任务描述

采购人员预借差旅费，出纳人员给付现金 400 元。这项经济业务涉及"其他应收款"账户，该账户是资金占用性质账户，因此预付差旅费应借记"其他应收款"账户。但出纳人员在填写记账凭证时，误将金额填为 500 元，并据以登记入账。

 工作过程

出纳人员应用红字更正法更正此错误。错误凭证的会计分录如下。
借：其他应收款      500
　　贷：库存现金      500
更正时，填制红字记账凭证，注销多记的 100 元。更正后的会计分录如下。
借：其他应收款      |100|
　　贷：库存现金      |100|
备注：□ 表示红字。
② 在记账后发现记账凭证在会计账簿所用会计科目或记账方向有错误，或者会计科目均有错误。更正方法是：先填制一张内容与错误的记账凭证完全相同而金额是红字的记账凭证，从而冲销原有错误的账簿记录，然后再用蓝字填制一张符合经济业务内容的正确的记账凭证，并据此登记账簿。

 情境描述

兴华有限公司是一家皮革厂，注册资本为 500 万元。

 任务描述

采购人员预借差旅费，出纳人员给付现金 400 元。这项经济业务应记入"其他应收款"账户，但在填制记账凭证时，错记成了借记"应收账款"账户，并据以登记入账。

 工作过程

出纳人员应用红字更正法更正此错误。错误凭证的会计分录如下。
借：应收账款      400
　　贷：库存现金      400
更正时，须用红字编制一张与错误凭证相同的会计分录。
借：应收账款      |400|
　　贷：库存现金      |400|

然后据此填制正确的记账凭证。

借：其他应收款            400

  贷：库存现金             400

### 3. 补充登记法

该方法即用填制补充的记账凭证来更正错误的记录。这种方法适用于记账以后发现记账凭证和会计账簿的金额错误，且所记金额小于应记的正确金额。更正方法是：将少记的金额用蓝字填制一张与原记账凭证会计科目相同的记账凭证，并据此登账，用以补充少记的金额，更正错误。

## 情境描述

兴华有限公司是一家皮革厂，注册资本为500万元。

## 任务描述

办公室人员出差，预借差旅费400元。出纳人员在填写记账凭证时，误将金额填为200元，并据以登记入账。

## 工作过程

出纳人员应用补充登记法更正此错误。错误凭证的会计分录如下。

借：其他应收款            200

  贷：库存现金             200

发现错误后进行更正时，出纳人员须再填制一张记账凭证，补充少记的200元。更正后的会计分录如下。

借：其他应收款            200

  贷：库存现金             200

## 3.2.5 账簿的对账与结账

### 1. 对账

对账是为了保证账簿记录和会计报表的数字真实可靠，每月将各类账簿的账户记录进行核对，以保证账证相符、账账相符、账实相符和账表相符。

（1）账证核对

账证核对是指核对现金日记账及银行存款日记账账簿记录与原始凭证、记账凭证的时间、凭证字号、摘要、金额是否一致，记账方向是否相符。这种核对主要是在日常的记账和编制凭证时进行的。月终，如果发现账账不符，就回过头来对账簿记录与会计凭证进行核对，以保证账证相符。会计凭证是登记账簿的依据，账证核对主要检查登账中的错误。核对时，将凭证和账簿的记录内容、数量、金额和会计科目等相互对比，保证二者相符。

（2）账账核对

账账核对是指各种账簿之间有关数字的核对，以保证账账相符。具体核对内容主要包括以下4项。

① 总分类账全部账户本期借方发生额合计数与全部账户本期贷方发生额合计数相符；全部账户借方期末余额合计数与全部账户贷方期末余额合计数相符。

② 总分类账中有关账户发生额和余额与其所属各明细分类账户的发生额之和及余额之和应分别核对相符。

③ 现金日记账和银行存款日记账的发生额和余额与现金和银行存款总分类账中各该账户的发生额和余额核对相符。

④ 财务部门各种财产物资明细分类账的发生额和余额与财产物资保管部门和使用部门有关财产物资保管账目的发生额和余额核对相符。

（3）账实核对

账实核对是指各种财产物资的账面余额与实存数进行核对，以保证账实相符，具体核对内容包括以下4项。

① 现金日记账的金额与现金实际库存数逐日核对相符。

② 银行存款日记账的余额应定期与开户银行对账单核对相符。

③ 各种财产物资明细分类账的结存数量定期与实存数量核对相符。

④ 各种债权债务明细分类账的余额应经常或定期与有关的债务人和债权人的账面记录核对相符。例如，应收、应付明细账的结存余额与有关债务、债权单位账簿记录相互核对。

（4）账表核对

账表核对是指会计报表有关数字与总分类账或相关明细分类账余额或发生额进行核对。对于出纳人员而言，应将每一会计期间出纳报告中的数字与相关账簿记录核对相符。

**2. 结账**

（1）结账的内容

结账是指会计期末（年末、半年末、季末、月末）对账簿记录进行总结，计算出各账户的本期发生额及期末余额并做相应结转的工作。结账工作的内容主要包括以下4项。

① 将本期发生的交易或事项全部登记入账，并保证其正确性。

② 按权责发生制的要求，调整有关账项，合理确定本期应计收入、应计费用等，编制会计记账凭证，并记入有关账簿。

③ 将损益类账户转入"本年利润"账户，结平所有损益类账户。例如，将"主营业务收入""主营业务成本""营业税金及附加""销售费用""管理费用""财务费用""投资收益"等损益类账户的期末余额转入"本年利润"账户。结转后，所有损益类账户期末无余额。

④ 对于现金日记账、银行存款日记账、总分类账及各明细分类账，应结出本期发生

额和期末余额。

（2）结账的方法

结账的方法有以下4种。

① 日结账。每日业务终了，出纳人员逐笔、序时地登记完现金日记账和银行存款日记账后，应结出本日余额，现金日记账应与当日库存现金核对。

② 月结账。月末，在各账户的最后一笔账的下一行结出本期发生额和期末余额，在"摘要"栏内注明"本月合计"字样。月末如果无余额，应在"借或贷"一栏中注明"平"字样，并在"余额"栏中记0后，画上一条红线。对需逐月结算本年累计发生额的账户，应逐月计算自年初至本月份止的累计发生额，并登记在月结的下一行，在"摘要"栏内注明"本月止累计"字样。

③ 季结账。办理季结账时，应在各账户本季度最后一个月的月结下面画一条通栏红线，在红线下结出本季发生额和季末余额，并在"摘要"栏内注明"本季合计"字样，最后在"摘要"栏下面画一条通栏红线，表示完成季结工作。

④ 年结账。年末，将全年的发生额累计，登记在12月份的合计数的下一行，在"摘要"栏内注明"本年合计"字样，并在下面画双红线。对于有余额的账户，应把余额结转下一年，在年结数的下一行"摘要"栏内注明"结转下年"字样。在下一年的新账页的第一行"摘要"栏内注明"上年结转"字样，并把上年末余额数填写在"余额"栏内。

# 情境任务3.3　日记账的启用和登记

## 3.3.1　日记账的启用

出纳人员登记的日记账主要是现金日记账和银行存款日记账。日记账是各单位重要的经济档案之一。为保证账簿使用的合法性，明确经济责任，防止舞弊行为，保证账簿资料的完整和便于查找，各单位在启用账簿时，首先要按规定内容逐项填写账簿启用表和账簿目录表。在账簿启用表中，应写明单位名称、账簿名称、账簿编号和启用日期；在"经管人员"一栏中写明经管人员姓名、职别、接管或移交日期，由会计主管人员签名盖章，并加盖单位公章。

## 3.3.2　日记账的登记

### 1. 现金日记账的登记

（1）现金日记账的登记要求

现金日记账是由出纳人员根据审核无误后的现金收、付款凭证，逐日、逐笔、顺序登记的。登记现金日记账的总要求是：分工明确，专人负责，凭证齐全，内容完整，登记及时，账款相符，数字真实，表达准确，书写工整，摘要清楚，便于查阅，不重记、不漏记、不错记，按期结账，不拖延积压，按规定方法更正错账等。具体要求如下。

① 根据审核无误后的收、付款记账凭证登记。出纳人员在办理收付款时，应当对收款凭证和付款凭证进行仔细的复核，并以经过审核无误后的收、付款记账凭证和其所附原始凭证作为登记现金日记账的依据。如果原始凭证上注明"代记账凭证"字样，经有关人员签章后，也可作为登记的依据。

② 所记载的内容必须同会计凭证相一致，不得随便增减。每一笔账都要记明记账凭证的日期、编号、摘要、金额和对应科目等。经济业务的摘要不能过于简略，应以能够清楚地表述业务内容为准，便于事后查对。日记账应逐笔分行记录，不得将收款凭证和付款凭证合并登记，也不得将收款、付款相抵后以差额登记。登记完毕，应当逐项复核，复核无误后在记账凭证上的"账页"一栏内注明过账符号"√"，表示已经登记入账。

③ 逐笔、序时登记现金日记账，做到日清月结。为了及时掌握现金收付和结余情况，现金日记账必须当日账务当日记录，并于当日结出余额；对于现金收付业务频繁的单位，还应随时结出余额，以掌握收支计划的执行情况。

④ 必须连续登记，不得跳行、隔页，不得随便更换账页和撕去账页。现金日记账采用订本式账簿，其账页不得以任何理由撕去，作废的账页也应留在账簿中。在一个会计年度内，账簿尚未用完时，不得以任何借口更换账簿或重抄账页。记账时必须按页次、行次、位次顺序登记，不得跳行或隔页登记。如果不慎发生跳行、隔页时，应在空页或空行中间画线加以注销，并注明"此行空白""此页空白"字样，由记账人员盖章，以示负责。

⑤ 文字和数字必须整洁清晰，准确无误。在登记书写时，不要滥造简化字，不得使用同音异义字，不得写怪字体；摘要文字紧靠左线；数字要写在"金额"栏内，不得越格错位、参差不齐；文字、数字字体大小适中，紧靠下线书写，上面要留有适当空距，一般应占格宽的1/2，以备按规定的方法改错。记录金额时，如果没有角分的整数，应分别在"角""分"栏内写上0，不得省略不写，或以"一"号代替。

⑥ 使用钢笔，以蓝、黑色墨水书写，不得使用圆珠笔（银行复写账簿除外）或铅笔书写。但按照国家统一会计制度中规定用红字登记的业务，可以用红色墨水书写。

⑦ 每一账页记完后，必须按规定转页。为了便于计算、了解现金日记账中连续记录的累计数额，并使前后账页的合计数据相互衔接，在每一账页登记完毕结转下页时，应结出本页发生额合计数及余额，写在本页最后一行和下页第一行的有关栏内，并在"摘要"栏注明"过次页"和"承前页"字样。也可以在本页最后一行用铅笔字结出发生额合计数和余额，核对无误后，用蓝、黑色墨水在下页第一行写出上页的发生额合计数及余额，在"摘要"栏内注明"承前页"字样，不再在本页最后一行写"过次页"的发生额和余额。

⑧ 现金日记账必须逐日结出余额，每月月末必须按规定结账。现金日记账不得出现贷方余额（或红字余额）。

⑨ 记录发生错误时，必须按规定方法更正。为了提供在法律上有证明效力的核算资料，保证现金日记账的合法性，账簿记录不得随意涂改，严禁刮、擦、挖、补，或者使用化学药物清除字迹。发现差错必须根据差错的具体情况采用划线更正、红字更正、补充登记等方法更正。

## 情境描述

华天公司2015年12月份共发生14笔现金收付业务。小张是该公司的出纳人员，负责现金日记账的登记工作。

## 任务描述

小张应按规定办理2015年12月份所有与企业现金往来业务相关的各项收付款业务，并填制记账凭证，根据与现金收付有关的凭证登记现金日记账。

## 工作过程

**步骤1：整理各笔现金业务的原始凭证。**

① 5日，开出现金支票，提取现金42 000元，凭证号为银付字01号，会计分录如下。

借：库存现金　　　　　　　　　　　　　　　　　　　　42 000
　　贷：银行存款　　　　　　　　　　　　　　　　　　　　　42 000

② 8日，零售A产品10件，单价300元，凭证号为现收字01号，会计分录如下。

借：库存现金　　　　　　　　　　　　　　　　　　　　3 510
　　贷：主营业务收入　　　　　　　　　　　　　　　　　　　3 000
　　　　应交税费——应交增值税（销项税额）　　　　　　　　510

③ 8日，收到某单位租用设备租金400元，凭证号为现收字02号，会计分录如下。

借：库存现金　　　　　　　　　　　　　　　　　　　　400
　　贷：其他业务收入　　　　　　　　　　　　　　　　　　　400

④ 10日，发放工资42 000元，凭证号为现付字01号，会计分录如下。

借：应付职工薪酬　　　　　　　　　　　　　　　　　　42 000
　　贷：库存现金　　　　　　　　　　　　　　　　　　　　　42 000

⑤ 12日，销售科领用备用金400元，凭证号为现付字02号，会计分录如下。

借：其他应收款——备用金（销售科）　　　　　　　　　400
　　贷：库存现金　　　　　　　　　　　　　　　　　　　　　400

⑥ 15日，出纳人员小林赔偿前一天短款40元，凭证号为现收字03号，会计分录如下。

借：库存现金　　　　　　　　　　　　　　　　　　　　40
　　贷：其他应收款——现金短款　　　　　　　　　　　　　　40

⑦ 16日，收到某商品包装物押金600元，凭证号为现收字04号，会计分录如下。

借：库存现金　　　　　　　　　　　　　　　　　　　　600
　　贷：其他应付款——包装物押金　　　　　　　　　　　　　600

⑧ 19日，收回职工李青的借款400元，凭证号为现收字05号，会计分录如下。

借：库存现金　　　　　　　　　　　　　　　　　　　　400

贷：其他应收款——职工借款（李青）　　　　　　　　　　　　400

⑨ 21 日，销售科李刚报销差旅费 952 元，凭证号为现付字 03 号，会计分录如下。

借：销售费用　　　　　　　　　　　　　952

　　贷：库存现金　　　　　　　　　　　　　952

⑩ 28 日，向银行送存现金业务收入 4 510 元，凭证号为现付字 04 号，会计分录如下。

借：银行存款　　　　　　　　　　　　　　4 510

　　贷：库存现金　　　　　　　　　　　　　　4 510

**步骤 2**：小张应根据上述会计凭证分别登记现金日记账，如图 3.15 和图 3.16 所示。

### 现 金 日 记 账

| 2015 年 | | 记账凭证 | | 摘　要 | 对方科目 | 借方 | 贷方 | 借或贷 | 余额 |
|---|---|---|---|---|---|---|---|---|---|
| 月 | 日 | 字 | 号 | | | | | | |
| 12 | 1 | | | 承前页 | | | | 借 | 5 000 |
| | 5 | 银付 | 01 | 提取现金 | 银行存款 | 42 000 | | 借 | 47 000 |
| | 8 | 现收 | 01 | 零售 A 产品 | 主营业务收入 | 3 510 | | 借 | 50 510 |
| | 8 | 现收 | 02 | 收取设备租金 | 其他业务收入 | 400 | | 借 | 50 910 |
| | 10 | 现付 | 01 | 发放工资 | 应付职工薪酬 | | 42 000 | 借 | 8 910 |
| | 12 | 现付 | 02 | 销售科领备用金 | 其他应收款 | | 400 | 借 | 8 510 |
| | 15 | 现收 | 03 | 出纳赔款 | 其他应收款 | 40 | | 借 | 8 550 |
| | 16 | 现收 | 04 | 收押金 | 其他应付款 | 600 | | 借 | 9 150 |
| | 19 | 现收 | 05 | 李青还款 | 其他应收款 | 400 | | 借 | 9 550 |
| | 21 | 现付 | 03 | 李刚报销差旅费 | 销售费用 | | 952 | 借 | 8 598 |
| | 28 | 现付 | 04 | 现金存入银行 | 银行存款 | | 4 510 | 借 | 4 088 |
| 12 | 31 | | | 本月合计 | | 46 950 | 47 862 | 借 | 4 088 |
| | | | | 本年累计 | | 1 568 702 | 1 569 614 | 借 | 4 088 |
| | | | | 结转下年 | | | | | |

图 3.15　现金日记账（一）

### 现 金 日 记 账

| 2016 年 | | 记账凭证 | | 摘　要 | 对方科目 | 借方 | 贷方 | 借或贷 | 余额 |
|---|---|---|---|---|---|---|---|---|---|
| 月 | 日 | 字 | 号 | | | | | | |
| 1 | 1 | | | 上年结转 | | | | 借 | 4 088 |
| | | | | | | | | | |

图 3.16　现金日记账（二）

（2）现金日记账的核对

为了保证现金日记账记录完整、准确，出纳人员在收付现金以后，要及时记账，并且要按照一定的程序进行对账。

现金日记账的核对主要是指现金日记账的记录与有关收、付款凭证进行核对，做到账证相符、账账相符、账实相符。具体操作方法有如下 3 种。

① 账证相符，即现金日记账与现金收、付款凭证核对相符。现金收、付款凭证是登

记现金日记账的依据，账目和凭证应该是完全一致的。但是，在记账过程中，由于相关工作人员粗心等原因，往往会发生重记、漏记、记错方向或记错数字等情况。账证核对要按照业务发生的先后顺序逐笔进行。核对的项目主要是：核对凭证编号；复查记账凭证与原始凭证，看两者是否完全相符；查对账证金额与方向的一致性。核对后如发现差错，要立即按规定方法更正，确保账证完全一致。

② 账账相符，即现金日记账与现金总分类账核对相符。现金日记账是根据现金收、付款凭证逐笔登记的，现金总分类账是根据现金收、付款凭证直接或汇总登记的，两者记账的依据相同，记录的结果应该完全一致。但是，由于两种账簿是由不同人员分别记账，而且现金总分类账一般是汇总登记，在汇总和登记过程中，都有可能发生差错；现金日记账是逐笔登记的，记录的次数很多，也难免发生差错。因此，出纳人员应定期出具出纳报告与总账会计进行核对。

每月终了结账后，总分类账中现金本月借方发生额、贷方发生额及月末余额分别同现金日记账的本月收入（借方）合计数、本月支出（贷方）合计数和余额相互核对，查看账账之间是否完全相符。如果不符，应先查出差错出在哪一方，如果借方发生额出现差错，应查找现金收款凭证、银行存款付款凭证（提取现金业务）和现金收入一方的账目；反之则应查找现金付款凭证和现金付出一方的账目。找出错误后应立即按规定的方法加以更正，做到账账相符。

③ 账实相符，即现金日记账与库存现金核对相符。出纳人员在每天业务终了后，应自行清查账款是否相符。先结出当天现金日记账的账面余额，再盘点库存现金的实有数，看两者是否完全相符。在实际工作中，凡是有当天来不及登记的现金收、付款凭证的，均应按下列公式进行核对：

$$现金日记账账存余额 = 库存现金实有数 + 未记账的付款凭证金额 -$$
$$未记账的收款凭证金额 = 现金日记账账存余额$$

反复核对仍不相符的，即说明当日记账或实际现金收付情况有误。在这种情况下，出纳人员一方面应向会计负责人报告，另一方面应对当天办理的收付款业务逐笔核查，尽快找出产生差错的原因。

### 2. 银行存款日记账的登记

（1）银行存款日记账的登记要求

银行存款日记账是由出纳人员根据审核无误后的有关银行存款收、付款凭证，逐日、逐笔、顺序登记的。登记银行存款日记账的总要求与登记现金日记账的总要求相同。登记银行存款日记账的具体要求如下。

① 根据审核无误后的银行存款收、付款记账凭证登记账簿。
② 所记载的经济业务内容必须同记账凭证相一致，不得随便增减。
③ 要按经济业务发生的顺序逐笔登记账簿。
④ 必须连续登记，不得跳行、隔页，不得随便更换账页和撕扯账页。
⑤ 文字和数字必须整洁、清晰、准确无误。
⑥ 使用钢笔，以蓝、黑色墨水书写，不得使用圆珠笔（银行复写账簿除外）或铅笔书写。

⑦ 每一页账页记完后，必须按规定转页。具体方法同现金日记账。

⑧ 每月月末必须按规定结账。

 **情境描述**

华天金汤公司，材料采用实际成本核算，对外投资采用成本法核算。2015年12月初，银行存款日记账期初余额为3 650 000元，12月份发生14笔经济业务。小张是该公司的出纳人员。

 **任务描述**

小张应按规定办理2015年12月份所有与企业银行存款往来业务相关的各项收付款业务，并填制记账凭证，根据与银行存款收付业务有关的凭证登记银行存款日记账。

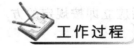 **工作过程**

**步骤1：整理各笔现金业务的原始凭证。**

① 1日，办理面额500 000元的银行汇票一张，凭证号为银付字01号，会计分录如下。

借：其他货币资金——银行汇票　　　　　　　　　500 000

　　贷：银行存款　　　　　　　　　　　　　　　　　　500 000

② 1日，提取现金100 000元，备发工资，凭证号为银付字02号，会计分录如下。

借：库存现金　　　　　　　　　　　　　　　　　100 000

　　贷：银行存款　　　　　　　　　　　　　　　　　　100 000

③ 5日，销售产品收到银行本票一张，金额585 000元，凭证号为银收字01号，会计分录如下。

借：银行存款　　　　　　　　　　　　　　　　　585 000

　　贷：主营业务收入　　　　　　　　　　　　　　　　500 000

　　　　应交税费——应交增值税（销项税额）　　　　　 85 000

④ 9日，收到某公司用于归还货款的转账支票一张，金额600 000元，已办理入账手续，凭证号为银收字02号，会计分录如下。

借：银行存款　　　　　　　　　　　　　　　　　600 000

　　贷：应收账款　　　　　　　　　　　　　　　　　　600 000

⑤ 10日，兑付到期的银行承兑汇票一张，支付票面金额600 000元，凭证号为银付字03号，会计分录如下。

借：应付票据　　　　　　　　　　　　　　　　　600 000

　　贷：银行存款　　　　　　　　　　　　　　　　　　600 000

⑥ 12日，用转账支票从本市某企业购入材料，金额234 000元，凭证号为银付字04号，会计分录如下。

借：在途物资　　　　　　　　　　　　　　　　　　　　　　200 000
　　应交税费——应交增值税（进项税额）　　　　　　　　　34 000
　　贷：银行存款　　　　　　　　　　　　　　　　　　　　　234 000

⑦ 13 日，从商业银行借入短期借款 1 000 000 元，凭证号为银收字 03 号，会计分录如下。

借：银行存款　　　　　　　　　　　　　　　　　　　　　1 000 000
　　贷：短期借款　　　　　　　　　　　　　　　　　　　　1 000 000

⑧ 14 日，存入银行现金 50 000 元，凭证号为现付字 01 号，会计分录如下。

借：银行存款　　　　　　　　　　　　　　　　　　　　　　50 000
　　贷：库存现金　　　　　　　　　　　　　　　　　　　　　50 000

⑨ 16 日，收到上月销售给南京模具公司的货物货款 800 000 元，凭证号为银收字 04 号，会计分录如下。

借：银行存款　　　　　　　　　　　　　　　　　　　　　　800 000
　　贷：应收账款　　　　　　　　　　　　　　　　　　　　　800 000

⑩ 20 日，从东阳材料公司购入原材料，价款为 300 000 元，增值税为 51 000 元，以汇兑方式付款，材料尚未验收入库。凭证号为银付字 05 号，会计分录如下。

借：在途物资　　　　　　　　　　　　　　　　　　　　　　300 000
　　应交税费——应交增值税（进项税额）　　　　　　　　　51 000
　　贷：银行存款　　　　　　　　　　　　　　　　　　　　　351 000

⑪ 24 日，以转账支票支付外购材料运杂费 24 000 元，凭证号为银付字 06 号，会计分录如下。

借：在途物资　　　　　　　　　　　　　　　　　　　　　　24 000
　　贷：银行存款　　　　　　　　　　　　　　　　　　　　　24 000

⑫ 28 日，交纳上月应交增值税 98 000 元，凭证号为银付字 07 号，会计分录如下。

借：应交税费——未交增值税　　　　　　　　　　　　　　　98 000
　　贷：银行存款　　　　　　　　　　　　　　　　　　　　　98 000

⑬ 30 日，收到联营公司分回的税后利润 500 000 元，凭证号为银收字 05 号，会计分录如下。

借：银行存款　　　　　　　　　　　　　　　　　　　　　　500 000
　　贷：投资收益　　　　　　　　　　　　　　　　　　　　　500 000

⑭ 31 日，预交 2016 年上半年财产保险费 30 000 元，凭证号为银付字 08 号，会计分录如下。

借：待摊费用——保险费　　　　　　　　　　　　　　　　　30 000
　　贷：银行存款　　　　　　　　　　　　　　　　　　　　　30 000

**步骤 2**：小张应根据上述会计凭证分别登记银行存款日记账，如图 3.17 和图 3.18 所示。

**银行存款日记账**

| 2015 年 | | 记账凭证 | | 摘　要 | 对方科目 | 借方 | 贷方 | 借或贷 | 余额 |
|---|---|---|---|---|---|---|---|---|---|
| 月 | 日 | 字 | 号 | | | | | | |
| 12 | 1 | | | 月初余额 | | | | 借 | 3 650 000 |
| | 1 | 银付 | 01 | 汇票存款 | 其他货币资金 | | 500 000 | 借 | 3 150 000 |
| | 1 | 银付 | 02 | 提取现金 | 现金 | | 100 000 | 借 | 3 050 000 |
| | 5 | 银收 | 01 | 销售产品 | 主营业务收入 | 585 000 | | 借 | 3 635 000 |
| | 9 | 银收 | 02 | 收回货款 | 应收账款 | 600 000 | | 借 | 4 235 000 |
| | 10 | 银付 | 03 | 支付商业汇票款 | 应付票据 | | 600 000 | 借 | 3 635 000 |
| | 12 | 银付 | 04 | 购买材料 | 在途物资 | | 234 000 | 借 | 3 401 000 |
| | 13 | 银收 | 03 | 借入短期借款 | 短期借款 | 1 000 000 | | 借 | 4 401 000 |
| | 14 | 现付 | 01 | 存入现金 | 现金 | 50 000 | | 借 | 4 451 000 |
| | 16 | 银收 | 04 | 收到货款 | 应收账款 | 800 000 | | 借 | 5 251 000 |
| | 20 | 银付 | 05 | 采购材料 | 在途物资 | | 351 000 | 借 | 4 900 000 |
| | 24 | 银付 | 06 | 支付运杂费 | 材料采购 | | 24 000 | 借 | 4 876 000 |
| | 28 | 银付 | 07 | 交纳增值税 | 应交税费 | | 98 000 | 借 | 4 778 000 |
| | 30 | 银收 | 05 | 分回投资利润 | 投资收益 | 500 000 | | 借 | 5 278 000 |
| | 31 | 银付 | 08 | 预交保险费 | 待摊费用 | | 30 000 | 借 | 5 248 000 |
| | 31 | | | 本月合计 | | 3 535 000 | 1 937 000 | 借 | 5 248 000 |
| | | | | 本年累计 | | 93 535 000 | 91 937 000 | 借 | 5 248 000 |
| | | | | 结转下年 | | | | | |

图 3.17　银行存款日记账（一）

**银行存款日记账**

| 2016 年 | | 记账凭证 | | 摘　要 | 对方科目 | 借方 | 贷方 | 借或贷 | 余额 |
|---|---|---|---|---|---|---|---|---|---|
| 月 | 日 | 字 | 号 | | | | | | |
| 1 | 1 | | | 上年结转 | | | | 借 | 5 248 000 |
| | | | | | | | | | |

图 3.18　银行存款日记账（二）

（2）银行存款日记账的核对

① 银行日记账核对的内容。

银行存款日记账与现金日记账的核对方法有一定的区别，现金日记账的账实核对是通过库存现金实地盘点查对的，而银行存款日记账的账实核对是通过与银行的对账单进行核对的。银行存款日记账的核对主要包括以下 3 项内容。

- 银行存款日记账与银行存款收、付款凭证互相核对，做到账证相符。
- 银行存款日记账与银行存款总账互相核对，做到账账相符。
- 银行存款日记账与银行对账单互相核对，做到账实相符。

银行存款日记账的核对，前两项与现金日记账的核对基本相同。这里着重介绍银行存款日记账与银行对账单的核对。

银行对账单是银行对本企业在银行的存款进行序时核算的账簿记录的复制件，因此与银行对账单的核对，实际上是与银行进行账簿记录的核对。

企业的银行存款日记账的记录与银行开出的银行对账单，无论是发生额，还是期末余额都应该是完全一致的，因为它们是对同一账号存款的记录。但是，由于未达账项或双方账目可能发生记录错误，因此会造成双方的账目出现不一致的情况。

② 未达账项。

未达账项是指银行收、付款结算凭证在企业和开户银行之间传递时，由于收到凭证的时间不同而发生的凭证一方已经入账，而另一方尚未入账，从而造成企业银行存款日记账记录与银行对账单记录不符的款项。未达账项是银行存款收、付款结算业务中的正常现象，主要有以下 4 种情况。

- 银行已经收款入账，而企业尚未收到银行的收款通知因而未收款入账的款项，如委托银行收款等。
- 银行已经付款入账，而企业尚未收到银行的付款通知因而未付款入账的款项，如借款利息的扣付、托收承付等。
- 企业已经收款入账，而银行尚未办理完转账手续因而未收款入账的款项，如收到外单位的转账支票等。
- 企业已经付款入账，而银行尚未办理完转账手续因而未付款入账的款项，如企业已开出支票而持票人尚未向银行提现或转账等。

出现第 1、4 种情况时，会使开户单位银行存款账面余额小于银行对账单的存款余额；出现第 2、3 种情况时，会使开户单位银行存款账面余额大于银行对账单的存款余额。无论出现哪种情况，都会使开户单位银行存款账面余额与银行对账单存款余额不一致，很容易开出空头支票，对此，必须编制银行存款余额调节表进行调节。

③ 未达账项及记账错误的查找。

无论是未达账项，还是双方账目记录有误，都要通过企业银行存款日记账的记录与银行开出的银行对账单进行逐笔勾对才能发现。具体作法如下。

- 企业把银行存款日记账中的借方和贷方的每笔记录分别与银行对账单中的贷方和借方的每笔记录从凭证种类、编号、摘要、记账方向和金额等方面进行逐笔核对。经核对相符时，分别在各自有关数额旁边画"√"，以作标记。在双方账单中没有画"√"标记的，不是未达账项，就是双方账目记录有错误。
- 对于已查出的错账、漏账，有过错的一方应及时加以更正。但是，为了对账方便，银行记录错误可暂由企业出纳人员在银行对账单中做假设性更正，事后再与银行联系，由银行更正其账目；对于未达账项，则应编制银行存款余额调节表加以调节，以便切实查清双方账目是否相符，查明企业银行存款的实有数额。注意：只是通过编制银行存款余额调节表来调整余额数字，达到查清账目的目的，并不是按照查对到的情况直接记账，账簿记录要依据日后凭证到达后处理。

④ 银行存款余额调节表的编制。

银行存款余额调节表是在银行对账单余额与企业账面余额的基础上，各自加上对方已收、本单位未收账项数额，减去对方已付、本单位未付账项数额，以调整双方余额使其一致的一种调节方法。

通过核对调节，银行存款余额调节表上的双方余额相等，一般可以说明双方记账没有差错。如果经调节仍不相等，那么不是未达账项未全部查出，就是一方或双方记账出现差错，需要进一步采用对账方法查明原因，加以更正。调节相等后的银行存款余额是当日可以动用的银行存款实有数。对于银行已经划账，而企业尚未入账的未达账项，要待银行结算凭证到达后，才能据以入账，不能以银行存款余额调节表作为记账依据。

**情境描述**

兴发公司是一家家具公司，注册资本500万元，采用权责发生制核算。小张担任该公司的出纳人员。

**任务描述**

2015年3月1日—31日，该公司企业银行存款日记账账面记录与同一时期银行对账单资料如下。

① 31日，企业银行存款日记账账面余额为506 000.52元，相关记录如下。

21日，转支1246号付料款30 000元，贷方记30 000.00。

21日，转支1247号付料款59 360元，贷方记59 360.00。

21日，存入销货款43 546.09元，借方记43 546.09。

22日，存入销货款36 920.29元，借方记36 920.29。

22日，转支1248号上交2月份税金76 566.43元，贷方记76 566.43。

23日，存入销货款46 959.06元，借方记46 959.06。

23日，取现20 000元备用，贷方记20 000.00。

24日，转支1249号付料款64 500元，贷方记64 500.00。

24日，存入销货款40 067.75元，借方记40 067.75。

24日，转支1250号付职工养老保险金29 100元，贷方记29 100.00。

31日，存入销货款64 067.91元，借方记64 067.91。

31日，转支1251号付汽车修理费4 500元，贷方记4 500.00。

② 31日，银行对账单余额为536 623.05元，相关记录如下。

22日，转支1246号付出30 000元，借方记30 000.00。

22日，转支1247号付出59 360元，借方记59360.00。

22日，收入存款43 546.09元，贷方记43 546.09。

23日，收入存款36 920.29元，贷方记36 920.29。

23日，转支1248号付出76 566.43元，借方记76 566.43。

24日，收入存款46 959.06元，贷方记46 959.06。

24日，付出20 000元，借方记20 000.00。

24日，代交电费12 210.24元，借方记12 210.24。

31日，收存货款43 000元，贷方记43 000.00。

31日，转支1250号付出29 100元，借方记29 100.00。

31日，代付电话费5 099.32元，借方记5 099.32。

### 工作过程

步骤 1：小张把银行存款日记账中的借方和贷方的每笔记录分别与银行对账单中的贷方和借方的每笔记录从凭证种类、编号、摘要、记账方向和金额等方面进行逐笔核对。经核对相符的，分别在各自有关数额旁边画"√"以作标记。

经核对，2015 年 3 月 1 日—31 日企业银行存款日记账账面记录与 2015 年 3 月 1 日—31 日银行对账单资料经对账后勾对的情况如下。

① 31 日，企业银行存款日记账账面余额为 506 000.52 元，相关记录如下。

21 日，转支 1246 号付料款 30 000 元，贷方记 30 000.00 √。

21 日，转支 1247 号付料款 59 360 元，贷方记 59 360.00。经查为登记时方向记错，立即更正并调整账面余额，调整后画√。

21 日，存入销货款 43 546.09 元，借方记 43 546.09 √。

22 日，存入销货款 36 920.29 元，借方记 36 920.29 √。

22 日，转支 1248 号上交 2 月份税金 76 566.43 元，贷方记 76 566.43 √。

23 日，存入销货款 46 959.06 元，借方记 46 959.06 √。

23 日，取现 20 000 元备用，贷方记 20 000.00 √。

24 日，转支 1249 号付料款 64 500 元，贷方记 64 500.00。

24 日，存入销货款 40 067.75 元，借方记 40 067.75 √。

24 日，转支 1250 号付职工养老保险金 29 100 元，贷方记 29 100.00 √。

31 日，存入销货款 64 067.91 元，借方记 64 067.91。

31 日，转支 1251 号付汽车修理费 4 500 元，贷方记 4 500.00。

② 31 日，银行对账单余额为 536 623.05 元，相关记录如下。

22 日，转支 1246 号付出 30 000 元，借方记 30 000.00 √。

22 日，转支 1247 号付出 59 360 元，借方记 59360.00 √。

22 日，收入存款 43 546.09 元，贷方记 43 546.09 √。

23 日，收入存款 36 920.29 元，贷方记 36 920.29 √。

23 日，转支 1248 号付出 76 566.43 元，借方记 76 566.43 √。

24 日，收入存款 46 959.06 元，贷方记 46 959.06 √。

24 日，付出 20 000 元，借方记 20 000.00 √。

24 日，代交电费 12 210.24 元，借方记 12 210.24。

31 日，收存货款 43 000 元，贷方记 43 000.00。

31 日，转支 1250 号付出 29 100 元，借方记 29 100.00。

31 日，代付电话费 5 099.32 元，借方记 5 099.32。

步骤 2：在双方账单中没有画"√"标记的进行判断，找出属于未达账项的项目，然后编制银行存款余额调节表，如图 3.19 所示。

银行存款余额调节表

2015 年 3 月 31 日

| 项　目 | 金　额 | 项　目 | 金　额 |
|---|---|---|---|
| 银行存款日记账账面余额 | 506 000.52 | 银行对账单余额 | 536 623.05 |
| 加：银行已收，企业未收款 | | 加：企业已收，银行未收款 | |
| 委托收款 | 43 000.00 | 31 日存入款 | 64 067.91 |
| 减：银行已付，企业未付款 | | 减：企业已付，银行未付款 | |
| 代付电费 | 12 210.24 | 转支修理费 | 4 500.00 |
| 代付电话费 | 5 099.32 | 转支货款 | 64 500.00 |
| 调节后存款余额 | 531 690.96 | 调节后存款余额 | 531 690.96 |

图 3.19　银行存款余额调节表样式

# 情境任务3.4　出纳记账错误及其查找

出纳人员在每日或每月结账时，发现日记账的期末余额与期初余额加本期收入总数减本期支出总数的合计数不符，或者日记账期末余额与总账期末余额不符时，应及时查明原因，并按规定方法予以更正。

## 3.4.1　错账产生的原因

导致错账的原因是多种多样的，概括起来主要包括如下 6 种。

① 漏记。在记账时，将某一凭证的某一金额的数字遗漏，未记入账簿。

② 记账方向错误。在记账时，账簿中借方与贷方的记载颠倒，把借方记成贷方或把贷方记成借方。如果把应记的红字数字误记为蓝字，或者把应记的蓝字数字误记为红字，也属于记账方向错误。

③ 重记。将已经登记入账的金额数字又重复记入账簿。

④ 记错账户。在记账时张冠李戴，如将现金记入了银行存款账户。

⑤ 数字位数移位。在记账时，将数字位数移位，即以大写小（数字少写一个或几个 0）或以小写大（数字多写一个或几个 0）。例如，将 1 000 写成 100 或将 100 写成 1 000 等。

⑥ 数字位数颠倒。在记账时，将某一数字中相邻的两位颠倒登记入账。例如，将 96 写成 69，369 写成 639 等。

## 3.4.2　错账查找技巧

### 1. 顺查法

顺查法是指按照原来账务处理的顺序，从头到尾进行查找的方法。此方法主要用于期末对账簿进行的全面核对和不规则的错误查找。对于查过的账目，要在数字旁边画"√"或其他记号，以免重复查找。

### 2. 逆查法

逆查法是指按照与原来账务处理的相反顺序，即从尾到头进行普遍检查的方法。如果出纳人员认为错误可能出在当天最后几笔业务或当月最后几天的业务上，那么，按照逆查法进行查找，可以事半功倍。

### 3. 抽查法

抽查法是指抽取账簿记录当中的某些部分进行局部检查的方法。当发现账簿记录有差错时，出纳人员可根据差错的具体情况从账簿中抽查部分内容，而不必核对全部内容。例如，差错数字只在角位、分位，或者只是整数百位、千位，则可以缩小查找范围，专门查看角位、分位或百位、千位的数字，其他的数字不必——检查。

### 4.偶合法

除前述的 3 种方法外，在错账的查找中，还经常使用偶合法。所谓偶合法是指按照账簿记录差错中最常见的规律来推测差错原因，进而查找差错的一种查找方法。该方法主要用于查找带有规律性原因造成的差错。

（1）漏记、重记的查找方法

漏记、重记的差错，可用差数法查找，即根据核对不相符的差额进行查找。例如，日记账余额比总账余额少 100 元，出纳人员推断可能漏记了一笔 100 元的凭证，则可以查找金额为 100 元的凭证；如果多 100 元，出纳人员推测可能是重记，则同样可查找是否将金额为 100 元的凭证进行了重复登记。

（2）方向登记错误的查找方法

如果出纳人员推测可能是记反方向了，则账簿中反映的错误差额必定是偶数，可用二除法查找，即以不相符的差数除以 2，如被除尽，则可根据商数从账簿记录中去查找差错。例如，发现现金少记了 600 元，出纳人员推测可能是记反方向，则将 600 除以 2，得出 300，再从账簿记录中去查找金额为 300 元的账目进行核对即可。

如果出纳人员推测可能是数字位数颠倒或数字位数移位造成的差错，可用除九法查找，即用不相符的差数除以 9，如被除尽，则可根据商数检查是否有相同数字移位，如无相同数字，则考虑相邻两个位数颠倒。

（3）数字位数移位的查找方法

数字位数移位是指记账时，以小写大或以大写小造成的错误。例如，将 40 元误记为 400 元，错位的差异数为 360，使其原数扩大了 9 倍，则将差数除 9，所得出的 40 就是移位数；或者将 600 元错记为 60 元，差数为 540 元，则将差数除 9，所得出的 60 就是移位数。计算出移位数后，就要分析：如果是账上多记，则要在凭证上查找是否有与移位数相同的数，并看其是否记错；如果是账上少记，则要在账上查找是否有与移位数相同的数，并看其是否记错。如果经推测可能是移动两位数字造成的差错。例如，将 10 写成了 1 000 或将 1 000 写成 10，可用九九除法查找，即以不相符的差数除以 99，如能除尽，则根据商数去查找。

（4）数字位数颠倒的查找方法

记账时，往往会将某一组数字的几个数字颠倒，如将 12 345 误记为 12 354，差额为

9；或者将 12 345 误记为 12 435，差额为 90。数字位数颠倒的特征主要有以下两种。

① 位数错位。在登账过程中可能会把数字的位数搞错，如十位数记成百位数，而百位数记成千位数又或者把千位数记成百位数。如果出现这种情况，差数均可被 9 整除，其商数就是要查找的差错数。如果是大数记成了小数，如将 52 830 误记成 5 283，差数为 47 547，除以 9 后，商为 5 283，这样就可以在账簿上查找是否将 52 830 误记为 5 283；如果是小数记成了大数，如将 420 误记成 4 200，差数为 3 780，除以 9 后，商为 420，将 420 乘 10 后得 4 200，这样就可以在账簿中查找是否将 420 误记为 4 200 了。

② 邻数倒置。如果记账时，出现将相邻两位数或三位数的数字顺序颠倒的错误，也可采用除九法查找。例如，将 52 误记为 25，或者将 25 误记为 52，两个数字颠倒后，个位数变成了十位数，十位数变成了个位数，这就造成了差额为 9 的倍数。如果前大后小颠倒为前小后大，正确与错误的数的差额就是一个正数，这个正数除以 9 所得商的有效数字便是相邻颠倒两数的差值。例如，将 52 错记为 25，差数 27 除以 9 的商数为 3，这就是相邻颠倒两数的差值（5–2）。如果前小后大颠倒为前大后小，正确数与错误数的差数则是一个负数，这个差数除以 9 所得商数的有效数字就是相邻颠倒两数的差值。例如，将 25 错记为 52，差数 –27 除以 9 的商为 –3，这就是相邻颠倒两数差值（2–5）。因此，可从与差值相同的两个相邻数范围内去查找，这样就缩小了查找范围。

# 情境任务3.5　账簿的更换和保管

账簿是企业的重要档案，企业在会计年度开始的时候都要更换使用新的会计账簿，同时对旧账簿加以妥善保管。

## 3.5.1　账簿的更换

一般来说，企业的总分类账、现金日记账、银行存款日记账、大部分明细分类账都应每年更换一次，但固定资产明细账或固定资产卡片可以延续使用。一般在启用新账的时候，可以直接将各旧账的年末余额过入新账本，并在新账第一行的“摘要”栏内注明“上年结转”字样。

## 3.5.2　账簿的保管

在将所有的旧账、活页账对账完毕，并且将所有的活页账装订完毕，加上封面，并由主管人员签字盖章之后，要及时将所有的订本账及活页账交由档案人员造册归档。归档时，应编制会计账簿归档登记表以明确责任。

会计账簿有一定的保管期限，根据其特点，分为永久和定期两类。就企业会计而言，国家规定会计凭证保管期限为 30 年，其中，涉及外事和重大事项的会计凭证为永久保管。会计账簿中，一般日记账的保管期限为 30 年；现金日记账和银行存款日记账的保管期限为 25 年；明细分类账和总分类账的保管期限为 30 年；固定资本卡片在固定资产清理报废后保存 5 年；辅助账簿的保管期限为 30 年；涉及外事和重大事项的会计账簿的保管期限为永久保管。财务会计报告中，年度财务会计报告的保管期限为永久保管；月度、季度、半年度财务会计报告的保管期限为10年。根据《会计档案管理办法》的规定，企业和其他组织的会计档案保管期限具体如表3.1所示。

表3.1　企业和其他组织会计档案保管期限

| 序号 | 档案名称 | 保管期限 | 备注 |
|---|---|---|---|
| 一 | 会计凭证 | | |
| 1 | 原始凭证 | 30年 | |
| 2 | 记账凭证 | 30年 | |
| 二 | 会计账簿 | | |
| 3 | 总分类账 | 30年 | |
| 4 | 明细分类账 | 30年 | |
| 5 | 日记账 | 30年 | |
| 6 | 固定资产卡片 | | 固定资产报废清理后保管5年 |
| 7 | 其他辅助性账簿 | 30年 | |
| 三 | 财务会计报告 | | |
| 8 | 月度、季度、半年度财务会计报告 | 10年 | |
| 9 | 年度财务会计报告 | 永久 | |
| 四 | 其他会计资料 | | |
| 10 | 银行存款余额调节表 | 10年 | |
| 11 | 银行对账单 | 10年 | |
| 12 | 纳税申报表 | 10年 | |
| 13 | 会计档案移交清册 | 30年 | |
| 14 | 会计档案保管清册 | 永久 | |
| 15 | 会计档案销毁清册 | 永久 | |

 情 境 总 结

　　会计凭证简称凭证，是记录经济活动，明确经济责任的书面证明，是登记账簿、进行会计监督的重要依据。会计凭证的种类多种多样，按其填制程序和用途的不同可以分为原始凭证和记账凭证两大类。原始凭证按来源渠道可分为外来原始凭证和自制原始凭证。无论是外来原始凭证，还是自制原始凭证，都必须在每项经济业务发生或完成时直接取得或填制有关的原始凭证。原始凭证是编制记账凭证的基础，使用原始凭证时，应对原始凭证的真实性、完整性和合法性进行复核，把好凭证复核关，以保证会计核算质量。

　　出纳人员对于内容不完整、手续不完备、数字有差错的原始凭证，应予以退回，要求经办人补办手续或进行更正。对于经伪造或涂改等弄虚作假、严重违法的原始凭证，出纳人员在拒绝办理的同时，还应当予以扣留，并及时向单位主管或上级主管报告，请求查明原因，追究当事人的责任。出纳人员还应当了解一般外来原始凭证如有遗失的处理方法。

　　记账凭证是会计人员根据审核无误后的原始凭证进行归类、整理，并确定会计分录而编制的会计凭证，是登记账簿的直接依据。会计实务中，对于现金和银行存款之间的划转业务，为了避免记账重复，这类业务一般只编制付款凭证，不编制收款凭证。只有审核无误后的记账凭证才能据以登记账簿。

设置和登记账簿是会计核算的一种专门方法，也是会计核算的主要环节。各类账簿都应具备封面、扉页和账页3个基本内容。登记账簿应遵守账簿的登记规则，账簿记录错误的更正方法有3种。为了保证账簿记录和会计报表的数字真实可靠，出纳人员应每月对各账簿的账户记录进行核对。

出纳人员主要登记和管理现金日记账和银行存款日记账。日记账是各单位重要的经济档案之一。为保证账簿使用的合法性，明确经济责任，防止舞弊行为，保证账簿资料的完整和便于查找，各单位在启用账簿时，首先要按规定内容逐项填写账簿启用表和账簿目录表。在账簿启用表中，应写明单位名称、账簿名称、账簿编号和启用日期；在"经管人员"一栏中写明经管人员姓名、职别、接管或移交日期，由会计主管人员签名盖章，并加盖单位公章。

银行存款日记账与现金日记账的核对方法有一定的区别，现金日记账的账实核对是通过库存现金实地盘点查对的，而银行存款日记账的账实核对是通过与银行对账单进行核对的。

企业银行存款日记账的记录与银行开出的银行对账单无论是发生额，还是期末余额都应该是完全一致的，因为它们是对同一账号存款的记录。但是，由于未达账项或双方账目可能发生记录错误，会造成双方的账目出现不一致的情况，因此必须编制银行存款余额调节表进行调节。

一般来说，企业的总分类账、现金日记账、银行存款日记账，以及大部分明细分类账都应每年更换一次，但固定资产明细账或固定资产卡片可以延续使用。一般在启用新账簿的时候，可以直接将各旧账的年末余额过入新账簿，并在新账簿第一行的"摘要"栏中注明"上年结转"字样。会计账簿有一定的保管期限，根据其特点，分为永久和定期两类。

----

 **思考练习题**

**一、单项选择题**

客观题自测

1. 原始凭证的基本内容中，不包括（    ）。
　　A. 日期及编号　　　　　　　　　B. 摘要
　　C. 实物数量及金额　　　　　　　D. 会计科目

2. 原始凭证中属于外来原始凭证的有（    ）。
　　A. 提货单　　　　　　　　　　　B. 发出材料汇总表
　　C. 购货发票　　　　　　　　　　D. 领料单

3. 原始凭证是（    ）。
　　A. 登记日记账的根据　　　　　　B. 编制记账凭证的根据
　　C. 编制科目汇总表的根据　　　　D. 编制汇总记账凭证的根据

4. 记账凭证的填制是由（    ）进行的。
　　A. 出纳人员　　　　　　　　　　B. 会计人员
　　C. 经办人员　　　　　　　　　　D. 主管人员

5. 出纳人员付出货币资金的依据是（    ）。

    A. 收款凭证　　　　　　　　　　B. 付款凭证

    C. 转账凭证　　　　　　　　　　D. 原始凭证

6. 企业将现金存入银行，应编制（    ）。

    A. 银行存款付款凭证　　　　　　B. 现金付款凭证

    C. 银行存款收款凭证　　　　　　D. 现金收款凭证

7. 可能是收款凭证借方科目的是（    ）。

    A. 物资采购　　　　　　　　　　B. 应收账款

    C. 银行存款　　　　　　　　　　D. 待摊费用

8. 不属于记账凭证审核内容的是（    ）。

    A. 凭证是否符合有关的计划和预算

    B. 会计科目使用是否正确

    C. 凭证的金额与所附原始凭证的金额是否一致

    D. 凭证的内容与所附原始凭证的内容是否一致

9. 在审核原始凭证时，对于内容不完整、填制有错误或手续不完备的原始凭证，应该（    ）。

    A. 拒绝办理，并向本单位负责人报告

    B. 予以抵制，对经办人员进行批评

    C. 由出纳人员重新填制或予以更正

    D. 予以退回，要求更正、补充，甚至重新填制

10. 填制原始凭证时，应做到大小写数字符合规范，填写正确。例如，大写金额"壹仟零壹元伍角整"，其小写金额应为（    ）。

    A. 1 001.50 元　　　　　　　　　B. ￥1 001.50

    C. ￥1 001.50 元　　　　　　　　D. ￥1 001.5

11. 日记账最大的特点是（    ）。

    A. 按现金和银行存款分别设置账户

    B. 可以提供现金和银行存款的每日发生额

    C. 可以提供现金和银行存款的每日静态、动态资料

    D. 逐日、逐笔、顺序登记，并随时结出当日余额

12. 应使用订本式账簿的是（    ）。

    A. 应付账款明细分类账　　　　　B. 应收账款明细分类账

    C. 银行存款日记账　　　　　　　D. 应收票据备查簿

13. 用转账支票归还前欠 A 公司的货款 50 000 元，出纳人员编制的记账凭证为：借记应收账款 50 000 元，贷记银行存款 50 000 元，并已登记入账。复核时发现错误，应采用的更正方法是（    ）。

    A. 没有错误　　　　　　　　　　B. 有错误，使用划线更正法更正

    C. 有错误，使用红字冲销法更正　D. 有错误，使用补充登记法更正

14. 记账凭证上记账栏中的记号"√"表示（    ）。

    A. 已经登记入账　　　　　　　　B. 不需登记入账

    C. 此凭证作废　　　　　　　　　D. 此凭证编制正确

15. 现金日记账和银行存款日记账应采用（　　　）账簿。

    A. 订本式　　　　　　B. 活页式　　　C. 多栏式　　　　　　D. 卡片式

16. 期末，根据账簿记录，计算出各账户的本期发生额和期末余额，在会计上称为（　　　）。

    A. 对账　　　　　　　B. 结账　　　　C. 调账　　　　　　　D. 查账

17. 总分类账和明细分类账之间进行平行登记的原因，是总分类账和明细分类账的（　　　）。

    A. 格式相同　　　　　　　　　　　B. 登记时间相同

    C. 反映经济业务的内容相同　　　　D. 提供的指标详细程度相同

18. 必须逐日、逐笔登记的账簿是（　　　）。

    A. 明细分类账　　　　B. 总分类账　　C. 日记账　　　　　　D. 备查账

19. 根据《会计档案管理办法》的规定，日记账的保管期限为（　　　）。

    A. 5 年　　　　　　　B. 10 年　　　　C. 15 年　　　　　　　D. 25 年

20. 在填会计凭证时，¥1 518.53 的大写金额数字为（　　　）。

    A. 人民币壹仟伍佰拾捌元伍角叁分整

    B. 人民币壹仟伍佰壹拾捌元伍角叁分整

    C. 人民币壹仟伍佰拾捌元伍角叁分

    D. 人民币壹仟伍佰壹拾捌元伍角叁分

21. 出纳人员在登记现金日记账时，记账凭证上有一笔业务现金借方金额是 3 000 元，但反映在账本上的是 8 000 元。这属于（　　　）。

    A. 会计原理运用错误　　　　　　　B. 会计原则运用错误

    C. 计算错误　　　　　　　　　　　D. 记账错误

## 二、多项选择题

1. 属于自制原始凭证的有（　　　　　）。

    A. 入库单　　　　　　　　　　　　B. 出库单

    C. 限额领料单　　　　　　　　　　D. 发出材料汇总表

    E. 银行收账通知单

2. 对原始凭证进行复核的内容包括（　　　　　）。

    A. 真实性的审查　　　　　　　　　B. 合法性的审查

    C. 完整性的审查　　　　　　　　　D. 合理性的审查

    E. 准确性的审查

3. 企业购入材料一批，货款已支付，材料已验收入库，应编制的全部会计凭证有（　　　）。

    A. 收料单　　　　　　　　　　　　B. 累计凭证

    C. 收款凭证　　　　　　　　　　　D. 付款凭证

    E. 转账凭证

4. 记账凭证按照填制方式的不同，可分为（　　　　　）。

    A. 通用记账凭证　　　　　　　　　B. 专用记账凭证

    C. 复式记账凭证　　　　　　　　　D. 单式记账凭证

E. 收、付款凭证

5. 企业从银行提取现金500元，此项业务应登记（          ）。

A. 现金日记账                            B. 银行存款日记账

C. 总分类账                              D. 明细分类账

E. 备查账

6. 查错的方法主要有（          ）。

A. 顺查法            B. 逆查法            C. 抽查法          D. 偶合法

7. 总分类账与明细分类账的平行登记要点有（          ）。

A. 依据相同                              B. 时间相同

C. 金额相等                              D. 方向相同

E. 人员相同

8. 采用划线更正法，其要点是（          ）。

A. 在错误的文字或数字（单个数字）上画一条红线注销

B. 在错误的文字或数字（整个数字）上画一条红线注销

C. 在错误的文字或数字上画一条蓝线注销

D. 将正确的文字或数字用蓝字写在画线的上端

E. 更正人在画线处盖章

9. 年度终了后，对于账簿的保管应该做到（          ）。

A. 装订成册                              B. 加上封面

C. 统一编号                              D. 当即销毁

E. 归档保管

## 三、判断题

1. 原始凭证是登记明细分类账的依据，记账凭证是登记总分类账的依据。          （    ）

2. 一次凭证是指只反映一项经济业务的凭证，如领料单。          （    ）

3. 对不真实、不合法的原始凭证，会计人员有权不予接受；对记载不准确、不完整的原始凭证，会计人员有权要求相关人员重填。          （    ）

4. 会计凭证登账后的整理、装订和归档在2年后可销毁。          （    ）

5. 会计凭证的传递是指会计凭证从取得或填制至归档、保管的过程中，在单位内部账务部门及人员之间的传递程序。          （    ）

6. 现金日记账的借方是根据收款凭证登记的，贷方是根据付款凭证登记的。          （    ）

7. 企业对代销的商品，可以设置备查账簿进行登记。          （    ）

8. 任何单位，对账工作至少每年进行一次。          （    ）

9. 更换新账簿时，如有余额，则在新账簿中的第一行"摘要"栏内注明"上年结转"字样。          （    ）

10. 订本式账簿是指在记完账后，把记过账的账页装订成册的账簿。          （    ）

## 四、业务题

### 业务题（一）

**目的**：练习会计分录的编制及现金日记账和银行存款日记账的登记方法。

**资料**：某企业为一般纳税人，2015年8月1日现金日记账的余额为1 200元，银行存款日记账的余额为 295 600 元。8 月份发生下列经济业务。

① 2 日，行政管理部门报销购买零星办公用品费 650 元，经审核以现金付讫。

② 4 日，签发现金支票 5 000 元，从银行提取现金，以备日常开支需要。

③ 5 日，职工李林出差借差旅费 1 000 元，经审核开出现金支票。

④ 6 日，用银行存款 20 000 元偿还 7 月份所欠东方公司货款。

⑤ 7 日，购入材料一批，价款为 27 500 元，增值税为 4 675 元，经审核开出转账支票付款，材料尚未验收入库。

⑥ 8 日，签发现金支票 35 000 元，从银行提取现金，以备发放工资。

⑦ 10 日，以现金 35 000 元发放本月职工工资。

⑧ 11 日，用银行存款偿还到期的短期借款 100 000 元和利息 3 750 元（利息已按月预提）。

⑨ 12 日，销售产品一批，收到转账支票 64 350 元，其中，货款为 55 000 元，增值税为 9 350 元，已转入公司账户。

⑩ 18 日，收到西方公司前欠货款 15 000 元，已存入银行。

⑪ 24 日，生产车间报销日常开支费用 1 650 元，经审核以现金付讫。

⑫ 26 日，以现金 600 元支付职工困难补助费。

⑬ 27 日，用银行存款 12 000 元支付广告费。

⑭ 28 日，用银行存款 8 000 元交纳税金。

⑮ 29 日，接到银行通知，支付本月生产用电费 6 000 元。

**要求：**

（1）编制会计分录。

（2）设置现金日记账和银行存款日记账，登记并结出发生额和余额。

<h3 style="text-align:center">业务题（二）</h3>

**目的：**练习错账的更正。

**资料：**某企业在账证核对过程中，发现账簿出现下列错误。

① 从银行取现金 4 500 元，过账后，原记账凭证没错，账簿错将金额记为 5 400 元。

② 发放工资 50 000 元，会计分录如下，并已登记入账。

| | | |
|---|---|---|
| 借：应付职工薪酬 | 56 000 | |
| 　贷：库存现金 | | 56 000 |

③ 销售产品一批，价值 10 000 元，款项收回，会计分录如下，并已登记入账。

| | | |
|---|---|---|
| 借：主营业务收入 | 10 000 | |
| 　贷：银行存款 | | 10 000 |

**要求：**分别采用适当的更正方法予以更正。

## 出纳现金业务处理

### 👀 学习目标

1. 职业知识：了解企业内部现金管理的基本规定及各项规章制度，以及备用金的账务处理。

2. 职业能力：掌握现金收付的处理方法；掌握保险柜的保管和使用方法及注意事项。

3. 职业素养：能够尽职尽责，具备不贪不占、廉洁的职业素养，抵制金钱诱惑。

### 👀 案例导入

某林场财务部门新招进一名出纳人员李欣。李欣没有受过专门的出纳技能培训，公司便使用师傅带徒弟的方式对其进行了培养。月末，当财务主管将所有的账目结清以后，与出纳人员的现金日记账进行核对时，发现李欣登记的现金日记账比现金总分类账少了300元，但是现金日记账金额与库存现金实有数却是一致的。财务主管首先对原始凭证、记账凭证及账簿记录进行了仔细的核对，发现自己的记录准确无误。随后检查李欣登记的现金日记账，将现金日记账的记录与现金收、付款凭证逐一进行核对，发现李欣将一笔零星销售收入300元现金漏记了。账务主管立即责问李欣：账簿少记收入300元，库存现金应该多出300元，为什么库存现金的实有数会和你的现金日记账余额相一致，而没有多出来呢？李欣当即泪流满面地说："我把多出来的现金拿回家去了……"

李欣的问题出在了哪里？

_____

_____

_____

_____

# 情境任务4.1　现金管理基本规定认知

现金是企业中流动性最强的一种货币性资产，因此现金管理是出纳工作的重中之重。出纳人员的首要任务就是严格管理本单位的现金结算业务，执行本单位的现金管理制度，办理日常的现金收支业务，并保留一定数额的现金，用以购买零星材料、发放工资、缴纳税金、支付手续费或进行对外投资活动，以保证单位生产经营活动的正常进行。

## 4.1.1　现金管理的基本原则

现金管理就是对现金的收付存等各环节进行的管理。依据《现金管理暂行条例》，现金管理的基本原则如下。

① 开户单位的库存现金一律实行限额管理。

② 不准擅自坐支现金。坐支现金容易打乱现金收支渠道，不利于开户银行对企业的现金进行有效地监督和管理。

③ 企业的现金收入不准作为储蓄存款存储。

④ 现金收入应及时送存银行。企业的现金收入应于当天送存开户银行，确有困难的，应由开户银行确定送存时间。

⑤ 严格按照国家规定的开支范围使用现金，结算金额超过起点的，不得使用现金。

⑥ 不准编造用途套取现金。企业在国家规定的现金使用范围和限额内需要现金的，应从开户银行提取，提取时应写明用途，不得编造用途套取现金。

⑦ 企业之间不得相互借用现金。

## 4.1.2　坐支现金的规定

### 1. 坐支现金的概念

所谓坐支现金是指企业、事业单位和机关、团体、部队从本单位的现金收入中直接用于现金支出。因为坐支现金会使银行无法准确掌握各单位的现金收入来源和支出用途，由此会干扰开户银行对各单位现金收付的管理，扰乱国家金融秩序，所以坐支现金是违反财经纪律的行为，会受到财经纪律的处罚。

### 2. 送存现金的规定

各单位现金收入应于当日送存银行，如当日确有困难，由开户银行确定送存时间。各单位送存现金必须注明送存现金的来源，不得私设"小金库"。

### 3. 坐支现金并非一律禁止

按照规定，企业、事业单位和机关、团体、部队因特殊需要确实须要坐支现金的，应事先向开户银行提出申请，说明申请坐支的理由、用途和每月预计坐支的金额，然后由开户银行根据有关规定进行审查，核定开户单位的坐支范围和坐支限额。按规定，企业可以在申请库存现金限额申请批准书内同时申请坐支，说明坐支的理由、用途和金额，报开户银行审查批准，也可以专门申请批准。按规定，允许坐支的单位及具体情况主要包括以下几种。

① 基层供销社、粮店、食品店、委托商店等销售兼营收购的单位，向个人收购支付的款项。

② 邮局以汇兑收入款支付个人汇款。

③ 医院以收入款项退还病人住院押金、伙食费等。

④ 饮食店等服务行业的营业找零款项等。

其他有特殊情况而需要坐支的单位，应严格按照开户银行核定的坐支范围和坐支限额坐支现金，不得超过该范围和限额，并在单位的现金账上如实加以反映。为便于开户银行监督开户单位的坐支情况，坐支单位应定期向开户银行报送坐支金额和使用情况。

### 4.1.3　库存现金限额的规定

#### 1. 库存现金限额的概念

库存现金限额是指国家规定由开户银行给各单位核定一个保留现金的最高额度。核定单位库存现金限额的原则是：既要保证日常零星现金支付的合理需要，又要尽量减少现金的使用。开户单位由于经济业务发展需要增加或减少库存现金限额，应按必要的手续向开户银行提出申请。单位的库存现金限额由基本户的开户银行核定。凡在银行开户的独立核算的单位都要核定库存现金限额；独立核算的附属单位，没有在银行开户但需要保留现金的，也要核定库存现金限额，其限额可包括在其上级单位库存现金限额之内；商业企业的零售门市部需要保留找零备用金，其限额可根据业务经营需要核定，但不包括在单位库存现金限额之内。

#### 2. 库存现金限额的核定管理

为了保证现金的安全，规范现金管理，同时又能保证开户单位的现金能够正常使用，按照《现金管理暂行条例》及实施细则规定，库存现金限额由开户银行和开户单位根据具体情况商定，凡在银行开户的单位，银行根据实际需要核定 3~5 天的日常零星开支数额作为该单位的库存现金限额。边远地区和交通不便地区的开户单位，其库存现金限额的核定天数可以适当放宽在 5 天以上，但最多不得超过 15 天。

库存现金限额每年核定一次，经核定的库存现金限额，开户单位必须严格遵守。其核定具体程序如下。

① 开户单位与开户银行协商核定库存现金限额。其计算公式为：

$$库存现金限额 = 每日零星支出额 \times 核定天数$$

$$每日零星支出额 = 月（或季）平均现金支出额（不包括定期性的大额现金支出和不定期的大额现金支出）／月（或季）平均天数$$

② 开户单位填制库存现金限额申请批准书。其样式如图 4.1 所示。

**库存现金限额申请批准书**

填制单位：　　　　　　　　　开户银行账号：　　　　　　　　　　　单位：元

| 项　目 | 申请数 | 核定数 | 说　明 |
|---|---|---|---|
| 库存现金限额 |  |  | 财务出纳部门每天平均零星开支的现金为 ＿＿＿＿ 元 |
| 其中：分限额 |  |  |  |
| 1. 出纳 |  |  |  |
| 2. 总务 |  |  |  |
| 3. 采购 |  |  |  |
| …… |  |  |  |

| 申请单位<br>（盖章）<br>年　月　日 | 主管部门<br>（盖章）<br>年　月　日 | 银行审核意见<br>（盖章）<br>年　月　日 |
|---|---|---|

**图 4.1　库存现金限额申请批准书样式**

③ 开户单位将库存现金限额申请批准书报送单位主管部门，经主管部门签署意见后，再报送开户银行审查批准，开户单位以开户银行批准的限额数作为库存现金限额。

## 4.1.4　现金的使用范围

根据国家现金结算制度的规定，企业收支的各种款项，必须按照国务院颁布的《现金管理暂行条例》的规定办理，在规定的范围内使用现金。开户单位可以在下列范围内使用现金。

① 职工工资、津贴。这里所说的职工工资、津贴是指企业、事业单位和机关、团体、部队支付给职工的工资和工资性津贴。

② 个人劳务报酬。它是指由于个人向企业、事业单位和机关、团体、部队等提供劳务而由企业、事业单位和机关、团体、部队等向个人支付的劳务报酬。具体包括新闻出版单位支付给作者的稿费，各种学校、培训机构支付给外聘教师的讲课费，以及设计费、装潢费、安装费、制图费、化验费、测试费、咨询费、医疗费、技术服务费、介绍服务费、经纪服务费、代办服务费、各种演出与表演费等劳务费用。

③ 根据国家规定，颁发给个人的科学技术、文化艺术等各种奖金。

④ 各种劳保、福利费用及国家规定的对个人的其他支出，如退休金、抚恤金、学生助学金、职工困难生活补助等。

⑤ 收购单位向个人收购农副产品和其他物资的价款，如金银、工艺品、废旧物资的价款。

⑥ 出差人员必须随身携带的差旅费。

⑦ 结算起点（1 000 元）以下的零星支出。超过结算起点的应实行银行转账结算。结算起点的调整由中国人民银行确定，报国务院备案。

⑧ 中国人民银行确定需要支付现金的其他支出。例如，因采购地点不确定，交换不便，抢险救灾及其他特殊情况，办理转账结算不够方便，必须使用现金的支出。对于这类支出，现金支取单位应向开户银行提出书面申请，由本单位财务部门负责人签字盖章，开户银行审查批准后予以支付现金。

除上述第⑤、⑥两项外，其他各项在支付给个人的款项中，支付现金每人不得超过

1 000元，超过限额的部分根据提款人的要求，在指定的银行转存为储蓄存款或以支票、银行本票予以支付。企业与其他单位的经济往来除规定的范围可以使用现金外，应通过开户银行进行转账结算。

### 4.1.5　违反现金管理制度行为的处罚规定

按照《现金管理暂行条例》及其实施细则的规定，开户单位如违反《现金管理暂行条例》的有关规定，开户银行有权责令其停止违法活动，并根据其情节轻重给予警告或罚款。

**1. 开户单位有下列情况之一的，给予警告或罚款**

① 超出规定范围和限额使用现金的，按超过额的10% ~ 30%处罚；

② 超出核定的库存现金限额留存现金的，按超出额的10% ~ 30%处罚；

③ 用不符合财务制度规定的凭证顶替库存现金的，按凭证额的10% ~ 30%处罚；

④ 未经批准坐支或未按开户银行核定坐支额度和使用范围坐支现金的，按坐支金额的10% ~ 30%处罚；

⑤ 单位之间互相借用现金的，按借用金额的10% ~ 30%处罚。

**2. 开户单位有下列情况之一的，一律处以罚款**

① 保留账外公款的，按保留金额的10% ~ 30%处罚；

② 对现金结算给予比转账结算优惠待遇的，按交易额的10% ~ 50%处罚；

③ 只收现金，拒收支票、银行汇票、本票的，按交易额的10% ~ 50%处罚；

④ 开户单位不采取转账结算方式购置国家规定的专项控制商品的，按购买金额的10% ~ 50%，甚至全额对买卖双方进行处罚；

⑤ 用转账凭证套取现金的，按套取金额的10% ~ 50%处罚；

⑥ 编造用途套取现金的，按套取金额的10% ~ 50%处罚；

⑦ 利用账户替其他单位和个人套取现金的，按套取金额的10% ~ 50%处罚；

⑧ 将单位的现金收入以个人储蓄方式存入银行的，按存入金额的10% ~ 50%处罚；

⑨ 发行变相货币和以票券代替人民币在市场流通的，按发行额或流通额的10% ~ 50%处罚。

> **小·贴士**
> 变相货币是指国家法定货币以外的，以法定货币单位标示面值并在市场流通转让的各种书面凭证。

具体处罚办法由中国人民银行各省、自治区、直辖市分行根据上述原则和当地实际情况制定。开户单位对开户银行做出的处罚决定不服的，必须首先按照处罚决定执行，然后在10日内向当地中国人民银行申请复议；开户单位对中国人民银行做出的复议决定不服的，可自收到复议决定之日起30日内向人民法院起诉。

# 情境任务4.2 单位内部现金管理制度认知

企业、事业单位和机关、团体、部队及其他单位，一方面应严格遵守我国现金管理制度的规定，接受开户银行对其现金管理的监督检查；另一方面从本单位内部管理的角度，也应当加强对现金的管理，把现金结算和现金使用压缩在合理的范围之内。这是因为从业务经营的角度，各单位必须保持一定量的现金，以满足其正常业务经营的需要，但也不能保留过多的现金。原因是从财务管理的角度，现金是所有资产中收益率最低的，将现金存入银行或用于购买短期证券等，还可以取得一定的利息收入，而保留现金则不能取得任何收入，过多地保留现金将降低单位资产的获利能力。而且现金是流动性最强的资产，它无须变现即可使用，因而最容易成为不法分子偷盗、贪污、挪用的对象。因此，各单位应在严格遵守我国现金管理制度的同时，建立健全单位内部现金管理制度。

单位内部的现金管理制度一般包括现金开支审批制度、现金保管制度、钱账分管制度、日清月结制度、保险柜的配备使用制度、现金清查制度6个方面的内容。

## 4.2.1 现金开支审批制度

各单位应按照《现金管理暂行条例》及其实施细则规定的现金开支范围，并根据本单位的生产经营管理实际情况、现金付出业务的繁简及现金开支的额度等，建立健全现金开支审批制度，以加强现金开支的日常管理。现金开支审批制度一般应包括以下3个方面的内容。

### 1. 明确本单位现金开支范围

各单位应按《现金管理暂行条例》及其实施细则的规定，确定本单位的现金开支范围，如支付职工工资、支付职工差旅费、支付职工因公借款、支付零星采购材料款和运杂费等。

### 2. 制定各种报销凭证，规定报销手续和办法

各单位应按其业务内容制定各种报销凭证，如工资支付单、借款单、购料凭单、差旅费报销单等，并规定各种报销凭证的使用方法，以及各种凭证的传递手续，确定各种现金支出业务的报销办法。

### 3. 确定各种现金支出的审批权限

各单位应根据其经营规模、内部职责分工等，确定不同额度和不同现金支出审批权限。例如，凡现金开支额在500元以下的，由单位财务主管审查批准；凡现金开支额在500元以上1 000元以下的，由单位副总经理审查批准；凡现金开支额在1 000元以上5 000元以下的，必须由单位总会计师（或常务副总等）批准；凡现金开支额在5 000元以上的，由单位最高领导（总经理或董事长）批准。出纳人员根据按规定权限经审核批准并签章的付款凭证及其所附原始凭证，办理现金付款业务。没有经过审核批准并签章的或有关人员超越规定审批权限的，出纳人员不予付款。

## 4.2.2 现金保管制度

现金是流动性最强的资产，无须变现即可使用，因而是犯罪分子的最直接目标。因此，各单位应建立健全现金保管制度，防止由于制度不严、工作疏忽而给犯罪分子以可乘之机，给国家和单位造成损失。现金保管制度的一般内容如下。

① 超过库存现金限额以外的现金，应在下班前送存银行。

② 为加强对现金的管理，除工作时间需要的小量备用金可放在出纳人员的抽屉内，其余则应放入出纳专用的保险柜内，不得随意存放。

③ 限额内的库存现金当日核对清楚后，一律放在保险柜内，不得放在办公桌内过夜。

④ 单位的库存现金不准以个人名义存入银行，以防止有关人员利用公款私存取得利息收入，也防止单位利用公款私存形成账外"小金库"。银行一旦发现公款私存，可以对单位处以罚款，情节严重的，可以冻结单位现金支付。

⑤ 库存现金包括纸币和铸币，应实行分类保管。出纳人员对库存票币分别按照纸币的票面金额和铸币的币面金额，以及整数（或大数）和零数（即小数）分类保管。

纸币一定要打开，铺平存放，并按照纸币的票面金额，以每一百张为一把、每十把为一捆扎好。凡是成把、成捆的纸币即为整数（或大数），均应放在保险柜内保管，随用随取；凡不成把的纸币即为零数（或小数），但也要按照票面金额，每十张为一轧，分别用曲别针别好，放在传票箱内或抽屉内，一定要存放整齐。

铸币也是按照币面金额，以每一百枚为一卷，每十卷为一捆，将成捆、成卷的铸币放在保险柜内保管，随用随取；不成卷的铸币，应按照不同币面金额，分别存放在特定的卡数器内。

## 4.2.3 钱账分管制度

① 出纳工作应该由指定的专职或兼职人员担任。根据钱账分设的原则，会计和出纳不能由一人兼任，以便分清责任。在规模较小的单位里，单位负责人也不宜兼任出纳。出纳人员除了登记现金日记账、银行存款日记账外，不得兼管总分类账或支出明细分类账，但可以兼管其他同现金没有直接联系的账簿，如固定资产账等。不是出纳人员，不得直接收付现金。

② 出纳人员应根据审核无误后的会计凭证办理现金收付业务，审核工作应由会计主管人员或其他指定的会计人员来担任。有些开支项目是按预算计划执行并有明确开支标准的，出纳人员可以先付款、后交负责人审核。属于收入性质的现金，还应同时开具发票或收据。

## 4.2.4 日清月结制度

日清月结是出纳人员办理现金出纳工作的基本原则和要求，也是避免出现长款、短款的重要措施。

所谓日清月结就是出纳人员办理现金出纳业务，必须做到按日清理、按月结账。这里所说的按日清理是指出纳人员应对当日的经济业务进行清理，全部登记日记账，结出库存现金账面余额，并与库存现金实地盘点数核对相符。按日清理的内容包括以下几项。

### 1. 清理各种现金收、付款凭证，检查单证是否相符

这是指出纳人员应核对各种收、付款凭证所填写的内容与所附原始凭证反映的内容是否一致；同时还要检查每张单证是否已经盖齐"收讫"或"付讫"戳记。

### 2. 登记和清理日记账

出纳人员应将当日发生的所有现金收付业务全部登记入账。在此基础上，检查账证是否相符，即现金日记账所登记的内容、金额与收、付款凭证的内容、金额是否一致。清理完毕后，结出现金日记账的当日库存现金账面余额。

### 3. 现金盘点

出纳人员应按券别分别清点数量，然后加总，即可得出当日现金的实存数。将盘存得出的实存数和账面余额进行核对，看两者是否相符。如果发现有长款或短款，应进一步查明原因，并及时进行处理。

### 4. 检查库存现金是否超过规定的库存现金限额

如果实际库存现金超过规定的库存现金限额，出纳人员应将超过部分及时送存银行；如果实际库存现金低于库存现金限额，则应及时补提现金。

## 4.2.5 保险柜的配备使用制度

各单位应配备专用保险柜，专门用于对库存现金、各种有价证券、银行票据、印章及其他出纳票据等的保管，以保证这些财产安全、完整。一般来说，保险柜的配备使用制度包括以下7个方面。

### 1. 保险柜的管理

保险柜一般由总会计师或财务处（科、股）长授权，由出纳人员负责管理、使用。

### 2. 保险柜钥匙的配备

保险柜要配备两把钥匙：一把由出纳人员保管，供出纳人员日常工作开启使用；另一把交由安保部门封存，或者由单位总会计师或财务处（科、股）长负责保管，以备特殊情况下经有关领导批准后开启使用。出纳人员不能将保险柜钥匙交由他人代为保管。

### 3. 保险柜的开启

保险柜只能由出纳人员开启使用，非出纳人员不得开启保险柜。如果单位总会计师或财务处（科、股）长需要对出纳工作进行检查，如检查库存现金限额、核对实际库存现金数额，或者有其他特殊情况需要开启保险柜的，应按规定程序由总会计师或财务处（科、股）长开启——在一般情况下不得任意开启由出纳人员管理、使用的保险柜。

### 4. 财物的保管

每日业务终了后，出纳人员应将其使用的空白支票（包括现金支票和转账支票）、银行收据、印章等存入保险柜内。保险柜内存放的现金应设置现金日记账登记，其他有价证券、存折、票据等应按种类造册登记，贵

小·贴士

按规定，保险柜内不得存放私人财物。

重物品应按种类设置备查簿登记其质量、重量、金额等，所有财物应与账簿记录核对相符。

### 5. 保险柜密码的管理

出纳人员应将自己管理、使用的保险柜的密码严格保密，不得向他人泄露，以防为他人利用。出纳人员调动岗位，新出纳人员应更换使用新的密码。

### 6. 保险柜的维护

保险柜应放置在隐蔽、干燥之处，注意通风、防湿、防潮、防虫和防鼠；保险柜外要保持清洁，保险柜内财物应保持整洁卫生，存放整齐。一旦保险柜发生故障，应到公安机关指定的维修点进行修理，以防泄密或失盗。

### 7. 保险柜的监管

出纳人员发现保险柜被盗后，应保护好现场，迅速报告公安机关（或安保部门），待公安机关勘查现场后才能清理财物查看被盗情况。节假日满2天以上或出纳人员离开2天以上且没有派人代其工作的，应在保险柜锁孔处贴上封条，出纳人员到位工作时揭封。如果发现封条被撕掉或锁孔处被破坏，应迅速向公安机关（或保卫部门）报告，以使公安机关（或安保部门）及时查清情况，防止不法分子进一步作案。

## 4.2.6 现金清查制度

为了加强对出纳工作的监督，及时发现可能发生的现金差错或丢失，防止贪污、盗窃、挪用公款等不法行为的发生，确保库存现金安全、完整，单位应建立库存现金清查制度。库存现金清查制度主要包括以下内容。

### 1. 清查组织

由有关领导和专业人员组成清查小组，定期或不定期地对库存现金情况进行清查盘点。

### 2. 清查重点

主要清查账款是否相符、有无白条抵库、有无私借公款、有无挪用公款、有无账外资金等违纪违法行为。

### 3. 清查方法

现金清查采用突击盘点方法，不预先通知出纳人员。

### 4. 清查时限

盘点时间应控制在1天业务没有开始之前或一天业务结束之后。

### 5. 清查要求

由出纳人员将截止清查时现金收付账项全部登记入账，并结出账面余额。清查时，出纳人员应始终在场，并给予积极的配合。

### 6. 编制盘点表

清查结束后，应由清查人填制现金清查盘点报告表，填列账存、实存及溢余或短缺金额，并说明原因，上报有关部门或负责人进行处理。现金清查盘点报告表样式如图4.2所示。

现金清查盘点报告表

单位名称：　　　　　　　　　　　年　　月　　日　　　　　　　　　　　单位：元

| 账面金额 | 实存金额 | 清查结果 | | 说　明 |
|---|---|---|---|---|
| | | 盘盈 | 盘亏 | |
| | | | | |
| | | | | |
| 单位负责人处理意见 | | | | 备注： |

财务负责人：　　　　　　出纳：　　　　　　　　监盘人：　　　　　　盘点人：

图4.2　现金清查盘点报告表样式

# 情境任务4.3　现金收付业务处理

## 4.3.1　现金收付的一般程序

### 1. 现金收入的主要来源

各单位在办理经济业务时，可按我国现金管理制度的规定，在下列范围内收取一定的现金。

① 单位或职工交回的差旅费剩余款、赔偿款、备用金退回款。

② 收取不能转账的单位或个人的销售收入。

③ 不足转账起点（起点为100元）的小额收入等。

除上述项目可直接收入现金外，其余收款业务原则上都必须通过银行转账结算。

### 2. 现金收、付款凭证的复核

（1）现金收款凭证的复核

现金收款凭证是出纳人员办理现金收入业务的依据。出纳人员在办理每一笔现金收入业务前，都必须复核现金收款凭证，按照《现金管理暂行条例》及《会计基础工作规范》等有关规定和要求认真复核以下内容。

① 现金收款凭证的填写日期是否正确。现金收款凭证的填写日期应为编制收款凭证的当天日期，不得提前或推后。

② 现金收款凭证的编号是否正确。这主要是复核现金收款凭证是否按本单位规定的分类编号方法连续编号，如有重号、漏号或不按日期顺序编号等情况，应将现金收款凭证退回给制证人员，予以更正或重新填写。

③ 现金收款凭证记录的内容是否真实、合法、正确，其"摘要"栏的内容与原始凭证反映的经济业务的内容是否相符。

④ 使用的会计科目是否正确。如果发现科目使用错误或记账方向错误等情况，出纳人员应立即退回制证人员，予以更正。

⑤ 复核现金收款凭证的金额与原始凭证的金额是否一致。

⑥ 复核现金收款凭证"附单据"栏的张数与所附原始凭证张数是否相符。

⑦ 现金收款凭证的"出纳""制证""稽核""记账""会计主管"栏是否有签名或盖章。如有漏签，要补签后再收款。

（2）现金付款凭证的复核

现金付款凭证是出纳人员办理现金支付业务的依据。出纳人员在办理每一笔现金支付业务前都要认真复核现金付款凭证。其复核方法及基本要求同现金收款凭证大致相同。出纳人员在复核现金付款凭证时，应注意以下几点。

① 对于涉及现金和银行存款之间的收付业务（即从银行提取现金或以现金存入银行），为了避免重复，只按照收付业务涉及的贷方科目编制现金付款凭证。

② 现金付款凭证如果出现红字，实际经济业务应是现金收入的增加，但在处理时，为了避免混淆，出纳人员在凭证上加盖印章时，仍应加盖现金付讫章，以表示原经济业务付出的款项已全部退回。

③ 发生销货退回情况时，如数量较少，且退款金额在转账起点以下，需用现金退款时，必须取得对方的收款收据，不得以退货发货票代替收据，编制现金付款凭证。

④ 从外单位取得的原始凭证如有遗失，应取得原签发单位盖有公章的证明，并注明原始凭证的名称、金额、经济内容等，经单位负责人批准，方可代替原始凭证。如果确实无法取得证明的，由当事人写出详细情况，由同行人证明，并由主管领导和财务负责人批准，方可代替原始凭证。

⑤ 一张原始凭证所列的支出需要由两个以上单位共同负担时，应当由保存该原始凭证的单位开给其他应负担单位原始凭证分割单。收到原始凭证分割单的单位以分割单作为记账凭证的附件。但出纳人员需要对原始凭证分割单进行审查。只有符合规定的原始凭证分割单，税务机关才认可。原始凭证分割单应附有原始发票复印件，并且原始发票复印件上应加盖保存原始发票单位的印章，原始发票付款单位处应列有本单位的名称。原始凭证分割单样式如图4.3所示。

原始凭证分割单

年　　月　　日　　　　　　　　　　编号

| 接受单位名称 | | | 地　址 | | | | | | | | | | |
|---|---|---|---|---|---|---|---|---|---|---|---|---|---|
| 原始凭证 | 单位名称 | | 地　址 | | | | | | | | | | |
| | 名　称 | | 日　期 | | 号　码 | | | | | | | | |
| 总金额 | 人民币（大写） | | | 千 | 百 | 十 | 万 | 千 | 百 | 十 | 元 | 角 | 分 |
| 分割金额 | 人民币（大写） | | | 千 | 百 | 十 | 万 | 千 | 百 | 十 | 元 | 角 | 分 |
| 原始凭证主要内容、分割原因 | | | | | | | | | | | | | |
| 备　注 | | | | | | | | | | | | | |

单位名称（公章）：　　　　　会计：　　　　制单：

图4.3　原始凭证分割单样式

### 3. 现金收入、支出的处理程序

（1）现金收入的处理程序

现金收入的处理程序是指出纳人员办理现金收入时，从复核现金收入的来源到登记现金日记账的处理步骤和规则。办理现金收入业务的程序一般如下。

① 复核现金收款凭证，即复核现金收入的合法性、真实性和准确性。

② 当面清点现金。

③ 开出现金收据，并加盖现金收讫章和出纳人员名章。

④ 根据现金收款凭证登记现金日记账。如果销售发货票上印有"代记账凭证"字样，可据以登记现金日记账。

（2）现金支出的处理程序

办理现金支出的业务程序一般如下。

① 复核现金付款凭证。

② 现金付款凭证经复核无误后，在现金付款凭证所附的原始凭证上加盖现金付讫章。

③ 根据现金付款凭证所列金额付出现金。

④ 在现金付款凭证"出纳"栏签章。

⑤ 根据现金付款凭证登记现金日记账。

## 4.3.2 现金存取的程序

### 1. 现金送存程序

按照规定，各单位在其日常现金收支业务中，除了按规定可以坐支的现金和非业务性零星收入收取的现金，可以用于补足库存现金限额的不足外，其他业务活动取得的现金及超过库存现金限额的现金都必须按规定于当日送存银行。当日送存银行确有困难的，由开户银行确定送存时间。送存现金的基本程序如下。

（1）整理现金

出纳人员在将现金送存银行之前，为了便于银行柜台清查现金，提高工作效率，应对现金进行分类整理。其整理方法如下。

① 纸币应按照票面金额（即券别）分类整理。纸币可分为主币和辅币：主币包括100元、50元、20元、10元、5元和1元，辅币包括5角、1角等。

② 残缺破损的纸币和已经穿孔、裂口、破缺、变形，以及正面的国徽、背面的数字模糊不清的铸币，应单独剔出，另行包装。

（2）填写现金送款簿

现金整理完后，出纳人员应根据整理后的金额填写现金送款簿。现金送款簿一般一式四联：第一联为回单，由银行签章后作为送款单位的记账依据；第二联为银行收入传票；第三联为收账通知；第四联由银行出纳留存作为底联备查。其基本格式如图4.4所示。出纳人员在填写现金收款簿时，要按格式规定如实填写有关内容，包括收款单位名称、款项来源、开户银行、送款日期、科目账号、送款金额的大小写及各券别的数量等。

**中国××银行现金送款簿**

对方科目：　　　　　　交款日期　　年　月　日

| 收款单位名称 | | | | | | 开户银行账号 | | | | | | | | | | |
|---|---|---|---|---|---|---|---|---|---|---|---|---|---|---|---|---|
| 款项来源 | | | | | | | | 金　额 | | | | | | | | |
| | | | | | | | | 百 | 十 | 万 | 千 | 百 | 十 | 元 | 角 | 分 |
| 人民币（大写） | | | | | | | | | | | | | | | | |
| 券别/数额 | 100元 | 50元 | 20元 | 10元 | 5元 | 1元 | 5角 | 1角 | 金额合计 | | | 收款银行盖章 | | | | |
| 整把券 | | | | | | | | | | | | | | | | |
| 零把券 | | | | | | | | | | | | | | | | |

收款复核：　　　　　　　　　　　　　　　　收款员：

**图4.4　现金送款簿样式**

出纳人员在填写现金送款簿时应注意以下几点。

① 出纳人员必须如实填写现金送款簿的各项内容，特别是其中的款项来源。

② 交款日期应当填写送存银行当日的日期。

③ 各券别明细账的张数和金额必须与各券别的实际数一致，1元、5角、1角既有纸币又有铸币的，应填写纸币、铸币合计的张数和金额。

④ 出纳人员在填写现金送款簿时，必须采用双面复写纸，字迹必须清楚、规范，不得涂改。

（3）送存交款

出纳人员按规定整理现金并填写现金送款簿后，应将现金连同现金送款簿一并送交银行柜台收款员。在交款时，送款人必须同银行柜台收款员当面交接清点。经柜台收款员清点无误后，银行按规定在现金送款簿上加盖印章，并将回单联退还给送款人，送款人在接到回单联后应当即进行检查，确认为本单位交款回单，而且银行有关手续已经办妥后才可离开柜台。

有的单位因交款数额较大，或者辅币较多，银行当面清点确有困难，可事先与银行协商，双方规定有关条件，并签订协议书，采取封包交款的办法交款。封包交款是指交款单位把要交存银行的现金，按有关要求进行整理，并按银行的规定捆包好，在捆包上加贴封签，写明金额，加盖公章，连同填写好的现金送款簿一并送交银行。银行凭封签上的金额轧清大数后收款，先在现金送款簿上加盖"收讫"章和收款员印章，将回单联交给交款人，事后再按规定逐包清点细数。如果发现长、短款，再向交款单位办理多退少补手续。

实行封包交款办法的单位在封包时，首先要把货币整理好，再按银行的要求进行封包（捆扎）。封包时，纸币要按面额分类，每10把扎成一捆，捆扎时上下垫好衬纸，用十字型捆扎，在每捆钞票打结处要加贴封签，封签贴在衬纸上。如果不满一百张，就按零头整理的要求，整理好后加贴封签。铸币按面额分类，每10卷扎成一捆，同样加贴封签。不满一百枚的零头按币别打卷，并在卷上写明枚数、金额、日期，加盖经手人名章。封包的封签必须写明金额、日期、封包经办人姓名，并加盖单位公章。另外，封包必须露封，便于轧点大数。

采取封包交款办法的，如果银行柜台收款员在轧计大数时即发现有差错的，应当立即告知交款人，经交款人当场复对后，在银行设置的单位交款差错登记簿上进行登记，并由交款人签章。单位交款人按照复核后的金额重新填制现金送款簿。如果银行事后清点时发现长款或短款，应在封包的封签上注明长款或短款的金额，由银行收款员和收款复核员共同签章，登记单位交款差错登记簿和填写错款证明单，并向单位退回长款或收回短款。如果银行在清点封包时发现差错金额较大，应保持原封包，及时通知交款单位派人复点，然后按封包协议规定处理。

出纳人员在送存现金时应注意以下事项。

① 凡经整理好准备送存银行的现金，在填好现金送款簿后，一般不宜再调换票面。如确须调换的，应重新复点，同时重新填写现金送款簿。

② 交款人最好是现金整理人，这样可以避免发生差错时责任不明的情况。

③ 送存途中必须注意安全，送存金额较大的款项时，最好用专车，并派人护送。

④ 临柜交款时，交款人必须与银行柜台收款员当面交接清点，做到一次交清，不得边清点边交款。

⑤ 交款人交款时，如遇到柜台较为拥挤的情况，应按次序等候。等候过程中，应做到钞票不离手，不能置于柜台之上，以防发生意外。

### 2. 现金提取程序

开户单位要支付现金，就必须具有一定的库存现金才能开展业务。当开户单位需要用现金支付，但库存现金小于库存现金限额而需要补足现金时，按规定可以从银行提取现金，提取现金的程序如下。

① 签发现金支票。现金支票是由存款人签发，委托开户银行向收款人支付一定数额现金的票据。

② 开户单位应按现金的开支范围签发现金支票，其付款方式是见票即付。

③ 签发现金支票时，应认真填写支票的有关内容，如款项用途、取款金额、签发单位账号、收款人名称（开户单位签发现金支票支取现金，是以自己为收款人），并加盖财务专用章和名章等。

④ 取款人或出纳人员持签发的现金支票到银行取款时，先将现金支票交银行有关人员审核，审核无误后，将支票交给经办单位结算业务的银行经办出纳人员，然后等待取款。银行经办人员对支票进行审核，核对密码及预留印鉴后，按规定办理付款手续。取款人应根据银行经办人员的要求回答应提取的数额，回答无误后银行经办人员即照支票付款。取款人或出纳人员收到银行出纳人员付给的现金时，应当面清点现金数量，清点无误后才能离开柜台。

## 4.3.3 现金出纳凭证处理

### 1. 现金出纳凭证的填制

出纳人员在填制现金出纳凭证时，内容必须齐全，书写清晰，数据规范，会计科目准确，编号合理，签章手续完备。

① 现金出纳凭证的内容必须齐全。凡是凭证格式上规定的各项内容，必须逐项填写齐全，不得遗漏和省略，以便完整地反映经济活动全貌。

② 填写现金出纳凭证的文字、数字必须清晰、工整、规范。

③ 现金出纳凭证中所运用的会计科目必须恰当。出纳人员应按照原始凭证所反映的现金出纳业务的性质，根据会计制度的规定，确定"应收"和"应付"会计科目，需要登记明细账的还应列明二级科目和明细科目的名称，并据以登账。一般来说，出纳人员只涉及收、付款凭证，不涉及转账凭证。对于收款凭证，其借方科目为"库存现金"或"银行存款"，其贷方科目则应根据经济业务内容视具体情况而定。例如，贷记"主营业务收入""其他业务收入""应交税费——应交增值税（销项税额）"等。对于付款凭证，其贷方科目为"库存现金"或"银行存款"，借方科目则根据经济业务内容视具体情况而定。例如，借记"原材料""在途物资""管理费用"等。

④ 现金出纳凭证要求连续编号，以便备查。原始凭证，如发票、收据等都按编号顺序使用。原始凭证作废时，应加盖"作废"戳记，连同存根联一起保存，不得撕毁。记账凭证一般是按月、顺序编号，可采取两种方式：一是将收、付款凭证自每月第1笔业务顺序编至月末最后一笔业务；二是收、付款凭证与转账凭证混合编号。无论选择哪种方式，都要注意的是，不可以有漏号、重号。

⑤ 现金出纳凭证的签章必须完备。从外单位或个人取得的原始凭证，必须盖有填制单位的发票专用章；出纳人员办理收付款项以后，应在收付款的原始凭证上加盖"收讫""付讫"戳记；记账凭证中应有凭证填制人员、稽核人员、记账人员、会计人员的签章。

**2. 现金出纳凭证的保管**

现金出纳凭证是记录经济业务重要的会计核算资料，同时也是重要的经济档案、历史资料，是登记账簿的依据，因此必须妥善保管。要将其按编号顺序进行装订成册，并在封面上注明企业名称、记账凭证种类、起止号数、年度月份和起止日期，并由有关人员签字盖章，其目的在于便于事后查找。

## 4.3.4　备用金的处理

### 1. 备用金的管理

当从银行取得备用金后，应加强对备用金的管理，备用金管理包括借支管理和保管管理。

（1）备用金借支管理

① 企业各部门都应填制备用金借款单，一方面便于财务部门核定其零星开支，方便管理；另一方面凭此单据支给现金。

② 各部门零星备用金，一般不得超过规定数额，如有特殊需要应由企业部门经理核准。

③ 各部门零星备用金借支应将取得的正式发票定期送到财务部门备用金管理人员（出纳人员）手中，冲转借支款或补充备用金。

（2）备用金保管管理

① 备用金收支应设置"备用金"账户，并编制收支日报表送至经理处。

② 应定期根据取得的发票编制备用金支出一览表，及时反映备用金支出情况。

③ 备用金账户应做到逐月结清。

④ 出纳人员应妥善保管各种与备用金相关的票据。

**2. 备用金报销的处理**

备用金报销的处理依企业备用金管理制度的不同而有所区别。备用金管理制度可以分为定额备用金制度和非定额备用金制度两种。

（1）定额备用金制度

定额备用金制度是指对经常使用备用金的内部各部门或工作人员，单位根据其零星开支、零星采购等实际需要而核定一个现金数额，并保证其经常保持核定的数额的备用金管理制度。实行定额备用金制度，使用定额备用金的部门或工作人员应按核定的定额填写借款凭证，一次性领出全部定额现金，用后凭发票等有关凭证报销，出纳人员用报销金额补充原定额，从而保证该部门或工作人员经常保持核定的现金数额。只有等到撤销定额备用金或调换经办人时才全部交回备用金。

实行定额备用金的单位，其内部各部门或有关工作人员使用备用金购买货物或用于零星开支后，应将所购买的货物交由仓库保管员验收入库，凭验收入库单连同发票到财务部门报销；用于其他开支的，凭发票或其他原始凭证到财务部门报销。有关部门或工作人员报销时，会计人员应编制现金付款凭证。出纳人员依据付款凭证将报销的金额用现金补给报销的部门或工作人员。这样报销后有关部门或工作人员手中的现金又达到了核定的现金数额。

**情境描述**

华天公司对机修车间采用定额备用金制度，金额为 5 000 元。

**任务描述**

2015 年 8 月 26 日，机修车间用现金 3 800 元购买零配件，并全部用于设备的维修。8 月 29 日，经办人员到财务部门办理报销手续，出纳人员付给现金 3 800 元。

**工作过程**

出纳人员对于此业务做如下会计分录，并填制相应的记账凭证。

借：制造费用　　　　　　　　　　　　　　　　　　　　　3 800

　　贷：库存现金　　　　　　　　　　　　　　　　　　　　　3 800

出纳人员根据此记账凭证登记现金日记账。

如果 8 月 26 日机修车间购买零配件实际支付了 6 000 元，由经办人员垫付现金 1 000 元，则 8 月 29 日报销时，出纳人员应付给的现金就是 6 000 元，报销后，机修车间的备用金恢复到 5 000 元。

（2）非定额备用金制度

非定额备用金制度是指非经常使用备用金的内部各部门或工作人员，按每次业务所需备用金的数额，填制借款凭证向出纳人员预借现金，使用后凭发票等原始凭证到财务部门报销，多退少补，一次结清，下次再用时重新办理借支手续的备用金管理制度。

 **情境描述**

华天公司对公司办公室执行非定额备用金制度。

 **任务描述**

2015年9月6日，公司办公室为购买办公用品预借备用金1 600元，预借时，财务部门根据借款凭证编制现金付款凭证。

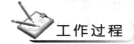 **工作过程**

出纳人员对于此业务做如下会计分录，并填制相应的记账凭证。

借：其他应收款——备用金（办公室）　　　　　　　　　　　　　1 600
　　贷：库存现金　　　　　　　　　　　　　　　　　　　　　　　　1 600

如果办公室购买办公用品用去1 500元，可凭发票和验收入库单到财务部门报销，交回多余现金100元，财务部门编制凭证一张，其会计分录如下。

借：管理费用　　　　　　　　　　　　　　　　　　　　　　　　1 500
　　库存现金　　　　　　　　　　　　　　　　　　　　　　　　　100
　　贷：其他应收款——备用金（办公室）　　　　　　　　　　　　1 600

出纳人员收回剩余现金100元。

如果办公室实际购买办公用品用去2 000元，经办人垫付现金400元，则在报销时编制凭证一张。其会计分录如下。

借：管理费用　　　　　　　　　　　　　　　　　　　　　　　　2 000
　　贷：其他应收款——备用金（办公室）　　　　　　　　　　　　1 600
　　　　库存现金　　　　　　　　　　　　　　　　　　　　　　　400

出纳人员付给办公室经办人现金400元。

出纳人员根据以上记账凭证登记现金日记账。

## 4.3.5 预借差旅费及报销的处理

### 1. 预借差旅费的处理

单位工作人员因公出差预借差旅费时，应首先到财务部门领取并填写借款单，按照借款单所列内容填写完整，然后送所在部门的领导和有关人员审查签字。各单位可以根据需要使用统一的差旅费借款结算单，也可以使用普通的借据或借款凭证。财务部门根据借款单编制现金付款凭证。其会计分录如下。

借：其他应收款——备用金
　　贷：库存现金

出纳人员根据单位内部规定的审批权限和程序，对借款单和付款凭证进行审核，认为手续齐备并符合制度规定要求的即可予以支付。

### 2. 出差人员的报销手续

首先，出差人员到财务部门领取差旅费报销单，如实填写报销单的有关内容。例如，出差事由，出发到达的时间、地点，乘坐的交通工具的车别、等级、金额等，并将有关车票、船票、飞机票、住宿发票等有关原始凭证粘贴在报销单的背后，经所在部门和单位有关领导审查签字后，送财务部门。财务部门有关人员应审查单据是否真实、合法，按照本单位差旅费开支管理办法计算应报销的交通费金额、应发给的伙食补助费、住宿费包干结余、不买卧铺补贴等，对差旅费进行结算，编制会计凭证后交出纳人员具体办理现金收付。然后，会计人员对差旅费的开支范围、开支标准等进行审查并编制记账凭证。审查的内容包括交通费、住宿费、伙食补助费、邮电费、行李运费和杂费等。

① 交通费是指出差人员乘坐火车、飞机、轮船及其他交通工具所支付的各种票价、手续费及相关支出。

② 住宿费是指出差人员因住宿需支付的房租及其他相关支出。

③ 伙食补助费是指由于出差人员在外期间伙食费用较高等原因而按一定标准发给出差人员的补贴。

④ 邮电费是指出差人员在出差期间因工作需要而支付的各种电话费、电报费、邮寄费等费用。

⑤ 行李运费是指出差人员由于工作需要而携带较多行李时支付给铁路、民航、公路等运输单位的行李运输、搬运等费用。

⑥ 杂费是指出差人员由于工作需要支付的除上述费用以外的其他费用。

### 3. 差旅费开支管理方法

对于差旅费的开支可以实行不同的管理方法，各行政机关、事业单位、部队等一般都要实行总额包干办法，即出差人员的住宿费、交通费、伙食补助费等实行分项计算，总额包干，调剂使用，节约奖励，超支不补的办法，对交通费、住宿费、伙食补助费等规定一定的包干标准，超过标准部分由出差人员自理，低于标准部分按一定比例发给出差人员作为奖励。企业单位可以实行实报实销办法，也可以参照行政机关实行总额包干办法。各单位可以根据上级主管部门和本单位的具体情况，制定本单位人员的差旅费开支管理办法，便于本单位有关人员遵照执行。

### 4. 差旅费的开支标准

各单位在制定本单位的差旅费开支管理办法时，一般都规定有差旅费的开支标准。例如，出差人员出差期间可以乘坐卧铺而不买卧铺票的，按硬席座位票价的一定比例发给出差人员；出差伙食补助费不分途中和住勤，每人每天的补助按出差地点的不同规定标准执行，如北京出差每天补助 50 元等。

### 5. 出纳人员应按规定对报销单据和记账凭证进行审核复算

审核复算的内容包括交通费、住宿费金额是否符合规定标准，伙食补助费、住宿费包干结余金额是否正确，不买卧铺补贴的计算是否正确，记账凭证和报销单的金额是否一致等，审核无误后才办理现金收付。对实行定额备用金的，按实际报销金额全部用现金付给报销单位或工作人员；实行非定额备用金的，将出差人员多借的现金收回，少借的部分补给出差人员。

**情境描述**

华天公司实行差旅费定额包干办法。

**任务描述**

2015年10月10日，公司供销处张平因公赴北京出差，按规定办理预借手续，向出纳人员预借差旅费10 000元。11日，张平乘火车（硬卧）出发，票价458元；12日起，在某饭店住宿，住宿费每天250元；21日，从北京乘火车（硬座）返回，票价253元；22日，回到公司所在地。另外，在北京时往公司打电话、电传，支付邮电费80元。该公司规定采购员外出可以乘坐硬卧铺，住宿费标准为240元/天，市内交通费15元/天，伙食补贴费50元/天。乘硬座按票价的60%给予补助。张平在北京采购零配件专用物资支出6 000元（开具普通发票）。

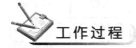

**工作过程**

张平在出差前填写借款单（如图4.5所示），签字后经供销处处长和公司主管领导签字后交财务部门。

借 款 单

2015年10月9日
编号：12345678

| 借款单位：供销处 | | | | 借款人：张平 | | | | | | | |
|---|---|---|---|---|---|---|---|---|---|---|---|
| 事　　由： | | | | | | | | | | | |
| 借款金额：人民币（大写）壹万元整 | | 百 | 十 | 万 | 千 | 百 | 十 | 元 | 角 | 分 | |
| | | | | ¥ 1 | 0 | 0 | 0 | 0 | 0 | 0 | |
| 主管审批：谢海 | | | 借款人签字：张平 | | | | | | | | |
| 2015年10月9日 | | | 2015年10月9日 | | | | | | | | |

**图4.5 借款单样式**

出纳人员对于此业务做如下会计分录，并填制相应的记账凭证。

借：其他应收款——备用金（张平）　　　　　　　　　　　　　10 000
　　贷：库存现金　　　　　　　　　　　　　　　　　　　　　　　　10 000

出纳人员据此付给张平现金 10 000 元。张平出差回来后，到财务部门办理报销手续。张平按规定填写差旅费报销单（见图 4.6），并将有关车票、住宿发票和电话、电传收费单附在报销单后并签字，交供销处处长和公司主管领导审核签字后送财务部门办理具体报销手续。财务部门按规定计算张平的报销金额如下。

交通费 =253 元 +458 元 = 711 元

市内交通费 =10 天（12 日—21 日）×15 元／天 = 150 元

伙食补助费 =11 天（11 日—21 日）×50 元／天 = 550 元

住宿费 =9 天（12 日晚—20 日晚）×240 元 = 2 160 元

邮电费 =80 元

不买卧铺补贴 =253 元 ×60% = 151.8 元

合计 3 802.8 元，加上采购的零配件 6 000 元，共计 9 802.8 元

财务部门根据采购发票和报销单编制现金付款凭证，其会计分录如下。

借：低值易耗品——零配件    6 000

管理费用    3 802.8

库存现金    197.2

贷：其他应收款——备用金（张平）    10 000

出纳人员审核原始凭证和记账凭证无误后收回现金 197.2 元，并在凭证上加盖"现金收讫"戳章。

**差旅费报销单**

金额单位：元

| 姓名 | | 张平 | 工作单位 | | 供销处 | | 出差事由 | 商务 | 人数 | 1 人 |
|---|---|---|---|---|---|---|---|---|---|---|
| | | 旅　程 | | | 交通工具 | | | 其　他 | | |
| 起站 | | 到站 | | 起止地点 | | | | 项目 | 金额 | 合计金额 |
| 月 | 日 | 月 | 日 | 起 | 止 | 火车 | 汽车 | 轮船 | 飞机 | 项目 | 金额 | 合计金额 |

| 起站 月 | 起站 日 | 到站 月 | 到站 日 | 起 | 止 | 火车 | 汽车 | 轮船 | 飞机 | 项目 | 金额 | 合计金额 |
|---|---|---|---|---|---|---|---|---|---|---|---|---|
| 10 | 11 | 10 | 12 | 厦门 | 北京 | 458.00 | | | | 住宿费 | 2 160.00 | 2 618.00 |
| 10 | 21 | 10 | 22 | 北京 | 厦门 | 253.00 | | | | 市内交通费 | 150.00 | 403.00 |
| | | | | | | | | | | 行李搬运费 | | |
| | | | | | | | | | | 补助 旅途 | | |
| | | | | | | | | | | 补助 住勤 | 550.00 | 550.00 |
| | | | | | | | | | | 其他 | 231.80 | 231.80 |
| 总计金额（大写）人民币：叁仟捌佰零贰元捌角整 | | | | | | | | | | | | 3 802.80 |
| 预借金额 | 10 000.00 | | 结算后应退 | | 197.20 | | 结算后补领 | | | | | |

主管审批：刘刚    财务审核：张子英    报销人：张平    出纳：张勇    2015 年 10 月 25 日

图 4.6　差旅费报销单样式

### 4.3.6　出纳长短款的处理

所谓长款是指现金实存数大于账存数；所谓短款是指实存数小于账面余额。出纳长短款必有原因。当发现长款时，肯定有差错的存在，有可能隐藏短款的问题，会计上有句俗语，叫做虚长实短。

### 1. 出纳长款的处理

长款中往往隐匿着短款的可能，应当认真查对账目，看是否记账、结账有误。对于出纳长款要按制度规定，先报告会计主管，请会计人员帮助查找。经反复核对账单，仍无结果时，暂作挂账处理。

### 2. 出纳短款的处理

如果发生了短款，应冷静地回忆发生过的现金收付业务。出纳人员应有记事认人的职业习惯，对当天所发生的收付业务，应当在人的特征上、收款付款的金额上、票面面额上都有所留意。要认真核对账单，同时从以下几方面着手检查：一看是否记账有问题；二看是否少收了款项；三看什么时候多付了款；四看是否现金另有放处；五看是否有人借了款，借据存放他处等。如果查不出来，也不要瞒着不说，或者私自垫付，应按财务制度规定，报告会计主管，请会计人员帮助查找。若确实查找不出原因，可暂作挂账处理。

### 3. 出纳长短款的处理原则

① 属于技术性的差款和一般责任事故的短款，经过及时查找确实无法查明原因时，可按规定的审批手续处理，即长款归公、短款报损，不得以长款补短款。

② 属于因当事人工作不负责任，玩忽职守，违章操作等原因造成的短款，应追究其经济责任，视情节轻重和损失程度，赔偿全部或部分损失，情节严重的要给予行政处分。

③ 属于责任人监守自盗、侵吞公款，或挪用公款的，应以贪污论处，追究其刑事责任。根据财务制度规定，对于发生的长款或短款，必须查明原因，方可处理。在原因查明前，应由责任人出具现金长短款审批表，经主管会计签署意见，主管财务的领导同意后，先记入"其他应收款"或"其他应付款"账户，待查明原因批准后再进行结转，记入"营业外收入"或"营业外支出"账户。

## 4.3.7　出纳不出错的技巧

做任何事情都要讲究方式方法，并熟练掌握相关要领。出纳工作的关键在于认真、细心、遇事不慌，要讲究工作艺术。

① 在收付现金时要唱收唱付。这样不但可以加深印象，与当事人核对金额，还可以取得他人的听觉旁证。对抬头与本单位不符、大小写金额不符、涂改发票、发票上无收款单位章或收款人章、发票与支票入账方不符等的发票，出纳人员不予接受，待补办手续后再给予报销。报销单位须先签字、后付款；收款单据先交款、后盖章；付款单据要加盖"付讫"章。付款单据如由他人代领现金者，应签代领人名字，而不得签被代领人名字；代领人不是本单位职工的，要注明与被带领人的关系及其联系地址。营业外收入及杂务收入，要以经办单位、交款单位为依据开给收据。

② 要注意加强对支票、发票和收据的保管。领用支票要设立备查登记簿，不仅经单位主管、财务领导审核签字，还要由领用人签章。领用现金支票要在存根联上签字，以防正、副联金额不符。支票存根联上要逐项写明金额、用途、领用人，并在备查簿上注明空白支票和支票限额。支票作废后要按顺序装订在凭证中。空白发票和收据不能随便外借，已开具金额并需要带出付款的发票和收据，要由借用人出具借据并做登记，以便分清责任，待款收回后再结清借据。发票和收据作废后要退回来，先作废、后重开，如

果是销货发票退回，应该先由仓库部门验货入库后再进行退款。如果对方丢失发票和收据，要根据对方财务部门开出该款尚未报销的证明才能补办单据，并在证明单上注明原开发票或单据的时间、金额、号码等内容，同时注明"原开单据作废"字样。

③ 登记银行存款日记和现金日记账，要首先复核凭证、支票存根、附件是否一致，然后按付出支票号码顺序排列，以便查对。"摘要"栏应注明经办人、收款单位及支票号码。

④ 出纳人员在岗位上要认真细心。出纳人员除了在具体操作中要增加复审复核外，还要及时进行现金账目与库存现金的核对清点，做到日清月结。

## 情 境 总 结

现金是企业中流动性最强的一种货币性资产，因此现金管理是出纳工作的重中之重。出纳人员应了解坐支现金的概念，坐支现金也不是一律都禁止的。库存现金限额由开户银行和开户单位根据具体情况商定，凡在银行开户的单位，银行根据实际需要核定 3 ~ 5 天的日常零星开支数额作为该单位的库存现金限额。边远地区和交通不便地区的开户单位，其库存现金限额的核定天数可以适当放宽至 5 天以上，但最多不得超过 15 天。

库存现金限额至少每年核定一次，经核定的库存现金限额，开户单位必须严格遵守。

根据国家现金结算制度的规定，企业收支的各种款项，必须按照国务院颁布的《现金管理暂行条例》的规定办理，在规定的范围内使用现金。单位内部的现金管理制度一般包括现金开支审批制度、现金保管制度、钱账分管制度、日清月结制度、保险柜的配备使用制度、现金清查制度等几个方面的内容。出纳人员每日将库存现金的实存数与现金日记账的账面余额进行核对，做到日清月结。

备用金报销的处理依企业备用金管理制度的不同而有所区别。备用金管理制度可以分为定额备用金制度和非定额备用金制度两种。单位工作人员因公出差预借差旅费时，应首先到财务部门领取并填写借款单，按照借款单所列内容填写完整，然后送所在部门的领导和有关人员审查签字。各单位可以根据需要使用统一的差旅费借款结算单，也可以使用普通的借据或者借款凭证。

对于出纳长款，出纳人员要按制度规定，先报告会计主管，请会计人员帮助查找，经反复核对账单，仍无结果时，暂作挂账处理；如果发生了出纳短款，出纳人员应冷静地回忆发生过的现金收付业务，查找问题出在哪里。出纳工作中出现长款或短款现象应严格按规定进行处理。

出纳工作不出错的技巧在于认真、细心、遇事不慌、讲究工作艺术。

## 思考练习题

### 一、单项选择题

1. 说法错误的是（　　　　）。

   A. 开户单位库存现金一律实行限额管理

   B. 不准擅自坐支现金

   C. 企业之间可以互借现金

   D. 坐支现金在一定的条件下是允许的

客观题自测

2. 关于库存现金限额的规定，说法错误的是（　　　）。

　　A. 限额是由中国人民银行与开户单位商定的

　　B. 库存现金限额一般是按 3～5 天的日常零星开支核定

　　C. 边远地区、交通不便等地区库存现金限额可按 5～15 天的日常零星开支核定

　　D. 库存现金限额至少每年核定一次

3. 不能用现金直接支付的是（　　　）。

　　A. 职工工资　　　　　　　　　　B. 张某出差借差旅费 5 000 元

　　C. 购买劳保用品 2 000 元　　　　D. 收购农副产品 50 000 元

4. 不属于现金审批制度内容的是（　　　）。

　　A. 制定各种报销凭证，规定报销手续和方法

　　B. 确定各种现金支出的审批权限

　　C. 明确本单位的现金开支范围

　　D. 明确现金结算的办法

5. 针对现金管理制度，说法正确的是（　　　）。

　　A. 出纳人员在下班前应将所有的现金送存银行

　　B. 出纳人员可将单位日常开支使用的备用金存放在办公桌内，其余的应存入保险柜

　　C. 为保证现金安全，出纳人员可以将日常开支使用的备用金存入个人存折

　　D. 库存现金，包括纸币和铸币，应实行分类保管

6. 出纳工作中出现长款或短款现象的处理原则，说法错误的是（　　　）。

　　A. 出纳人员违章操作造成的损失，应承担赔偿责任，情节严重的要给予行政处分

　　B. 现金短款或长款，应由责任人出具现金长、短款审批表，待查明原因后，方可处理

　　C. 属于技术性的差款和一般责任事故，可以以长款补短款

　　D. 责任人监守自盗、侵吞公款，或挪用公款的，应以贪污论处

7. 出差人员报销差旅费，出纳库存现金不足支付时，做法正确的是（　　　）。

　　A. 出纳人员将私人现金先垫付

　　B. 从本单位现金收入中直接支付

　　C. 出纳人员个人打欠条

　　D. 开出现金支票支付

8. 不符合现金管理基本原则的是（　　　）。

　　A. 钱账分管原则　　　　　　　　B. 收付合法原则

　　C. 日清月结原则　　　　　　　　D. 禁止坐支现金原则

**二、多项选择题**

1. 现金管理的基本原则是（　　　）。

　　A. 不准擅自坐支现金

　　B. 企业收入的现金不准作为储蓄存款存储

　　C. 严格按照国家规定的开支范围使用现金，结算金额超过起点的，不得使用现金

　　D. 不准编造用途套取现金。

2. 允许坐支现金的单位主要有（　　　）。

　　A. 基层供销社、粮店、食品店、委托商店等销售兼营收购的单位，向个人收购支付的款项

B. 邮局以汇兑收入款支付个人汇款

C. 医院以收入款项退还病人的住院押金、伙食费及支付输血费等

D. 饮食店等服务行业的营业找零款项等

3. 属于现金管理"八不准"内容的是（　　　　　）。

A. 不准用凭证顶替库存现金

B. 不准保留账外公款

C. 不准发行变相货币

D. 不准利用银行账户代其他单位和个人存入或支取现金

4. 关于钱账分管制度说法正确的是（　　　　　）。

A. 出纳工作应该由指定的专职或兼职人员担任

B. 会计和出纳不能由一人兼任

C. 不是出纳人员，不得直接收付现金

D. 审核工作应由会计主管人员或其他指定的会计人员来担当

5. 关于保险柜使用制度规定说法正确的是（　　　　　）。

A. 保险柜一般由总会计师或财务处（科、股）长授权，由出纳人员负责管理使用

B. 出纳人员不能将保险柜钥匙交由他人代为保管

C. 保险柜只能由出纳人员开启使用，非出纳人员不得开启保险柜

D. 保险柜内不得存放私人财物，但出纳人员除外

6. 保险柜监管方法正确的是（　　　　　）。

A. 保护好现场，迅速报告公安机关（或安保部门）

B. 节假日满2天以上没有派人代其工作的，应在保险柜锁孔处贴上封条

C. 出纳人员离开2天以上没有派人代其工作的，应在保险柜锁孔处贴上封条

D. 如发现保险柜封条被撕掉或锁孔处被破坏时，应想办法尽快打开，以查清财物损失情况。

7. 出纳人员在复核现金付款凭证时，应注意（　　　　　）。

A. 对于涉及现金和银行存款之间的收付业务，只按照收付业务涉及的贷方科目编制付款凭证

B. 现金付款凭证如出现红字时，仍应加盖现金付讫章

C. 须用现金退款时，必须取得对方的收款收据

D. 从外单位取得的原始凭证如遗失，应作为"其他应收款"处理

8. 出纳人员在填写现金送款簿时应注意（　　　　　）。

A. 出纳人员必须如实填写现金送款簿中的各项内容，特别是其中的款项来源等

B. 出纳人员在填写现金送款簿时必须采用双面复写纸，字迹必须清楚、规范，不得涂改

C. 交款日期应当填写送存银行当日的日期

D. 券别的明细账的张数和金额必须与各券别的实际数一致，1元、5角、1角既有纸币又有铸币的，应填写纸币、铸币合计的张数和金额

9. 张三出差回来，报销差旅费1 000元，原预借1 500元，交回剩余现金500元。这笔业务应该（　　　　　）。

A. 只编制500元现金收款凭证　　　　　B. 根据500元编制现金收款凭证

        C. 根据 1 000 元编制转账凭证           D. 编制 1 500 元转账凭证

10. 做法不正确的有（　　　　　）。

    A. 从本单位的现金收入中直接支付现金

    B. 用不符合财务制度的凭证顶替库存现金

    C. 单位之间相互调剂现金

    D. 私营企业将企业收入的现金以个人名义存入储蓄

### 三、判断题

1. 单位开支在 1 000 元以上的业务办理，均通过银行转账进行结算。　　　　（　　）

2. 清点核对并开出单据后，再发现现金短缺或假币的，应由出纳人员负责。　（　　）

3. 出纳人员在收取现金时，无论是什么款项都可以收取，不用对其合法性负责。（　　）

### 四、简答题

1. 什么是坐支现金？是否坐支现金都不允许？哪些单位可以坐支现金？

2. 什么是日清月结制度？其内容主要包括哪些？

3. 现金收付程序一般有哪些？

4. 什么是定额备用金制度？什么是非定额备用金制度？

### 五、业务题

1. 天虎公司对供销处人员的差旅费执行非定额备用金管理制度。2015 年 8 月 10 日，供销处吴明按备用金管理制度规定，预借差旅费 3 000 元，准备到外地联系商品的销售事宜。2015 年 9 月 6 日，吴明回公司办理报销手续，共计报销差旅费 2 600 元，并交回剩余的 400 元现金。请你给吴明示范填写借款单，并做吴明预借差旅费和回公司报销时的会计分录，如下所示。

**借 款 单**

年    月    日                    编号：98345688

| 借款单位： | | 借款人： | | | | | | | | |
|---|---|---|---|---|---|---|---|---|---|---|
| 事　由： | | | | | | | | | | |
| 借款金额：人民币（大写） | | | 百 | 十 | 万 | 千 | 百 | 十 | 元 | 角 | 分 |
| 主管审批：<br><br>年　月　日 | | | 借款人签字：<br><br>年　月　日 | | | | | | | | |

2. 江西兴旺公司实行差旅费总额包干办法。2015 年 9 月 12 日，公司供销处薛平因公赴厦门出差，主要处理江西兴旺公司与厦门某公司的销售业务问题。薛平按规定办理预借手续，向出纳人员预借差旅费 6 000 元。13 日薛平乘火车（硬卧）出发，票价 263 元；14 日到达厦门，并下榻厦门白鹭洲大酒店，住宿费每天 320 元；20 日从厦门乘火车（硬座）返回公司，票价 140 元；21 日回到公司所在地。另外，在厦门时往公司打电话、电传等，支付邮电费 100 元。该公司规定采购员外出可以乘坐硬卧铺，在厦门出差的住宿费标准为 300 元/天，市内交通费 20 元/天，伙食补贴费 60 元/天。乘硬座按票价的 60% 给予补助。请你帮薛平填写一张差旅费报销单，如下所示。

**差旅费报销单**

| 姓名 | | 工作单位 | | | 出差事由 | | 人数 | |
|---|---|---|---|---|---|---|---|---|
| 旅　　程 | | | | 交通工具 | | 其　　他 | | |
| 起站 | 到站 | 起止地点 | | 火车 | 汽车 轮船 飞机 | 项目 | 金额 | 合计金额 |
| 月 日 | 月 日 | 起 | 止 | | | 住宿费 | | |
| | | | | | | 市内交通费 | | |
| | | | | | | 行李搬运费 | | |
| | | | | | | 补助　旅途 | | |
| | | | | | | 　　　住勤 | | |
| | | | | | | 其他 | | |
| 总计金额（大写）人民币： | | | | | | | | |
| 预借金额 | | 结算后应退 | | | 结算后补领 | | | |

主管审批：　　财务审核：　　　　报销人：　　　　　　出纳：　　　　年　　月　　日

## 银行存款管理

### 学习目标

1. 职业知识：熟悉银行存款账户管理及银行结算业务管理的相关规定。
2. 职业能力：掌握现金支票和印章的内部管理方法。
3. 职业素养：明确银行结算纪律和责任。

### 案例导入

　　某公司因业务发展需要，从人才市场招聘了刚毕业的小张担任出纳。开始，他还勤恳敬业，公司领导和同事对他的工作都很满意。但受到同事在股市赚钱的影响，小张也开始涉足股市。然而事与愿违，进入股市很快被套牢，急于翻本又苦于没有资金，他开始对自己每天经手的现金动了邪念，凭着财务主管对他的信任，拿了财务主管的财务专用章在自己保管的空白现金支票上任意盖章取款。到月底，银行对账单也是小张到银行提取且自行核对，因此在很长一段时间内未被发现。至案发，公司蒙受了巨大的经济损失。请问：这个案例给我们的启示是什么？

_____

_____

_____

_____

_____

_____

_____

_____

_____

# 情境任务5.1 银行存款账户管理

银行账户是各单位为办理结算和申请贷款在银行开立的户头，也是单位委托银行办理信贷和转账结算，以及现金收付业务的工具，它具有监督和反映国民经济各部门、各单位活动的作用。通过银行办理转账结算的先决条件是必须到银行开立账户。根据《银行账户管理办法》的规定，银行账户分为基本存款账户、一般存款账户、临时存款账户和专用存款账户，上述各类账户均有不同的设置和开户条件。

## 5.1.1 银行账户管理的基本原则及规定

### 1. 银行账户管理的基本原则

根据《银行账户管理办法》的规定，银行账户管理遵守以下基本原则。

① 一个基本账户原则，即存款人只能在银行开立一个基本存款账户，不能多头开立基本存款账户。存款人在银行开立基本存款账户，实行由中国人民银行当地分支机构核发开户许可证制度。

② 自愿选择原则，即存款人可以自主选择银行开立账户，银行也可以自愿选择存款人开立账户。任何单位和个人不得强制干预存款人和银行开立或使用账户。

③ 存款保密原则，即银行必须依法为存款人保密，维护存款人资金的自主支配权。除国家法律规定和国务院授权中国人民银行总行的监督项目外，银行不代任何单位和个人查询、冻结、扣划存款人账户内存款。

### 2. 银行账户管理的基本规定

根据《银行账户管理办法》，凡在中国境内开立人民币存款账户的机关、团体、部队、企业、事业单位、个体经济户和个人（以下简称存款人）以及银行和非银行金融机构（以下简称银行），必须遵守以下规定。

① 外汇存款账户的开立、使用和管理，按照国家外汇管理局颁发的外汇账户管理规定执行。存款人在其账户内应有足够资金保证支付。

② 存款人在银行开立基本存款账户，实行由中国人民银行当地分支机构核发开户许可证制度。

③ 银行对存款人开立或撤销账户，必须向中国人民银行分支机构申报。

④ 存款人不得违反规定在多家银行机构开立基本存款账户。

⑤ 存款人不得在同一家银行的几个分支机构开立一般存款账户。

⑥ 存款人的账户只能办理存款人本身的业务活动，不得出租和转让账户。

⑦ 开户银行负责按《银行账户管理办法》的规定对开立、撤销的账户进行审查，正确办理开户和销户，建立、健全开销户登记制度，建立账户管理档案，定期与存款人对账。

⑧ 开户银行对基本存款账户的撤销，一般存款账户、临时存款账户、专用存款账户

的开立或撤销，应于开立或撤销之日起 7 日内向中国人民银行当地分支机构申报。

### 5.1.2　开立银行账户的规定

按《银行账户管理办法》规定，银行存款账户有 4 种，分别为基本存款账户、一般存款账户、临时存款账户和专用存款账户。存款人可以自主选择银行，银行也可以自愿选择存款人开立账户。因此，存款人选择开立存款账户银行的一般原则是：一是就近原则，应选择与单位较近的银行开设银行账户，有利于存取款及办理结算、贷款等；二是服务原则，应选择服务设施及项目先进、齐全、能直接办理异地快速结算的银行；三是贷款原则，应选择银行信贷资金雄厚，能在企业困难时期提供贷款支持，且贷款方便的银行。不同的存款账户有不同的开立程序和要求。

#### 1. 基本存款账户的开立

存款人首先应在银行开立基本存款账户。基本存款账户是指存款人办理日常转账结算和现金收付的账户。存款人的工资、奖金等现金的支取，只能通过本账户办理。

（1）基本存款账户的开户人

根据《银行账户管理办法》的规定，下列存款人可以申请开立基本存款账户。

① 企业法人。

② 企业法人内部单独核算的单位。

③ 管理财政预算资金和预算外资金的财政部门。

④ 实行财政管理的行政机关、事业单位。

⑤ 县级（含）以上军队、武警单位。

⑥ 外国驻华机构。

⑦ 社会团体。

⑧ 单位附设的食堂、招待所、幼儿园。

⑨ 外地常设机构。

⑩ 私营企业、个体经济户、承包户和个人。

（2）基本存款账户开立所需的证明文件

存款人申请开立基本存款账户，应向开户银行出具下列证明文件之一。

① 当地工商行政管理机关核发的企业法人执照或营业执照正本。

② 中央或地方编制委员会、人事、民政等部门的批文。

③ 军队军以上、武警总队财务部门的开户证明。

④ 单位对附设机构同意开户的证明。

⑤ 驻地有权部门对外地常设机构的批文。

⑥ 承包双方签订的承包协议。

⑦ 个人的居民身份证和户口簿。

（3）基本存款账户开立的程序

存款人申请开立基本存款账户时应填制开户申请书，提供规定的证件，送交盖有存款人印章的印鉴卡片，经银行审核同意并凭中国人民银行当地分支机构核发的开户许可证，即可开立该账户。开户申请书样式如图 5.1 所示，银行印鉴卡片样式如图 5.2 所示。

### 开立单位银行结算账户申请书（基本存款账户）

| 存款人名称 | | | | 电话 | |
|---|---|---|---|---|---|
| 地　　址 | | | | 邮编 | |
| 存款人类别 | | | | 组织机构代码 | |
| 法定代表人（　） | 姓　　名 | | | | |
| 单位负责人（　） | 证件种类 | | 证件号码 | | |
| 行业分类 | A（　）B（　）C（　）D（　）E（　）F（　）G（　）H（　）I（　）J（　）<br>K（　）L（　）M（　）N（　）O（　）P（　）Q（　）R（　）S（　）T（　） | | | | |
| 注册资金 | | 地区号码 | | | |
| 经营范围 | | | | | |
| 证明文件种类 | | 证明文件编号 | | | |
| 税务登记证（国税或地税）编号 | | | | | |
| 关联企业 | 关联企业信息填列在"关联企业登记表"上。 | | | | |
| 账户性质 | 基本（　）一般（　）专用（　）临时（　） | | | | |
| 资金性质 | | 有效日期至 | | 年　月　日 | |

以下为存款人上级法人或主管单位信息：

| 上级法人或主管单位名称 | | |
|---|---|---|
| 基本存款账户开户许可证核准号 | | 组织机构代码 |
| 法定代表人（　） | 姓　　名 | |
| 单位负责人（　） | 证件种类 | |
| | 证件号码 | |

以下栏目由开户银行审核后填写：

| 开户银行名称 | | 开户银行代码 | |
|---|---|---|---|
| 账户名称 | | 账号 | |
| 基本存款账户开户许可证核准号 | | 开户日期 | |
| 本存款申请开立单位银行结算账户，并承诺所提供的开户资料真实、有效。<br><br>存款人（公章）<br>　　　　年　月　日 | 开户银行审核意见：<br><br><br>经办人（签章）<br>　　银行（签章）<br>　　　年　月　日 | 人民银行审核意见：<br>（非核准类账户除外）<br><br>经办人（签章）<br>人民银行（签章）<br>　　　年　月　日 | |

**填写说明：**

1. 申请开立临时存款账户，必须填列有效日期；申请开立专用存款账户，必须填列资金性质。

2. 该行业标准由银行在营业场所公告。"行业分类"中各字母代表的行业种类如下：A：农、林、牧、渔业；B：采矿业；C：制造业；D：电力、燃气及水的生产供应业；E：建筑业；F：交通运输、仓储和邮政业；G：信息传输、计算机服务及软件业；H：批发和零售业；I：住宿和餐饮业；J：金融业；K：房地产业；L：租赁和商务服务业；M：科学研究、技术服务和地址勘查业；N：水利、环境和公共设施管理；O：居民服务和其他服务业；P：教育业；Q：卫生、社会保障和社会福利业；R：文化、教育和娱乐业；S：公共管理和社会组织；T：国际组织。

3. 带括号的选项填"√"。

4. 本申请书一式三联，一联开户单位留存，一联开户银行留存，一联中国人民银行当地分支行留存。

**图5.1　开户申请书样式**

××银行印鉴卡片

| 账　　号 | | 户　　名 | |
|---|---|---|---|
| 地　　址 | | 联系电话 | |
| 预留印鉴式样 | | 使用说明 | |
| | | 启用日期 | 年　　月　　日 |
| | | 注销日期 | 年　　月　　日 |

图5.2　银行印鉴卡片样式

需要特别说明的是，印鉴卡片上填写的户名必须与单位名称一致，同时要加盖开户单位财务专用章、单位负责人或财务主管印章、出纳人员印章共3枚图章。它是单位与银行事先约定的一种具有法律效力的付款依据，银行在为单位办理结算业务时，凭开户单位在印鉴卡片上预留的印鉴审核支付凭证的真伪。如果支付凭证上加盖的印章与预留的印鉴不符，银行就可以拒绝办理付款业务，以保障开户单位款项的安全。

### 2. 一般存款账户的开立

一般存款账户是指存款人在基本存款账户以外的银行借款转存、与基本存款账户的存款人不在同一地点的附属非独立核算单位开立的账户。存款人可以通过本账户办理转账结算和现金缴存，但不能办理现金支取。

（1）一般存款账户设置的条件和所需证明文件

根据《银行账户管理办法》的规定，下列情况的存款人可以申请开立一般存款账户，并须提供相应的证明文件。

① 在基本存款账户以外的银行取得借款的单位和个人可以申请开立一般存款账户，并须向开户银行出具借款合同或借款借据。

② 与基本存款账户的存款人不在同一地点的附属非独立核算单位可以申请开立一般存款账户，并须向开户银行出具基本存款账户的存款人同意其附属的非独立核算单位开户的证明。

（2）一般存款账户开立的程序

存款人申请开立一般存款账户时应填制开户申请书，提供相应的证明文件，送交盖有存款人印章的印鉴卡片，经银行审核同意后，即可开立该账户。

### 3. 临时存款账户的开立

临时存款账户是指存款人因临时经营活动需要开立的账户。存款人可以通过该账户办理转账结算和根据国家现金管理规定办理现金收付。

（1）临时存款账户设置的条件和所需的证明文件

根据《银行账户管理办法》的规定，下列存款人可以申请开立临时存款账户，并须提供相应的证明文件。

① 外地临时机构可以申请开立临时存款账户，并须出具当地工商行政管理机关核发的临时执照。

② 有临时经营活动需要的单位和个人可以申请开立临时存款账户，并须出具当地有

权部门同意设立外来临时机构的批件。

（2）临时存款账户开立的程序

存款人申请开立临时存款账户时应填制开户申请书，提供相应的证明文件，送交盖有存款人印章的印鉴卡片，经银行审核同意后，即可开立该账户。

**4. 专用存款账户的开立**

专用存款账户是指存款人因特定用途需要开立的账户。

（1）专用存款账户设置的条件

根据《银行账户管理办法》的规定，存款人对特定用途的资金，由存款人向开户银行出具相应证明即可开立专用存款账户。特定用途的资金范围包括：基本建设的资金，更新改造的资金，其他特定用途需要专户管理的资金。

（2）所需提供的证明文件

存款人须向开户银行出具下列证明文件之一。

① 经有权部门批准立项的文件。

② 国家有关文件的规定。

（3）专用存款账户开立的程序

存款人申请开立专用存款账户时应填制开户申请书，提供相应的证明文件，送交盖有存款人印章的印鉴卡片，经银行审核同意后，即可开立该账户。

### 5.1.3 银行账户变更、撤销、合并和迁移的规定

**1. 账户变更**

开户单位由于人事变动或其他原因需要变更单位财务专用章、财务主管印章或出纳人员印章的，应填写更换印鉴申请书，并出具有关证明，经银行审查同意后，重新填写印鉴卡片，并注销原预留的印鉴卡片。

单位因某些原因需要变更账户名称的，应向银行交验上级主管部门批准的正式函件，企业单位和个体工商户须交验工商行政管理部门登记注册的新执照，经银行审查核实后，变更账户名称，或者撤销原账户，重立新账户。

**2. 撤销、合并账户**

各单位因机构调整、合并、撤销、停业等原因，需要撤销、合并账户的，应向银行提出申请，经银行同意后，首先要同开户银行核对存贷款账户的余额并结算全部利息，全部核对无误后开出支取凭证结清余额，同时将未用完的各种重要空白凭证交给银行注销，然后才可办理撤销、合并手续。由于撤销账户单位未交回空白凭证而产生的一切问题应由撤销单位自己承担责任。

**3. 迁移账户**

单位发生办公或经营地点搬迁时应到银行办理迁移账户手续。如果迁入迁出在同一城市的，可以凭迁出行出具的凭证到迁入行开立新账户；如果是搬迁异地应按规定向迁入银行重新办理开户手续。在搬迁过程中，如需要可要求原开户银行暂时保留原账户，

但在搬迁结束并已在当地恢复经营活动时，则应在一个月内到原开户银行结清原账户。

另外，按照规定，连续一年以上没有发生收付活动的账户，开户银行经过调查认为该账户无须继续保留即可通知开户单位来银行办理销户手续，开户单位接到通知后一个月内必须办理，逾期不办理可视为自动销户，存款有余额的将作为银行收益。

## 5.1.4　银行账户的使用和管理

银行账户是各单位与其他单位通过银行办理结算和现金收付的重要工具。为了维护金融秩序，保证各项经济业务的正常开展，各单位应加强对银行账户的使用和管理。依据《银行账户管理办法》的规定，开户单位通过银行账户办理资金收付时，必须做到以下几点。

① 认真贯彻执行国家的政策、法令，遵守银行关于信贷、结算和现金管理等方面的规定。在银行对单位账户进行检查时，必须提供账户使用情况的有关资料。

② 单位在银行开立的账户，只供本单位业务经营范围内的资金收付，不许出租、出借或转让给其他单位或个人使用。

③ 各种收、付款凭证，必须如实填明款项来源或用途，不得巧立名目，弄虚作假；不得套取现金，套购物资；严禁利用账户搞非法活动。

④ 各单位在银行的账户必须有足够的资金保证支付，不准签发空头的支款凭证和远期的支付凭证。

⑤ 及时、正确地记载银行往来账务，并及时地与银行寄送的对账单进行核对，发现不符，尽快查对清楚。

## 5.1.5　银行账户的管理内容

### 1. 中国人民银行对账户的管理内容

① 负责协调、仲裁银行账户开立和使用方面的争议，监督、稽核开户银行的账户设置和开立，纠正和处罚违反账户管理办法的行为。

② 核发开立基本存款账户的开户许可证。中国人民银行对存款人开立基本存款账户的，负责核发开户许可证，如果存款人需要变更基本存款账户，也必须经中国人民银行审批同意。存款人因开户银行严格执行制度、执行纪律转移基本存款账户的，中国人民银行不对其核发开户许可证。

③ 受理开户银行对存款人开立和撤销账户的申报。各银行对存款人开立、撤销账户，必须及时向中国人民银行报告。根据《银行账户管理办法》的规定，开户银行对基本存款账户的撤销，一般存款账户、临时存款账户、专用存款账户的开立或撤销，应于开立或撤销之日起7日内向中国人民银行当地分支机构申报。中国人民银行将运用计算机建立账户管理数据库，加强账户管理。

### 2. 开户银行对账户的管理内容

① 依照规定对开立、撤销账户严格进行审查，对不符合开户条件的，坚决不予开户。
② 正确办理开户和销户，建立、健全开销户登记制度。
③ 建立账户管理档案。

④ 定期与存款人对账。

⑤ 及时向中国人民银行申报存款人开立和撤销账户的情况。

### 5.1.6 违反银行账户管理行为的处罚规定

#### 1. 存款人违反银行账户管理行为的处罚

根据《银行账户管理办法》和《违反银行结算制度处罚规定》，存款人出租和转让账户的，除责令其纠正外，按该行为发生的金额处以 5% 但不低于 1 000 元的罚款，并没收出租账户的非法所得。存款人违反规定开立基本存款账户的，责令其限期撤销账户，并处以 5 000 ~ 10 000 元的罚款。

#### 2. 开户银行违反账户管理行为的处罚

根据《银行账户管理办法》和《违反银行结算制度处罚规定》，开户银行违反规定，对未持有开户许可证或已开立基本存款账户的存款人开立基本存款账户以及强拉单位开户的，要限期撤销，并对其处以 5 000 ~ 10 000 元的罚款。

开户银行违反规定，对一般存款人账户的存款人支付现金或从单位开立、撤销账户之日起 7 日内未向中国人民银行申报的，对其处以 2 000 ~ 5 000 元的罚款。

# 情境任务5.2　银行结算业务管理

银行结算业务是指各单位通过银行账户办理货币资金往来收支业务的行为。开户单位之间的经济往来，除了按照《现金管理暂行条例》的规定可以使用现金结算的以外，都必须通过开户银行办理转账结算。

## 5.2.1 认识银行结算

### 1. 银行结算的含义、范围及内容

（1）银行结算的含义

银行结算是指不使用现金，通过银行将款项从付款单位（或个人）的银行账户直接划转到收款单位（或个人）的银行账户的货币资金结算方式。

（2）银行结算的范围

按照《支付结算办法》的规定，除了规定的可以使用现金结算的以外，所有企业、事业单位和机关、团体、部队等相互之间发生的商品交易、劳务供应、资金调拨、信用往来等均应按照《支付结算办法》的规定，通过银行实行转账结算。

（3）银行结算的内容

银行结算包括商品交易货款支付的地点、时间和条件，商品所有权转移的条件，结算凭证及其传递的程序和方法等。

### 2. 银行结算的意义

① 实行银行结算，用银行信用收付代替现金流通，使各单位之间的经济往来只有结算起点以下的和符合现金开支范围内的业务才使用现金，缩小了现金流通的范围和数量，使大量现金脱离流通领域，从而为国家有计划地组织和调节货币流通量，防止和抑制通货膨胀创造条件。

② 银行结算是通过银行集中清算资金实现的，银行通过使用各种结算凭证、票据在银行账户上将资金直接从付款单位（或个人）划转给收款单位（或个人），不论款项大小、繁简，也不论距离远近，只要是在结算起点以上的，均能通过银行机构及时办理，手续简单，省去了使用现金结算时的款项运送、清点、保管等手续，方便快捷，从而缩短清算时间，加速物资和资金的周转。

③ 实行银行结算，有利于聚集闲散资金，扩大银行信贷金来源。

④ 实行银行结算，能使各单位的款项收支大部分都通过银行办理结算。银行通过集中办理转账结算，能全面地了解各单位的经济活动，监督各单位认真执行财经纪律，防止非法活动的发生，促进各单位更好地遵守财经法纪。

⑤ 实行银行结算，可以避免由于实行现金结算而发生的现金运输、保管过程中丢失、被抢、被窃等不测损失；并且由于通过银行结算，不论款项大小、时间长短，都有据可查，一旦发生意外情况也便于追索，从而保证结算资金的安全。

⑥ 实行银行结算，银行监督各单位认真履行合同，遵守信用，从而减少由于对方单位不守信用而带来的损失。

### 3. 银行结算的基本原则

银行转账结算是一个复杂的收付程序。每一笔款项的结算都涉及付款单位、收款单位、付款银行、收款银行等几个单位的多个环节的业务活动和资金增减变动。如果其中的任何单位和任何一个环节不按统一的规定办理，都会给结算业务的进行带来困难。因此为保证银行结算的顺利进行，付款单位、收款单位、付款银行和收款银行，应当严格遵循银行结算的基本原则。这些基本原则包括以下3条。

（1）恪守信用，履约付款

在市场经济条件下，存在着多种交易形式，相应地存在着各种形式的商业信用。收付双方在经济往来过程中，在相互信任的基础上，根据双方的资信情况自行协商约期付款。一旦交易双方达成了协议，那么交易的一方就应当根据事先的约定行事，及时提供货物或劳务，而另一方则应按约定的时间、方式支付款项。

（2）谁的钱进谁的账，由谁支配

银行作为结算的中介机构，在办理结算过程中，必须保护客户资金的所有权和自主支配权不受侵犯。各单位在银行的存款受法律保护，客户委托银行把钱转给谁，银行就把钱进谁的账。银行维护开户单位存款的自主支配权，谁的钱就由谁来自主支配使用。除国家法律规定以外，银行不代任何单位查询、扣款，不得停止各单位存款的正常支付。

（3）银行不垫款

银行在办理结算过程中，只提供结算服务，起中介作用，负责将款项从付款单位账户转到收款单位账户，不给任何单位垫支款项。因为银行给其他单位垫支款项，事实上已不属于结算范围，而属于信贷范畴，会扩大信贷规模和货币投放。因此《支付结算办法》规定银行不垫款。付款单位在办理结算过程中只能用自己的存款余额支付其他单位款项，收款单位也只能在款项已经银行办妥收款手续，进入本单位账户后才能支配使用。

**4. 银行结算方式**

现行的银行结算方式包括银行汇票、商业汇票、银行本票、支票、汇兑、委托收款、异地托收承付结算方式、信用卡结算方式8种。这8种结算方式根据结算形式的不同，可以划分为票据结算和支付结算两大类；根据结算地点的不同，可以划分为同城结算方式、异地结算方式和通用结算方式三大类。其中，同城结算方式是指在同一城市范围内各单位或个人之间的经济往来，通过银行办理款项划转的结算方式，具体有支票结算方式和银行本票结算方式。异地结算方式是指不同城镇、不同地区的单位或个人之间的经济往来通过银行办理款项划转的结算方式，具体包括银行汇票结算方式、汇兑结算方式和异地托收承付结算方式。通用结算方式是指既适用于同一城市范围内的结算，又适用于不同城镇、不同地区的结算，具体包括商业汇票结算方式和委托收款结算方式，其中商业汇票结算方式又可分为商业承兑汇票结算方式和银行承兑汇票结算方式。现行8种银行结算方式的分类如表5.1所示。

表5.1　银行结算方式的分类

| 结算方式 | | 适用范围 | 备　注 |
|---|---|---|---|
| 支票 | 现金支票 | 同城结算方式 | 不受金额起点限制。随着全国统一的支票影像交换系统正式上线运行，支票也可以用于异地结算 |
| | 转账支票 | | |
| 银行本票 | 本票（不定额） | | 不受金额起点限制 |
| 异地托收承付 | | 异地结算方式 | 金额起点为10 000元，新华书店系统每笔金额起点为1 000元 |
| 汇兑 | 信汇 | | 不受金额起点限制 |
| | 电汇 | | 不受金额起点限制 |
| 银行汇票 | | | 不受金额起点限制 |
| 商业汇票 | 商业承兑汇票 | 通用结算方式 | 不受金额起点限制 |
| | 银行承兑汇票 | | 不受金额起点限制 |
| 委托收款 | | | 不受金额起点限制 |
| 信用卡 | | | 不受金额起点限制 |

**5. 银行结算费用**

企业办理银行结算业务，按规定须向银行支付一定的费用，这些费用包括凭证工本费、手续费、邮电费。此外，如果单位违反银行结算纪律和规定的行为，银行还要按规定收取一定的罚款。

（1）凭证工本费

银行收取凭证工本费分为当时计收和定期汇总计收两种方式。

各单位向银行领购各种结算凭证时，按规定应填制一式三联的结算凭证领用单，并加盖其预留银行印鉴，送开户银行。开户银行审查无误后，实行当时计收的，向领用人收取结算凭证工本费，并在第一联结算凭证领用单中加盖"业务清讫"章后退回给领用人。各单位财务部门根据银行盖章退回的结算凭证领用单第一联和银行收费凭证编制现金或银行存款付款凭证。

## 情境描述

天马有限公司是一家家具公司，注册资本为 500 万元。小张任职该单位的出纳人员，负责整个公司的出纳业务。

## 任务描述

2015 年 12 月 20 日，小张向银行领购结算凭证 10 本，用现金支付凭证工本费 50 元，财务部门根据银行盖章退回的结算凭证领用单和银行收费凭证编制现金付款凭证。

## 工作过程

出纳人员对于此业务做如下会计分录，并填制相应的记账凭证。

借：财务费用                  50

  贷：库存现金                  50

出纳人员根据此记账凭证登记现金日记账。

如果采用定期汇总收费的，则领购时不直接支付，其汇总收费时一次性转账结算。银行汇总收费时向各单位发出特种转账借方凭证作为支款通知。各单位财务部门根据银行特种转账借方凭证编制银行存款付款凭证。会计分录为：借记"财务费用"科目，贷记"银行存款"科目。

（2）银行手续费和邮电费

银行办理结算业务，按规定的范围和规定的标准向客户收取一定的手续费。另外，银行办理结算业务还要向客户收取邮电费。邮电费和手续费合在一起交纳。

银行收取手续费和邮电费也采取当时计收和定期汇总计收两种方法。采用当时计收的，各单位在办理结算时直接用现金交纳或者直接办理转账，财务部门根据银行盖章退回的有关凭证（如汇票委托书第一联等）和银行收费凭证编制现金或银行存款付款凭证。其会计核算方法和工本费相同。采用汇总计收的，应根据银行特种借方凭证编制银行存款付款凭证，其会计核算方法和工本费相同。

（3）结算罚款

各单位在办理结算过程中，由于违反结算纪律和银行结算的有关规定如签发空头支票等而被银行处以罚款时，各单位应根据银行的罚款凭证编制银行存款付款凭证，其会计分录为：借记"营业外支出"科目，贷记"银行存款"科目。

### 6. 银行利息的复核

企业在收到银行转来的利息收、付通知单时，应按存款或借款期限、金额、利率和银行计算利息的方法，对应收、应付的利息金额进行复核。

银行按季或按贷款收回日计算利息，按季计息的计息日为每季末月 20 日；单位撤销账户或转移账户，于结清账户时随时结计利息。银行计算存、贷款利息的公式如下。

$$利息 = 本金 \times 时期 \times 利率$$
$$利息 = 累计计息积数 \times 日利率$$
$$累计计息积数 = 计息期每日余额合计数$$
$$日利率 = 月利率 \div 30（天）$$
或
$$日利率 = 年利率 \div 360（天）$$
$$月利率 = 年利率 \div 12（月）$$

计息时期"算头不算尾"，即存款从存入之日起，算至支付的前一日止；贷款从借入之日起，算至归还的前一日止，均按实际存款或贷款天数计算利息。

对逐笔计息的存、贷款，其计息时期，满月的按月计算。有整月又有零头天数的，可以全部化为天数计算；满月的无论大小月，均按30天计算；零头天数，按实际天数计算。

对活期存、借款，均按实际存款或借款的天数计算利息。如果银行利率调整，存、贷款利息则采取分段计息。银行按每段时间和利率，分别计算，然后加总。

企业在复核存、借款利息时，应按银行的计息方法计算复核应收、应付的利息额，无误后，根据利息收、付通知单编制凭证，登记有关账簿。

### 5.2.2 银行结算凭证

#### 1. 银行结算凭证及其基本内容

**银行结算凭证**是收付款双方及银行办理银行转账结算的书面凭证。它是银行结算的重要组成内容，也是银行办理款项划拨、收付款单位和银行进行会计核算的依据。不同的结算方式，由于其适用范围、结算内容和结算程序不同，因而其结算凭证的格式、内容和联次等也各不相同。例如，银行汇票结算方式的结算凭证包括银行汇票卡片、银行汇票、银行汇票解讫通知、多余款收账通知等；商业汇票结算方式的结算凭证包括商业承兑汇票卡片、商业承兑汇票、存根等；银行承兑汇票结算方式的结算凭证包括银行承兑汇票卡片、银行承兑汇票、存根、银行承兑汇票查询（复）书、贴现凭证等。尽管各种结算凭证的格式、联次和办理程序不同，其具体内容也有较大的差别，但各种结算凭证的基本内容大致相同。基本内容概括起来主要有以下几点。

① 凭证名称。
② 凭证签发日期。
③ 收、付款单位的名称和账号。
④ 收、付款单位的开户银行的名称。
⑤ 结算金额。
⑥ 结算内容。
⑦ 凭证联次及其用途。
⑧ 单位及其负责人的签章。

#### 2. 填写票据和结算凭证的基本要求

由于各种结算凭证是办理转账结算和现金收付的重要依据，直接关系到资金结算的准确性、及时性和安全性，同时各种结算凭证还是银行、单位和个人记录经济业务、明确经济责任的书面证明，因此各单位和有关个人必须按照规定认真填写银行结算凭证。其总体要求是：①对于结算凭证上所列的收、付款人和开户单位名称、日期、账号、大小写金额、收付款地点、用途等应逐项认真填写，不得省略或遗漏；②在填写票据和凭证时，必须做到要素齐全，内容真实，数字正确，字迹清楚、不潦草、不错漏，严禁涂改；③单位和银行的名称用全称［异地结算应冠以有省（自治区、直辖市）、县（市）字样］。军队一类保密单位使用的银行结算凭证可免填用途。在填写票据和结算凭证时，银行对结算凭证的金额大小写要求极为严格，不按规范填写，银行将不予受理。

具体填写时，应注意以下几个问题。

① 收、付款人名称的填写要与其在银行开户的名称完全一致：一不写简称；二不添字漏字；三不写错别字。个人姓名做到"三统一"，即凭据上的、名章上的、身份证上的完全一致。

② "付款人开户银行"处改手工填写为银行加盖条章。凡购买的支票等票据未盖银行名称条章的，应到银行补盖上。

③ "用途"栏的填写注意两点。其一，收付款的用途一定要和收付款单位的生产、经营性质相吻合。其二，收付款的用途要做到既明确又详细，如"货款"应填为"钢材款""成衣款""还款"等字样，以防银行当成单位之间借用资金而发生退票。

④ 汉字大写金额数字的填写，如零、壹、贰、叁、肆、伍、陆、柒、捌、玖、拾、佰、仟、万、亿等，一律用正楷或者行楷书写，不得用一、二（两）、三、四、五、六、七、八、九、十、毛、另（或0）填写，不得自造简化字。但金额数字书写中使用繁体字，如贰、陆、亿、万的同样受理。

⑤ 中文大写金额数字到"元""角"为止的，在"元""角"之后，"整"（或"正"）字。大写金额数字有"分"的，"分"后面不写"整"（或"正"）字。中文大写金额数字前应标明"人民币"字样，大写金额数字应紧接"人民币"字样填写，不得留有空白。大写金额数字前未印"人民币"字样的，应加填"人民币"三字。在票据和结算凭证大写金额栏内不得预印固定的"仟、佰、拾、万、仟、佰、拾、元、角、分"字样。

⑥ 阿拉伯小写金额数字中有0时，中文大写应按照汉语语言规律、金额数字构成和防止涂改的要求进行书写。举例如下。

- 阿拉伯金额数字中间有0时，中文大写金额要写"零"字。例如，¥1 409.50，应写成"人民币壹仟肆佰零玖元伍角"。
- 阿拉伯金额数字中间连续有几个0时，中文大写金额中间可以只写一个"零"字。例如，¥6 007.14，应写成"人民币陆仟零柒元壹角肆分"。
- 阿拉伯金额数字万位或元位是0，或者数字中间连续有几个0，万位、元位也是0，但千位、角位不是0时，中文大写金额中可以只写一个零字，也可以不写"零"字。例如，¥1 680.32，应写成"人民币壹仟陆佰捌拾元零叁角贰分"，或者写成"人民币壹仟陆佰捌拾元叁角贰分"；又如，¥107 000.53，应写成"人民币壹拾万柒仟元零伍角叁分"，或者写成"人民币壹拾万零柒仟元伍角叁分"。
- 阿拉伯金额数字角位是0，而分位不是0时，中文大写金额"元"后面应写"零"字。例如¥16 409.02，应写成"人民币壹万陆仟肆佰零玖元零贰分"；又如，¥325.04，应写成"人民币叁佰贰拾伍元零肆分"。

⑦ 阿拉伯小写金额数字前面，均应填写人民币符号"¥"（或草写）。阿拉伯小写金额数字要认真填写，不得连写，以免分辨不清。

⑧ 票据的出票日期必须使用中文大写。为防止变造票据的出票日期，在填写月时，

月为壹、贰和壹拾的，应在其前加“零”字，叁月至玖月前“零”字可写可不写，拾月至拾贰月应写成壹拾月、壹拾壹月、壹拾贰月；日为壹至玖和壹拾、贰拾和叁拾的，应在其前加“零”；日为拾壹至拾玖的，应在其前加“壹”。例如，2015 年 11 月 7 日，应写成“贰零壹伍年壹拾壹月零柒日”（见图 5.3）；又如，2015 年 5 月 21 日，应写成“贰零壹伍年伍月贰拾壹日”（见图 5.4）。

⑨ 票据出票日期使用小写填写的，银行不予受理。大写日期未按要求规范填写的，银行可予受理，但由此造成损失的，由出票人自行承担。

⑩ 票据和银行结算凭证的戳记应注意使用印泥，不宜使用印油，以防出现印记不清。

⑩ 填写票据务必注意两点：一是大、小写金额一定要一致；二是票据金额、日期、收款人名称不可更改。否则，即为无效票据。

中国工商银行
转账支票存根
10209320
00158332
附加信息
出票日期 2015年11月7日
收 款 人：东方机械厂
金 额：¥4000.00
用 途：备用金
单位主管 李三波 会计 李晓明

中国工商银行 转账支票 10209320
00158332
出票日期（大写）贰零壹伍年壹拾壹月零柒日 付款行名称：中国工商银行广州市分行银口支行
收款人：东方机械厂 出票人账号：468945987
付款期限自出票之日起十天

| 人民币（大写） | 亿 | 千 | 百 | 十 | 万 | 千 | 百 | 十 | 元 | 角 | 分 |
|---|---|---|---|---|---|---|---|---|---|---|---|
| 肆仟元整 | | | | | ¥ | 4 | 0 | 0 | 0 | 0 | 0 |

用途 备用金 密码
上列款项请从 行号
我账户内支付
出票人签章 复核 记账

图 5.3 票据日期填写范例一

中国工商银行
现金支票存根
10508310
00056495
附加信息
出票日期 2015年5月21日
收 款 人：东方机械厂
金 额：¥4000.00
用 途：备用金
单位主管 李三波 会计 李晓明

中国工商银行 现金支票 10508310
00056495
出票日期（大写）贰零壹伍年伍月贰拾壹日 付款行名称：中国工商银行广州市分行银口支行
收款人：东方机械厂 出票人账号：468945987
付款期限自出票之日起十天

| 人民币（大写） | 亿 | 千 | 百 | 十 | 万 | 千 | 百 | 十 | 元 | 角 | 分 |
|---|---|---|---|---|---|---|---|---|---|---|---|
| 肆仟元整 | | | | | ¥ | 4 | 0 | 0 | 0 | 0 | 0 |

用途 备用金 密码
上列款项请从
我账户内支付
出票人签章 复核 记账

图 5.4 票据日期填写范例二

# 情境任务5.3　银行结算纪律和责任

出纳人员在一个单位或部门担任结算工作，应创造条件最大限度地拓展结算渠道，减少结算中的资金损失，与银行建立良好的业务关系，另外，要熟知并严格地遵守银行结算纪律，这是十分重要和必要的。现行的《支付结算办法》，对客户和银行分别规定了若干结算纪律，它是维护结算秩序的有力保证。

## 5.3.1　银行结算纪律

银行结算纪律是指通过银行办理转账结算的单位或个人以及银行在办理具体结算过程中，应当遵守的行为规范。

### 1. 单位和个人应遵守的结算纪律

《支付结算办法》对单位和个人办理结算规定了几条结算纪律。

① 不准违反规定开立和使用账户。单位违反《银行账户管理办法》开立基本存款账户的，责令其限期撤销账户，并处以 5 000~10 000 元的罚款。单位出租、转让账户，除责令其纠正外，按账户出租、转让发生的金额处以 5% 但不低于 1 000 元的罚款，并没收出租账户的非法所得。

② 不准签发没有资金保证的票据或远期支票。所谓没有资金保证的票据即空头支票，是指付款人所签发的支票金额超过其银行存款账户上的余额，从而形成银行存款透支。这就违背了"银行不垫款"的结算原则。银行经账证核对，发现客户签发的是空头支票，除当即将支票作废外，还要按票面金额处以 5% 但不低于 1 000 元的罚款。对屡次签发空头支票的，还要视情节轻重，同时给予警告、通报批评，直至停止其向收款人签发支票。所谓远期支票，是指签发了签发日之后日期（如 1 月 5 日签发了 1 月 6 日或之后日期）的支票。这种支付日期推后的危害，一是容易形成空头支票，二是打乱了支票编号顺序，容易发生舞弊行为。

③ 不准签发、取得和转让没有真实交易和债权债务的票据，套取银行和他人资金。

④ 不准无理拒绝付款，任意占用他人资金。

### 2. 银行应该遵守的结算纪律

银行是办理结算的主体，是维护结算秩序的重要环节，银行必须严格按照结算制度办理结算。银行应该遵守的结算纪律有以下几条。

① 不准以任何理由压票、任意退票、截留挪用客户和他行资金。

② 不准无理拒绝支付应由银行支付的票据款项。

③ 不准受理无理拒付、不扣少扣滞纳金。

④ 不准违章签发、承兑、贴现票据，套取银行资金。

⑤ 不准签发空头银行汇票、银行本票和办理空头汇款。

⑥ 不准在支付结算制度之外规定附加条件，影响汇路畅通。

⑦ 不准违反规定为单位和个人开立账户。

⑧ 不准拒绝受理、代理他行正常结算业务。

⑨ 不准放弃对企事业单位和个人违反结算纪律的制裁。

⑩ 不准逃避向中国人民银行转汇大额汇划款项。

银行除了严格遵守上述纪律之外，为了保证结算质量，还必须严格遵守规定的办理结算的时间标准。根据《关于加强银行结算工作的决定》，向外发出的结算凭证，必须于当天至迟次日寄发；收到的结算凭证，必须及时将款项支付给收款人。结算的时间，同城一般不超过2天；异地全国或省内直接通汇行之间，电汇一般不超过4天，信汇一般不超过7天。

### 5.3.2 银行结算责任

#### 1. 单位和个人在办理结算过程中违反银行结算制度应负的责任

（1）自行负责

单位、个人按照法定条件在票据上签章的，必须按照所记载的事项承担票据责任；付款人及其代理付款人以恶意或者重大过失付款的，应当自行承担责任；商业汇票的付款人在到期前付款的，由付款人自行承担所产生的责任；单位、个人和银行按照法定条件在票据上签章的，必须按照所记载的事项承担票据责任；单位签发商业汇票后，必须承担保证该汇票承兑和付款的责任；单位和个人签发支票后，必须承担保证该支票付款的责任；商业汇票的背书人背书转让票据后，即承担保证其后手所持票据承兑和付款责任；银行汇票、银行本票或支票的背书人背书转让票据后，即承担保证其后手所持票据付款的责任；单位或银行承兑商业汇票后，必须承担该票据付款的责任；持票人超过规定期限提示付款的，银行汇票、银行本票的出票人，商业汇票的承兑人，在持票人作出说明后，仍应当继续对持票人承担付款责任；支票的出票人对持票人的追索，仍应当承担清偿责任。

（2）连带责任

票据的保证人应当与被保证人对持票人承担连带责任；持票人因不获承兑或不获付款，对其前手行使追索权时，票据的出票人、背书人和保证人对持票人承担连带责任。

（3）经济处罚和行政处罚

根据《违反银行结算制度处罚规定》，对单位和个人违反银行结算制度行为进行处罚。

经济处罚包括计扣赔偿金或赔款、罚息、罚款、没收非法所得。行政处罚包括警告、通报批评、停止使用有关结算方式、停止办理部分直至全部结算业务。上列处罚既可单独处罚，也可合并处罚。具体包括以下几种情况。

① 商业承兑汇票到期，付款人不能支付票款的，按票面金额对其处以5%但不低于1 000元的罚款；银行承兑汇票到期，承兑申请人未能足额交存票款的，对尚未扣回的承兑金额按每天0.5‰计收罚息。

② 存款人签发空头或印章与预留印鉴不符的支票的，按票面金额对其处以5%但不低于1 000元的罚款。对屡次签发的，应根据情节同时给予警告、通报批评，直至停止其向收款人签发支票。

③ 收款单位对同付款单位发货托收累计3次收不回货款的，银行应暂停其向该付款

单位办理托收；付款单位违反规定无理拒付的，对其处以 2 000~5 000 元的罚款，累计 3 次提出无理拒付的，银行应暂停其向外办理托收。

④ 付款单位到期无款支付，逾期不退回托收承付有关单证的，按照应付的结算金额对其处以每天 0.5 ‰但不低于 50 元的罚款，并暂停其向外办理结算业务。付款人对托收承付逾期付款的，按照逾期付款金额每天 0.5 ‰计扣赔偿金等。

**2. 银行在办理结算过程中违反银行结算制度应负的责任**

银行在办理结算过程中，如果违反银行结算制度应负的结算责任主要包括以下几个方面。

（1）工作差错责任

银行因工作差错，延压、误投结算凭证，误划、错结结算款项，延长结算时间，影响客户和他行资金使用的，按存（贷）款利率计付赔偿金。因错付发生冒领造成资金损失的，负责资金赔偿。

（2）违反结算规定责任

这类责任包括以下几种。

① 延压、挪用、截留结算金额，影响客户和他行资金使用的，要立即纠正，并按延压结算金额每天 0.5 ‰计付赔偿金。

② 任意压票、退票、截留、挪用结算资金，按结算金额对其处以每天 0.7 ‰的罚款。

③ 受理无理拒付、擅自拒付退票和有款不扣拖延付款以及不扣、少扣赔偿金的，除按结算金额每天 0.5 ‰替付款单位承担赔偿金外，要对其处以 2 000~5 000 元的罚款。

④ 银行签发空头银行汇票、本票和办理空头汇款，要负责追回垫付资金，并按垫付的金额对其处以每天 0.1 ‰的罚款。

⑤ 银行采用欺骗手段，向外签发未办汇款的回单、帮助客户骗取银行承兑汇票或套取银行贴现资金的，对其处以 5 000~10 000 元的罚款。

⑥ 银行未按规定通过中国人民银行办理大额转汇、清算大额银行汇票资金或将大额汇划款项和银行汇票化整为零的，对其处以每笔 2 000 元至 5 000 元的罚款。

⑦ 银行签发 50 万元以上的银行汇票，未及时向中国人民银行移存资金的，按延误天数和金额对其处以每天 0.7 ‰的罚款；3 次以上未及时移存资金的，对其进行通报，情节严重的，应停止其向外签发银行汇票。汇票解讫划回签发地中国人民银行后，签发行仍未移存资金的，按票面金额对其处以 5% 的罚款。

⑧ 银行在结算制度之外规定附加条件，影响汇路畅通的，要限期纠正，并对其处以 5 000~10 000 元的罚款。

⑨ 银行结算管理混乱，经常发生违规违纪问题，中国人民银行要对其发出警告，限期纠正。不顾警告，拒不纠正或屡查屡犯的，要在全辖或全国范围内通报批评，直至暂停其办理部分或全部结算业务。

除银行承担上述有关责任外，还必须追究银行有关人员的责任，包括经济责任、行政责任和刑事责任。

# 情境任务5.4  支票和印章的内部管理

作为一名出纳人员，在工作中经常会遇见印章和印鉴。对于公司来说，印章和印鉴很重要，出纳人员要保管好。

## 5.4.1  支票的内部管理

为了避免发生丢失、被盗、空头等情况，防止由于管理不善而给单位带来经济损失，各单位应建立健全支票结算的内部控制制度，加强对支票结算的管理和控制，具体包括以下内容。

① 支票的管理由财务部门负责，指定的出纳人员专门负责，妥善保管，严防丢失、被盗。

② 支票和预留银行印鉴、支票密码单应分别存放，专人保管。

③ 有关部门和人员领用支票一般必须填制专门的支票领用单，说明领用支票的用途、日期、金额，由经办人员签章，经有关领导批准。

④ 支票由指定的出纳人员专人签发；出纳人员根据经领导批准的支票领用单按照规定要求签发支票，并在支票签发登记簿上加以登记。

⑤ 除以下情况外，各单位不准携带盖好印鉴的空白支票外出采购。

如果采购金额事先难以确定，实际情况又须用空白转账支票结算时，经单位领导同意后，出纳人员可签发具有下列内容的空白支票：定时（填写好支票日期）、定点（填写好收款单位）、定用途（填写好支票用途）、限金额（在支票的右上角再加注"限额××元"字样）。

各单位签发空白支票要设置空白支票签发登记簿，实行空白支票领用销号制度，以严格控制空白支票的签发。空白支票签发登记簿一般应包括以下内容：领用日期、支票号码、领用人、用途、收款单位、限额、批准人、销号。领用人领用支票时要在空白支票签发登记簿的"领用人"栏签名或盖章；领用人将支票的存根或未使用的支票交回时，应在空白支票签发登记簿的"销号"栏销号并注明销号日期。

⑥ 建立健全支票报账制度。单位内部领用支票的有关部门和人员应按规定及时报账，遇有特殊情况与单位财务部门及时取得联系，以便财务部门能掌握支票的使用情况，合理地安排使用资金。

⑦ 为避免签发空头支票，各单位财务部门要定期与开户银行核对往来账，了解未达账项情况，准确掌握和控制其银行存款余额，从而为合理地安排生产经营等各项业务提供决策信息。

⑧ 为避免收受空头支票和无效支票，各单位应建立收受支票的审查制度。为防止发生诈骗和冒领，收款单位一般应规定必须收到支票几天（如3天、5天）后才能发货，以便有足够的时间将收受的支票提交银行，办妥收账手续。遇节假日相应推后发货时间，以防不法分子利用节假日银行休息无法办妥收账手续进行诈骗。

⑨ 一旦发生支票遗失，应立即向银行办理挂失或者请求银行和收款单位协助防范。

### 5.4.2　支票签发的规则

支票是存款人签发给收款人从其银行账户内支付款项的票据。支票分为现金支票和转账支票两种。支票签发要遵守以下规则。

#### 1. 签发支票的"九不准"

① 不准更改签发日期。

② 不准更改收款人名。

③ 不准更改大小写金额。按照《中华人民共和国票据法》（以下简称《票据法》）规定，支票的金额、日期、收款人名称如果更改，即成为无效票据。

④ 不准签发空头支票，即签发超过银行存款账户余额的支票。

⑤ 不准签发远期支票。

⑥ 不准签发空白支票。签发的空白支票即指事先盖好印章的支票。携带该种支票外出，遗失后将造成不应有的经济损失。

⑦ 不准签发有缺陷的支票。

- 印鉴不符，即支票上的印章与银行预留印鉴不符，或是支票上的印章盖得不全。银行审查出印鉴不符时，除将支票作废退回外，还要按票面金额处以 5% 但不低于 1 000 元的罚款。
- 戳记用印油而不用印泥的支票，或印章字迹间模糊不清的支票。
- 污损支票，即票面破碎、污损，无法辨认或字迹不清的支票。
- 账号户名不符，或户名简写的支票。
- 更改处未盖预留印鉴的支票。
- 付款单位已清户的支票。
- 未填写用途或所填用途不当的支票。
- 不是按规定用碳素墨水或签字笔书写的支票。
- 购买未经批准的专控商品的支票。
- 非本行的支票。

⑧ 不准签发用途弄虚作假的支票。签发用途不真实的支票，系套取银行信用行为，银行一经发现，按违反结算制度给予经济处罚。

⑨ 不准将盖好印鉴的支票存放于他人处让其代为签发，以防形成空头支票或经济诈骗。

另外，签发支票要做到要素齐全、内容真实、数字准确、字迹清晰。

- 支票要按顺序编号连续签发，不得跳号。
- 日期中的年份要写完整，不得简写，如 2008 年不得写成 08 年。
- 收款人必须写全称，不得写简称，防止户名不符，形成退票。
- 签发人开户银行名称用刻好的银行小条章（向银行购买支票时盖好）加盖清楚，不要手写（银行会计规范化管理要求）。
- 签发人填写本单位账号时，最好也用小条章。
- 注意日期、收款人、大小写金额的准确填写，防止签成无效支票。

- 其他更改的地方要加盖预留印鉴，使用印泥。

### 2. 专人负责签发支票

支票应由财务部门分派专人保管、签发，不要多人插手，以便分清责任。对于采用支票打印机的单位，也应明确由出纳专人使用管理。

## 5.4.3 支票遗失的补救措施

支票遗失的补救措施主要有：向开户银行申请挂失止付，向人民法院申请公示催告，向人民法院提起诉讼。

### 1. 支票遗失补救措施的相关规定

现行《支付结算办法》规定："已签发的现金支票遗失，可以向银行申请挂失，挂失前已支付，银行不予受理；已签发的转账支票遗失，银行不受理挂失，可请求收款人协助防范。"这就是说，不是所有的支票遗失后都能挂失，只有现金支票遗失了，银行才受理挂失，但也只能抢在支付之前。因为支票是开户单位委托开户银行从其存款账户上支付款项的命令书，只要支票印章齐全，填写规范，银行见票即付，不得压票。又因为银行只能起结算中介作用而不负责垫付资金，所以，已经签发的转账支票遗失或被盗等，失票人不能向银行申请挂失止付。但可以请求收款人及其开户银行协助防范。如果丧失的支票超过有效期或者挂失之前已经由付款银行支付票款的，由此所造成的一切损失，均应由失票人自行负责，银行不承担经济和法律责任。如果遗失的支票购买商品已成事实，可立即向当地公安机关报案，力争尽快追回全部或部分资金。对遗失的空白现金支票、空白转账支票，银行也不受理挂失。

### 2. 申请支票挂失程序

已经签发的普通支票和现金支票，如因遗失、被盗等原因而丧失的，应立即向银行申请挂失。

① 出票人将已经签发内容齐备的可以直接支取现金的支票遗失或被盗等，应当出具公函或有关证明，填写两联挂失申请书（可以用进账单代替），加盖预留银行的签名式样和印鉴，向开户银行申请挂失止付。银行查明该支票确未支付，经收取一定的挂失手续费后受理挂失，在挂失人账户中用红笔注明支票号码及挂失的日期。

② 收款人将收受的可以直接支取现金的支票遗失或被盗等，也应当出具公函或有关证明，填写两联挂失止付申请书，经付款人签章证明后，到收款人开户银行申请挂失止付。其他有关手续同上。

### 3. 向人民法院申请公示催告、向人民法院提起诉讼

依据《票据法》第十五条的规定"失票人应当在通知挂失止付后三日内，也可以在票据丧失后，依法向人民法院申请公示催告，或者向人民法院提起诉讼"，即可以背书转让的票据的持票人在票据被盗、遗失或灭失时，须以书面形式向票据支付地（即付款地）的基层人民法院提出公示催告申请。在失票人向人民法院提交的申请书上，应写明票面金额、发票人、持票人、背书人等票据主要内容，并说明票据丧失的情形，同时提出有关证据，以证明自己确属丧失的票据的持票人。特别要注意，空白支票遗失后不要登作

废声明，因为空白支票遗失声明不具有法律效力。

## 5.4.4　承兑及支票印鉴管理

### 1. 承兑及承兑程序

（1）承兑

承兑是指汇票付款人承诺在到期日支付汇票金额的一种票据行为。在汇票、本票和支票这3种票据中只有汇票才有承兑制度。承兑是一种附属票据行为，须先有出票，然后才有承兑，并且要以汇票原件为行为对象。持票人须凭票提示承兑，付款人须在该票正面签章准予承兑。付款人承兑汇票不得附有条件，否则视为拒绝承兑。

（2）提示承兑

《票据法》规定，定日付款或出票后定期付款的汇票，持票人应当在汇票到期日前向付款人提示承兑。见票后定期付款的汇票，持票人应当自出票日起1个月内向付款人提示承兑，汇票未按照规定期限提示承兑的，持票人丧失对其前手的追索权。见票即付的汇票无须承兑。付款人不得以该汇票未经承兑而拒绝立即付款，否则就构成拒绝付款，并须承担相应的行政责任和经济责任。

（3）付款人的承兑程序

① 付款人对向其提示承兑的汇票，应当自收到提示承兑的汇票之日起3日内承兑或拒绝承兑。按《票据法》规定，付款人收到持票人提示承兑的汇票时，应当向持票人签发收到汇票的回单，回单上应当注明提示承兑的日期并签章。

② 承兑的记载事项。付款人承兑汇票的，应当在汇票正面记载"承兑"字样和承兑日期并签章；见票后定期付款的汇票，应当在承兑时记载付款日期。

### 2. 支票印鉴管理

（1）实行票、印分管原则

支票是一种支付凭证，一旦填写了有关内容，并加盖留存在银行的印鉴后，即可成为直接从银行提取现金和与其他单位进行结算的凭据。因此在使用上必须加强管理，同时要采取必要措施，妥善保管，以避免发生非法使用或盗用、遗失等情况，给国家和单位造成损失。为此，企业必须明确指定专人妥善保管，贯彻票、印分管的原则，空白支票和印章不得由一人负责保管，以明确责任，形成制约机制，防止舞弊行为的发生。

（2）银行预留印鉴的更换

各单位因印章使用日久发生磨损，或者改变单位名称、人员调动等原因须要更换印鉴时，应填写更换印鉴申请书，由开户银行发给新印鉴卡片。单位应将原印鉴盖在新印鉴卡片的反面，将新印鉴盖在新印鉴卡片的正面，并注明启用日期，交开户银行。在更换印鉴前签发的支票仍然有效。

（3）印章遗失的处理

各单位预留银行印鉴的印章遗失时，应当出具公函，填写更换印鉴申请书，由开户银行办理更换印鉴手续。遗失个人名章的，由开户单位备函证明；遗失单位公章的，由上级主管单位备函证明。更换印鉴申请经开户银行同意后，按规定办法更换印鉴，并在新印鉴卡片上注明情况。

## 情 境 总 结

　　银行账户是各单位为办理结算和申请贷款在银行开立的户头，也是单位委托银行办理信贷和转账结算，以及现金收付业务的工具，它具有监督和反映国民经济各部门、各单位活动的作用。通过银行办理转账结算的先决条件是必须到银行开立账户。根据《银行账户管理办法》的规定，银行账户分为基本存款账户、一般存款账户、临时存款账户和专用存款账户，上述各类账户均有不同的设置和开户条件。

　　银行结算业务是指各单位通过银行账户办理货币资金往来收支业务的行为。开户单位之间的各项经济往来，除了按照《现金管理暂行条例》的规定可以使用现金结算的以外，都必须通过开户银行办理转账结算。出纳人员在一个单位或部门担任结算工作，应创造条件最大限度地拓展结算渠道，减少结算中的资金损失，与银行建立良好的业务关系。出纳人员在工作中要熟知并严格地遵守银行结算纪律，这是十分重要和必要的。

　　作为一名出纳人员，在工作中经常会遇见印章和印鉴。对于公司来说，印章和印鉴很重要，出纳人员要保管好。签发支票应遵守"九不准"的原则，并由专人负责签发支票。如果支票遗失，其补救措施主要有：失票人及时通知票据的付款人挂失止付，向人民法院申请公示催告，向人民法院提起诉讼。

### 思考练习题

#### 一、单项选择题

1. 对银行基本存款账户的说法正确的是（　　）。
　A. 企业可以开设两个以上的基本存款账户
　B. 基本存款账户只能提取现金但不能存入现金
　C. 基本存款账户只能在国有银行开立
　D. 基本存款账户是企业主要的结算账户，可以提取现金也可以办理结算，但只能开立一个

客观题自测

2. 对一般存款账户的说法正确的是（　　）。
　A. 一般存款账户企业只能开立一个
　B. 一般存款账户不能存取现金，但可以办理转账结算
　C. 同一家银行可以同时开立一个基本存款账户和一个一般存款账户
　D. 一般存款账户可以存入现金，但不能提取现金

3. 存款人出租和转让账户，银行除责令纠正外，按规定对该行为的处罚是（　　）。
　A. 对该行为的发生金额处以5‰的罚款
　B. 对该行为的发生金额处以1 000元的罚款
　C. 对该行为，银行将责令其撤销账户
　D. 对该行为的发生额，处以5%但不低于1 000元的罚款

4. 只能用于同城结算的结算方式有（　　）。
　A. 汇兑结算　　　　　　　　B. 银行汇票结算
　C. 银行本票结算　　　　　　D. 商业汇票结算

5. 某企业从 2015 年 10 月 29 日存入一笔银行存款，至 2015 年 12 月 10 日取出，计算银行存款利息的天数应是（　　　）。

    A. 40 天　　　　　B. 39 天　　　　　C. 41 天　　　　　D. 42 天

6. 金额 50 061.03 元，中文大写金额书写正确的是（　　　）。

    A. 人民币伍万零陆拾壹元零叁分　　B. 人民币伍万零零陆拾壹元零角叁分

    C. 人民币伍万零陆拾壹元叁分　　　D. 人民币伍万陆拾壹元零叁分

7. 支票的出票日期是 2008 年 10 月 9 日，填写时，应写为（　　　）。

    A. 贰零零捌年零壹拾月零玖日　　　B. 贰零捌年零壹拾月零玖日

    C. 贰零零捌年壹拾月零玖日　　　　D. 贰零零捌年零壹拾月玖日

8. 一张支票金额为 15 万元，5 月 10 日到期，持票人向银行提示付款时，发现付款人的银行账户金额为 10 万元。根据《支付结算办法》的有关规定，银行对付款人应处以的罚款金额为（　　　）。

    A. 10 500 元　　B. 7 500 元　　　C. 1 050 元　　　　D. 750 元

9. 根据《人民币银行结算账户管理办法》的规定，不属于一般存款账户适用范围的有（　　　）。

    A. 办理借款转存　　　　　　　　　B. 办理借款归还

    C. 办理现金支取　　　　　　　　　D. 办理现金交存

10. 从银行提取现金，出纳人员除了填写支票外，还应填写（　　　）。

    A. 支票领用簿　　　　　　　　　　B. 发票领用簿

    C. 收据领用簿　　　　　　　　　　D. 以上均不是

## 二、多项选择题

1. 出票人签发空头支票，则（　　　　　　）。

    A. 银行应予以退票

    B. 银行应按票面金额处以 3% 但不低于 1 000 元的罚款

    C. 持票人有权要求出票人赔偿支票金额 2% 的赔偿金

    D. 对屡次签发的，银行应停止其签发支票

2. 可支取现金的支票有（　　　　　　）。

    A. 现金支票　　B. 转账支票　　　C. 普通支票　　　D. 划线支票

3. 支票的（　　　　　　），可以由出票人授权补记。

    A. 付款人名称　　B. 出票日期　　　C. 支票的金额　　　D. 收款人名称

4. 需要中国人民银行核准的账户有（　　　　　　）。

    A. 基本存款账户　　　　　　　　　B. 注册验资账户

    C. 预算单位专用存款账户　　　　　D. 临时存款账户

5. 属于违反支付结算规定的行为有（　　　　　　）。

    A. 企业法人内部独立核算的单位以其名义在银行开立基本存款账户

    B. 单位签发没有真实债权债务关系的商业承兑汇票

    C. 银行办理空头汇款

    D. 单位签发没有资金保证的支票

6. 根据《人民币银行结算账户管理办法》的规定，属于一般存款账户使用范围的有（　　　　　　）。

A. 办理货款收取　　　　　　　　B. 办理现金交存

C. 办理货款支付　　　　　　　　D. 办理现金支取

7. 符合票据和结算凭证填写要求的是（　　　　）。

A. 中文大写金额数字到"角"为止，在"角"之后没有写"整"字

B. 票据的出票日期使用阿拉伯数字填写

C. 阿拉伯小写金额数字前填写了人民币符号

D. 2月12日出票的票据，出票日期填写为"零贰月壹拾贰日"

8. 可以申请开立基本存款账户的存款人是（　　　　）。

A. 具有营业执照的公司　　　　　B. 个体工商户

C. 异地常设机构　　　　　　　　D. 外国驻华机构

9. 根据《人民币银行结算账户管理办法》的规定，存款人可以申请开立专用存款账户的是（　　　　）。

A. 基本建设资金　　　　　　　　B. 信托基金

C. 住房基金　　　　　　　　　　D. 单位银行卡备用金

10. 属于我国银行结算纪律的有（　　　　）。

A. 不准签发空头支票

B. 不准签发印章与预留印鉴不符票据和远期支票

C. 银行不准拒付任何款项

D. 不准签发取得和转让没有真实交易和债权债务的票据

### 三、判断题

1. 存款人只能在注册地开立一个基本存款账户，不得在异地开立银行结算账户。（　）

2. 单位的工资、奖金等现金的支取可以通过一般存款账户办理。（　）

3. 基本存款账户的存款人可以通过本账户办理日常转账结算和现金交存，但不能办理现金支取。（　）

4. 临时存款账户的有效期限最长不得超过1年。（　）

5. 委托收款是收款人委托银行向付款人收取款项的一种结算方式,无论是同城还是异地都可使用。（　）

6. 专用存款账户由于都有特殊用途，因此不得用于提取现金。（　）

### 四、简答题

1. 银行账户管理的基本规定有哪些？

2. 通过银行结算有什么意义？

3. 单位和个人在办理结算过程中，违反银行结算制度规定应负哪些责任？

4. 如何加强支票的内部管理？

5. 如何加强支票印鉴的管理？

### 五、业务题

1. 兴华有限公司在中国工商银行××支行开立基本存款账户，假如你为该公司出纳人员，于2015年5月6日签发一张现金支票到中国工商银行××支行提取备用金3万元，用于日常的支付。兴华有限公司在中国工商银行××支行的账号为123456789，请你填写如下现金支票。

| 中国工商银行<br>现金支票存根<br>00303384<br>00285586 | 付款期限自出票之日起十天 | 中国工商银行 现金支票 | 00303384<br>00285586 |
|---|---|---|---|

中国工商银行<br>现金支票存根<br>**00303384**<br>00285586

附加信息
_____
_____

出票日期　　年　月　日

| 收　款　人： | |
| 金　　　额： | |
| 用　　　途： | |

单位主管　　会计

付款期限自出票之日起十天

**中国工商银行 现金支票**　　　00303384<br>　　　　　　　　　　　　　　　　00285586

出票日期（大写）　　年　月　日　　　付款行名称：

收款人：　　　　　　　　　　　　出票人账号：

人民币<br>（大写）　　　　　　　　　　| 亿 | 千 | 百 | 十 | 万 | 千 | 百 | 十 | 元 | 角 | 分 |

用途 _____　　　　　　　密码 _____

上列款项请从

我账户内支付

出票人签章　　　　　　　　　复核　　　记账

2. 兴华有限公司在中国工商银行××支行开立一般存款账户，假如你为该公司出纳人员，于 2015 年 9 月 16 日签发转账支票，支付旺财公司货款 10 万元。兴华有限公司在该行的账号为 3502056789，请你填写如下转账支票。

中国工商银行<br>转账支票存根<br>**00303388**<br>00381086

附加信息
_____
_____

出票日期　　年　月　日

| 收　款　人： | |
| 金　　　额： | |
| 用　　　途： | |

单位主管　　会计

付款期限自出票之日起十天

**中国工商银行 转账支票**　　　00303388<br>　　　　　　　　　　　　　　　　00381086

出票日期（大写）　　年　月　日　　　付款行名称：

收款人：　　　　　　　　　　　　出票人账号：

人民币<br>（大写）　　　　　　　　　　| 亿 | 千 | 百 | 十 | 万 | 千 | 百 | 十 | 元 | 角 | 分 |

用途 _____　　　　　　　密码 _____

上列款项请从　　　　　　　行号 _____

我账户内支付

出票人签章　　　　　　　　　复核　　　记账

## 国内票据结算

### 👀 学习目标

1. 职业知识：了解国内各种票据的基本知识。

2. 职业能力：掌握支票结算、银行汇票结算、商业汇票结算的相关规定及处理方法。

3. 职业素养：熟悉银行本票结算的相关规定。

### 👀 案例导入

A 公司向 B 公司购买一批医疗器械，总价款为人民币 150 万元。5 月 28 日，A 公司向 B 公司开出一张金额为人民币 150 万元的转账支票。6 月 10 日，B 公司向付款人 Y 提示付款，付款人 Y 拒绝付款。B 公司在遭拒绝付款后，遂向 A 公司要求重新出票，在 A 公司重新出票后，B 公司方获付款。试问付款人 Y 拒绝向 B 公司付款是否正确？

_____

_____

_____

_____

_____

_____

_____

_____

_____

_____

# 情境任务6.1　支票结算

支票是出票人签发的，委托办理支票存款业务的银行或者其他金融机构在见票时无条件支付确定的金额给收款人或者持票人的票据。

## 6.1.1　认识支票

### 1.支票的种类

（1）记名支票和不记名支票

支票按照对收款人记载形式的不同，可以分为记名支票和不记名支票两种。

① 记名支票又称抬头支票，即在支票上记载收款人姓名。这种支票的票款，只能付给票面指定的收款人，转让时须由收款人背书。目前，我国使用的支票均为记名支票。

② 不记名支票又称空白支票，即在支票上不记载收款人姓名。这种支票无须背书即可转让，取款时也无须在背面签字盖章。

（2）现金支票和转账支票

支票按照支付票款方式的不同，可以分为现金支票和转账支票。

① 现金支票。支票上印有"现金"字样的为现金支票，是开户单位用于向开户银行提取现金的凭证，只能用于向银行提取现金，不能办理转账。实务工作中一般在提取备用金时使用。空白的现金支票如图6.1所示。

（a）正面

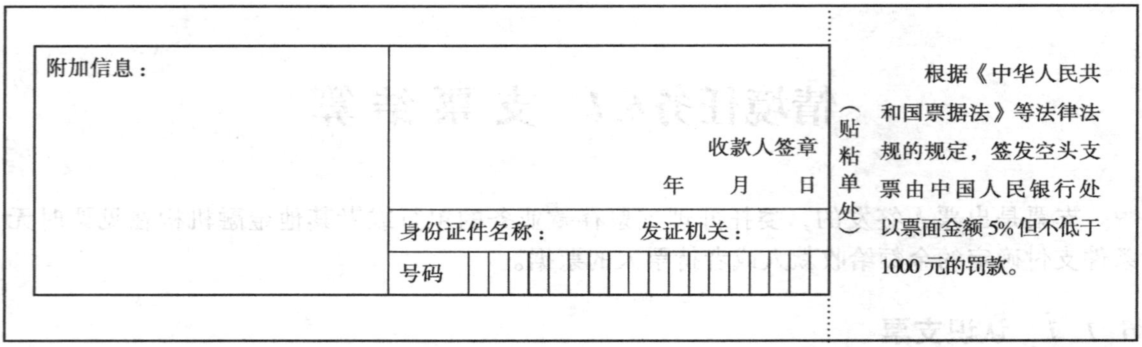

| 附加信息： | | |
|---|---|---|
| | 收款人签章 | |
| | 年 月 日 | （贴粘单处） |
| 身份证件名称： | 发证机关： | |
| 号码 | | |

右侧文字：根据《中华人民共和国票据法》等法律法规的规定，签发空头支票由中国人民银行处以票面金额5%但不低于1000元的罚款。

（b）背面

**图 6.1 现金支票的正面和背面**

② 转账支票。支票上印有"转账"字样的为转账支票，是用于单位之间的商品交易、劳务供应或其他款项往来的结算凭证，只能用于转账结算，不能用于提取现金。空白的转账支票如图6.2所示。

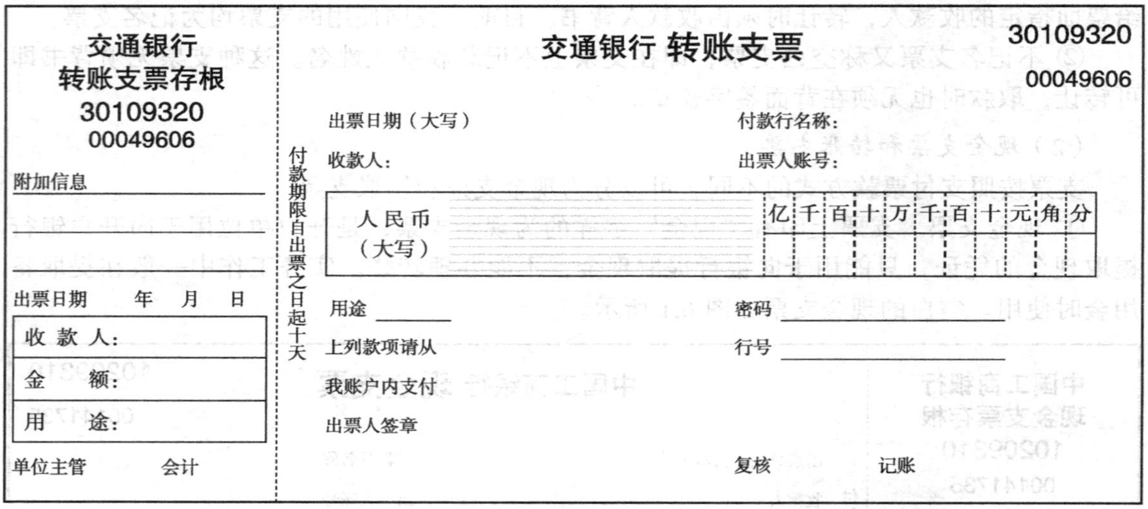

交通银行 转账支票存根
30109320
00049606

附加信息

出票日期 年 月 日

| 收 款 人： | |
| 金 额： | |
| 用 途： | |

单位主管 会计

付款期限自出票之日起十天

**交通银行 转账支票**
30109320
00049606

出票日期（大写）
收款人：
付款行名称：
出票人账号：

人民币（大写） ｜亿｜千｜百｜十｜万｜千｜百｜十｜元｜角｜分｜

用途 _____ 密码 _____
上列款项请从 行号 _____
我账户内支付
出票人签章

复核 记账

（a）正面

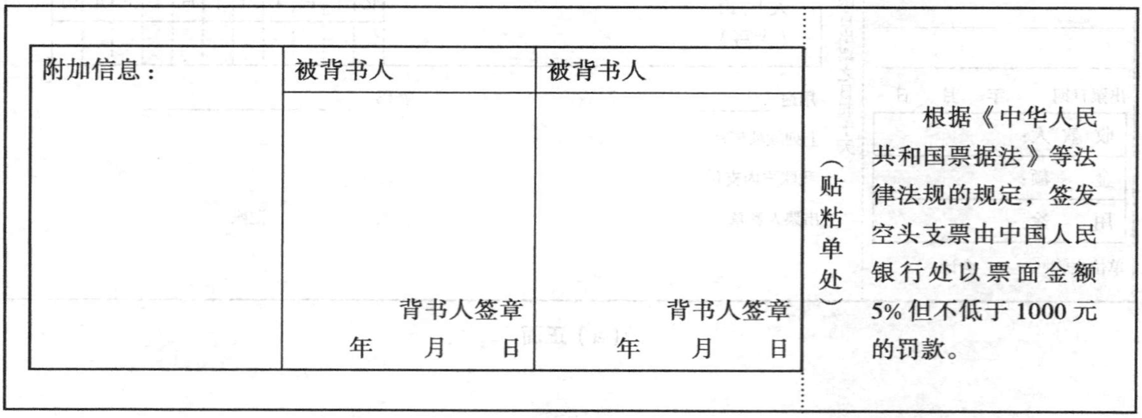

| 附加信息： | 被背书人 | 被背书人 |
|---|---|---|
| | | |
| | 背书人签章 年 月 日 | 背书人签章 年 月 日 |

右侧文字：根据《中华人民共和国票据法》等法律法规的规定，签发空头支票由中国人民银行处以票面金额5%但不低于1000元的罚款。

（贴粘单处）

（b）背面

**图 6.2 转账支票的正面和背面**

此外，还有多功能银行票据，如中国建设银行实时通付款凭证，该票据可以用于支取现金、转账、汇兑、银行汇票申请和银行本票申请，单位和个人的各种款项结算均可以使用。实时通付款凭证的票样如图6.3所示。

中国建设银行实时通付款凭证

存根/回单联

（粤）

351101102358

附加信息 _____

_____

签发日期　　年　月　日

单位主管：　　会计：

| 收　款　人： | |
| --- | --- |
| 金　　　额： | |
| 用　　　途： | |

□现金支票功能

□转账支票功能

□汇兑功能

□银行汇票申请功能

□银行本票申请功能

银行办讫签章：

中国建设银行　实时通付款凭证（粤）　　　351101102358

签发日期（大写）　　年　月　日

□现金支票功能　□转账支票功能　□汇兑功能　□银行汇票申请功能　□银行本票申请功能

付款人全称：_____　　收款人全称：_____

付款人账号：_____　　收款人账号：_____

付款行名称：_____　　收款行名称：_____

| 人民币 | | 亿 | 千 | 百 | 十 | 万 | 千 | 百 | 十 | 元 | 角 | 分 |
| --- | --- | --- | --- | --- | --- | --- | --- | --- | --- | --- | --- | --- |
| （大写） | | | | | | | | | | | | |

用途：_____　　支付密码：☐☐☐☐☐☐☐☐☐☐☐☐☐☐☐☐

上列款项请从

我账户内支付

签发人签章

注：使用转账支票功能，收款人账号、收款行名称可授权收款人补记，且提示付款无须

　　填写进账单（收款行非建行除外）

　　使用现金支票、银行汇（本）票申请功能，收款人账号、收款行名称无须填写。

（a）正面

客户须知

1. 本凭证相应功能"√"有效，且只能送交中国建设银行办理对公业务的营业机构办理。

2. 使用本凭证时应根据选择的相应功能种类选择相应支付密码"凭证种类"计算支付密码后方才有效。

3. 本凭证选择现金支票、转账支票、汇兑功能可全国使用，选择汇（本）票申请功能仅同城使用。

4. 本凭证选择支票功能，左联作客户存根联；选择汇兑、汇（本）票申请功能，左联应一并提交银行作业务办讫回单联。

5. 本凭证选择支票功能自签发日起10日内有效；选择汇兑凭证、汇（本）票申请功能签发当日有效。

6. 本凭证业务办理涉及手续费均向付款人收取，付款人账号不足支付手续费的，传票人可补缴现金。

附加信息：

收款人签章

年　　月　　日

身份证件名称：_____　　发证机关：_____

号码 ☐☐☐☐☐☐☐☐☐☐☐☐☐☐☐☐

会计主管　　　　　授权　　　　　复核　　　　　录入

（b）背面

图6.3　实时通付款凭证的正面和背面

### 2. 支票的特点

① 支票是见票即付的票据。支票在有效提示期限内，持票人一旦提示，付款人则应当无条件地支付票面金额，法定抗辩的事由除外。

② 支票的付款人只限于银行和其他金融机构，而在出票人与付款人之间，要求必须存在一定的资金关系。这与汇票、本票的付款人无身份限制有很大不同。

### 3. 支票必须记载的事项

① 表明"支票"的字样。

② 无条件支付的委托。

③ 确定的金额。

④ 付款人名称。

⑤ 出票日期。

⑥ 出票人签章。

欠缺记载上列事项之一的，支票无效。

### 4. 支票的使用规定及填写应注意的问题

（1）支票的使用规定

① 支票一律记名，转账支票可以背书转让。

② 支票金额无起点限制。

③ 支票提示付款期限自出票日起 10 天，到期日遇节假日顺延。过期支票作废，银行不予受理。

④ 已签发的现金支票遗失，可以向付款银行申请挂失；挂失前已经支付的，银行不予受理。已签发的转账支票遗失，银行不予受理，但可以请收款单位协助防范。

⑤ 出票人签发空头支票、签章与银行预留签章不符的支票、使用支付密码但支付密码错误的支票，银行除将支票作退票处理外，还要按票面金额处以 5% 但不低于 1 000 元的罚款。

（2）支票填写应注意的问题

① 出票日期必须大写，大写数字写法：零、壹、贰、叁、肆、伍、陆、柒、捌、玖、拾。例如，2015 年 8 月 5 日应写为"贰零壹伍年捌月零伍日"，捌月前零字可写也可不写，伍日前的零字必写。

② 人民币小写的最高金额的前一位空白格填上"￥"字符号，数字填写要求完整清楚。

③ "用途"要正确填写。现金支票有一定限制，一般填写"备用金""差旅费""工资""劳务费"等。转账支票没有具体规定，可填写"货款""代理费"等。

④ 支票正面必须盖章。支票正面盖财务专用章和法人章，缺一不可；印泥为红色，印章必须清晰，印章模糊只能将本张支票作废，换一张重新填写并重新盖章。支票背面是否盖章，应分如下不同情况而定。

- 当现金支票收款人为本单位时，现金支票背面的"收款人签章"栏内应加盖本单位的财务专用章和法人章，盖章后的现金支票可直接到开户银行提取现金。
- 当收款人为个人的，现金支票背面不盖章，收款人可在现金支票背面填上身份证件名称、号码和发证机关，凭身份证件和现金支票签字取款。
- 转账支票背面本单位不盖章。收款单位取得转账支票后，在支票背面被背书栏内加盖收款单位财务专用章和法人章，并连同填写好的"银行进账单"交收款单位的开户银行委托银行收款。银行进账单样式如图6.4所示。

⑤ 支票正面不能有涂改痕迹，否则本支票作废。

⑥ 支票的金额和收款人名称可以由出票人授权补记，未补记前不得背书转让和提示付款。

**××银行 进账单（回　单）1**

年　月　日

| 出票人 | 全　称 | | 收款人 | 全　称 | | 亿 | 千 | 百 | 十 | 万 | 千 | 百 | 十 | 元 | 角 | 分 |
|---|---|---|---|---|---|---|---|---|---|---|---|---|---|---|---|---|
| | 账　号 | | | 账　号 | | | | | | | | | | | | |
| | 开户银行 | | | 开户银行 | | | | | | | | | | | | |
| 金额 | 人民币（大写） | | | | | | | | | | | | | | | |
| | 票据种类 | | 票据张数 | | | | | | | | | | | | | |
| | 票据号码 | | | | | | | | | | | | | | | |
| | 复核　　　　记账 | | | | | | | | | 开户银行签章 | | | | | | |

此联是开户银行交给持（出）票人的回单

图6.4　银行进账单样式

2007年6月25日，我国建成全国支票影像交换系统，实现了支票在全国范围的互通使用。根据中国人民银行规定，支票全国通用后出票人签发的支票凭证不变，支票的提示付款期限仍为10天；异地使用支票款项最快可在2至3小时之内到账，一般在银行受理支票之日起3个工作日内均可到账。为防范支付风险，异地使用支票的单笔金额上限为50万元。

全国支票影像交换系统是指运用影像技术将实物支票转换为支票影像信息，通过计算机及网络将影像信息传递至出票人开户银行提示付款的业务处理系统，它是中国人民银行继大、小额支付系统建成后的又一重要金融基础设施。影像交换系统定位于处理银行机构跨行和行内的支票影像信息交换，其资金清算通过中国人民银行覆盖全国的小额支付系统处理。支票影像业务的处理分为影像信息交换和业务回执处理两个阶段，即支票提出银行通过支票影像交换系统将支票影像信息发送至提入行提示付款；提入行通过小额支付系统向提出行发送回执完成付款。

## 6.1.2　支票的结算程序

### 1. 现金支票结算的基本程序

① 开户单位用现金支票提取现金时，由单位出纳人员签发现金支票并加盖银行预留印鉴后，到开户银行提取现金。

② 开户单位用现金支票向外单位或个人支付现金时，由付款单位出纳人员签发现金支票并加盖银行预留印鉴和注明收款人后交收款人，收款人持现金支票到付款单位开户银行提取现金，并按照银行的要求交验相关证件。

**2. 转账支票结算的基本程序**

（1）由签发人交收款人办理结算

这种结算方式的程序如图 6.5 所示。

① 付款人签发转账支票向收款单位支付款项。

② 收款人持收到的转账支票并填进账单，委托开户银行收款。

③ 通过银行间的票据交换清算系统将转账支票交换到付款单位开户银行。

④ 付款人开户银行审核后，将款项从付款单位账户划入收款单位账户。

⑤ 收款人开户银行收妥款项后，下达收款通知。

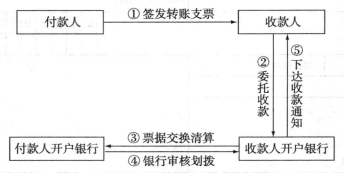

**图 6.5　由签发人交收款人办理结算的程序**

（2）由签发人交签发人开户银行办理结算

这种结算方式的程序如图 6.6 所示。

① 付款人签发转账支票并填进账单，委托开户银行付款。

② 付款人开户银行审核后，将款项从付款单位账户划入收款单位账户。

③ 收款人开户银行收到款项后，下达收款通过。

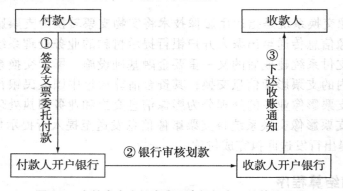

**图 6.6　由签发人交签发人开户银行办理结算的程序**

**3. 支票退票的处理**

支票退票是指由于支票的内容记载不完整、书写不规范等，出票人的开户银行不予支付，并将支票退还持票人的情况。按《支付结算办法》的规定："出票人签发空头支票、签章与预留银行签章不符的支票、使用支付密码地区，支付密码错误的支票，银行应予以退票，并按票面金额处以 5% 但不低于 1 000 元的罚款；持票人有权要求出票人赔偿支票金额 2% 的赔偿金。对屡次签发的，银行应停止其签发支票。"为此，出现支票退票时，持票人应向前手或出票人追索票款，并按规定索赔。支票退票的原因主要有以下几种。

① 出票人存款不足，出现空头支票。

② 出票人签章与预留银行签章不符的支票。

③ 密码支票未填密码或密码填写错误的支票。

④ 远期支票。

⑤ 因票面污损导致出票人提示付款签章处、票面金额、出票日期和收款人名称等确实无法辨认的支票。

⑥ 票据要素使用圆珠笔填写的支票。

⑦ 最后持票人与委托收款背书不符的支票。

⑧ 超出出票人的放款批准额度或经费限额的支票。

⑨ 未填写收款人或填错收款人的支票。

⑩ 超过提示付款期或日期为小写的支票。

⑪ 支票内容涂改的支票。

⑫ 出票人已撤销此银行账户的支票。

⑬ 出票人已申请挂失止付的支票。

⑭ 非出票人银行承付的支票。

## 情境描述

天马有限公司工作人员小张任职本单位的出纳人员，负责整个公司的出纳业务。

## 任务描述

出纳人员小张应按规定办理与企业相关的各项收付款业务、填制业务所需要的现金支票及转账支票。并将支票存根联作为原始凭证，以此填制记账凭证及现金日记账或是银行存款日记账。

## 工作过程

① 从银行提取现金，根据支票存根记载的提取金额填制凭证。其会计分录如下。
借：库存现金
　　贷：银行存款
将现金存入银行，根据银行退回的进账单的收款通知联填制凭证。其会计分录如下。
借：银行存款
　　贷：库存现金
② 企业因销售商品，取得销售收入和增值税，收到转账支票并将款项存入银行后填

制凭证。其会计分录如下。

借：银行存款
  贷：主营业务收入
    应交税费——应交增值税（销项税额）

企业因购买材料或商品，支付货款和增值税，以转账支票付讫后填制凭证。其会计分录如下。

借：物资采购（或在途物资、材料、库存商品等）
  应交税费——应交增值税（进项税额）
  贷：银行存款

③ 企业签发转账支票支付银行代发职工工资等时，根据转账支票存根联编制凭证。其会计分录如下。

借：应付职工薪酬
  贷：银行存款

# 情境任务6.2　银行汇票结算

银行汇票是汇款人将款项交存当地银行，由出票银行签发的，由其在见票时按照实际结算金额无条件支付给收款人或者持票人的票据。银行汇票的出票银行为银行汇票的付款人。

## 6.2.1　银行汇票概述

### 1. 银行汇票的特点

与其他银行结算方式相比，银行汇票结算具有如下特点。

① 方便及时，使用广泛。我国现行的银行汇票使用方便灵活，单位、个体经济户和个人不管其是否在银行开户，他们之间在异地进行的所有商品交易、劳务供应及其他款项的结算都可以使用银行汇票，并且银行汇票既可以用于转账结算，也可以支取现金，还可以背书转让。银行汇票见票即付，结算迅速。

② 票随人走，钱货两清。使用银行汇票，票随人走，验票交货，钱货两清。

③ 信誉度高，支付能力强。银行汇票是由银行签发，并于指定到期日由签发银行无条件支付，因而信誉度很高，一般不存在得不到正常支付的问题。

④ 结算准确，余款自动退回。企业持银行汇票购货，凡在汇票的汇款金额之内的，可根据实际采购金额办理支付，多余款项将由银行自动退回。这样可以有效防止交易尾欠的发生。

### 2. 银行汇票的适用范围

单位、个体经济户和个人需要支付各种款项，均可使用银行汇票。银行汇票可以用于转账，填明"现金"字样的银行汇票也可以用于支取现金。银行汇票的出票和付款限于在中国人民银行和各商业银行参加"全国联行往来"的银行机构办理。在不能签发银行汇票的银行开户的汇款人需要使用银行汇票,应将款项转交附近能签发银行汇票的银行办理。

### 3.签发银行汇票必须记载的事项

① 表明"银行汇票"的字样。

② 无条件支付的承诺。

③ 出票金额。

④ 付款人名称。

⑤ 收款人名称。

⑥ 出票日期。

⑦ 出票人签章。

欠缺记载上列事项之一的,银行汇票无效。

### 4.银行汇票结算的基本规定

① 银行汇票一律为记名式,即必须记载收款人的名称。

② 新的《支付结算办法》取消了银行汇票金额起点500元的限制,无金额起点限制。

③ 银行汇票的提示付款期限自出票日起1个月。持票人超过付款期限提示付款的,代理付款人不予受理。

④ 申请人使用银行汇票,应向出票银行填写银行汇票申请书(见图6.7)填明收款人名称、汇票金额、申请人名称、申请日期等事项并签章,签章为其预留银行的签章。开户单位也可在实时通付款凭证上填写相关事项,然后在"□银行汇票申请功能"处画"√",送到银行办理对公业务的营业机构办理。选择该功能时,左联应一并提交银行作为业务办讫回单联。

银行汇(本)票申请书(存根)　　1

申请日期　　年　月　　日　　　　No.00072403

| 业务类型 | □银行汇票　　　□银行本票 | | | | | | | | | | | | | |
|---|---|---|---|---|---|---|---|---|---|---|---|---|---|---|
| 申请人 | | 收款人 | | | | | | | | | | | | |
| 账　号<br>或住址 | | 账　号<br>或住址 | | | | | | | | | | | | |
| 汇入<br>地点 | | 代　理<br>付款行 | | | | | | | | | | | | |
| 申请<br>金额 | 人民币<br>(大写) | | 千 | 百 | 十 | 万 | 千 | 百 | 十 | 元 | 角 | 分 | | |
| | | | | | | | | | | | | | | |
| | | 支付密码 | | | | | | | | | | | | |
| | | 用途 | | | | | | | | | | | | |

右侧竖排:此联申请人留存

图6.7　银行汇票申请书样式

⑤ 出票银行受理银行汇票申请书，收妥款项后签发银行汇票，并用压数机压印出票金额，将银行汇票和解讫通知一并交给申请人。签发转账银行汇票，不得填写代理付款人名称，但由中国人民银行代理兑付银行汇票的商业银行，向设有分支机构地区签发转账银行汇票的除外。签发现金银行汇票，申请人和收款人必须均为个人，收妥申请人交存的现金后，在银行汇票"出票金额"栏先填写"现金"字样，后填写出票金额，并填写代理付款人名称。申请人或者收款人为单位的，银行不得为其签发现金银行汇票。

⑥ 申请人应将银行汇票和解讫通知一并交付给汇票上记明的收款人。

⑦ 收款人受理银行汇票时，应审查下列事项。

- 银行汇票和解讫通知是否齐全、汇票号码和记载的内容是否一致。
- 收款人是否确为本单位或本人。
- 银行汇票是否在提示付款期限内。
- 必须记载的事项是否齐全。
- 出票人签章是否符合规定，是否有压数机压印的出票金额，并与大写出票金额一致。
- 出票金额、出票日期、收款人名称是否更改，更改的其他记载事项是否由原记载人签章证明。

⑧ 收款人受理申请人交付的银行汇票时，应在出票金额以内，根据实际需要的款项办理结算，并将实际结算金额和多余金额准确、清晰地填入银行汇票和解讫通知的有关栏内。未填明实际结算金额和多余金额或实际结算金额超过出票金额的，银行不予受理。

⑨ 银行汇票的实际结算金额不得更改，更改实际结算金额的银行汇票无效。

⑩ 收款人可以将银行汇票背书转让给被背书人。银行汇票的背书转让以不超过出票金额的实际结算金额为准。未填写实际结算金额或实际结算金额超过出票金额的银行汇票不得背书转让。

⑪ 被背书人受理银行汇票时，除按照上述第⑦条的规定审查外，还应审查下列事项。

- 银行汇票是否记载实际结算金额，有无更改，其金额是否超过出票金额。
- 背书是否连续，背书人签章是否符合规定，背书使用粘单的是否按规定签章。
- 背书人为个人的身份证件。

⑫ 持票人向银行提示付款时，必须同时提交银行汇票和解讫通知，缺少任何一联，银行不予受理。

⑬ 在银行开立存款账户的持票人向开户银行提示付款时，应在汇票背面"持票人向银行提示付款签章"处签章，签章须与预留银行签章相同，并将银行汇票和解讫通知、进账单送交开户银行。银行审查无误后办理转账。

⑭ 未在银行开立存款账户的个人持票人，可以向选择的任何一家银行机构提示付款。提示付款时，应在汇票背面"持票人向银行提示付款签章"处签章，并填明本人身份证件名称、号码及发证机关，由其本人向银行提交身份证件及其复印件。银行审核无误后，将其身份证件复印件留存备查，并以持票人的姓名开立应解汇款及临时存款账户，该账户只付不收，付完清户，不计付利息。

⑮ 转账支付的，应由原持票人向银行填制支款凭证，并由本人交验其身份证件办理支付款项。

⑯ 该账户的款项只能转入单位或个体工商户的存款账户，严禁转入储蓄和信用卡账户。支取现金的，银行汇票上必须有出票银行按规定填明的"现金"字样，才能办理。

未填明"现金"字样，需要支取现金的，由银行按照国家现金管理规定审查支付。持票人对填明"现金"字样的银行汇票，需要委托他人向银行提示付款的，应在银行汇票背面背书栏签章，记载"委托收款"字样、被委托人名称和背书日期，以及委托人身份证件名称、号码、发证机关。被委托人向银行提示付款时，也应在银行汇票背面"持票人向银行提示付款签章"处签章，记载证件名称、号码及发证机关，并同时向银行交验委托人和被委托人的身份证件及其复印件。

⑰ 银行汇票的实际结算金额低于出票金额的，其多余金额由出票银行退交申请人。

⑱ 持票人超过期限向代理付款银行提示付款不获付款的，须在票据权利时效内向出票银行作出说明，并提供本人身份证件或单位证明，持银行汇票和解讫通知向出票银行请求付款。

⑲ 申请人因银行汇票超过付款提示期限或其他原因要求退款时，应将银行汇票和解讫通知同时提交到出票银行。申请人为单位的，应出具该单位的证明；申请人为个人的，应出具本人的身份证件。对于代理付款银行查询的该张银行汇票，应在汇票提示付款期满后方能办理退款。出票银行对于转账银行汇票的退款，只能转入原申请人账户；对于符合规定填明"现金"字样银行汇票的退款，才能退付现金。申请人缺少解讫通知要求退款的，出票银行应于银行汇票提示付款期满一个月后办理。

⑳ 银行汇票丧失的，失票人可以凭人民法院出具的其享有票据权利的证明，向出票银行请求付款或退款。

银行汇票票样如图 6.8 所示。

中国工商银行　　　　2　　　　　　　　00000000
银 行 汇 票　　　　　　　　　　　00000000

| 出票日期（大写）　年　月　日 | | | 代理付款行：　　　　　　行号： | | | | | | | | |
|---|---|---|---|---|---|---|---|---|---|---|---|
| 收款人： | | | 账号： | | | | | | | | |
| 出票金额 | 人民币（大写） | | | | | | | | | | |
| 实际结算金额 | 人民币（大写） | 亿 | 千 | 百 | 十 | 万 | 千 | 百 | 十 | 元 | 角 分 |
| | | | | | | | | | | | |

申请人：＿＿＿＿＿＿＿＿＿　　　　账号或住址：＿＿＿＿＿＿＿＿＿

出票行：＿＿＿＿＿　行号：＿＿＿＿＿

备　注：＿＿＿＿＿＿＿＿＿

凭票付款

出票行签章

| 密押： | | | | | | | | | |
|---|---|---|---|---|---|---|---|---|---|
| 多 余 金 额 | | | | | | | | | |
| 千 | 百 | 十 | 万 | 千 | 百 | 十 | 元 | 角 | 分 |
| | | | | | | | | | |

复核　　记账

（a）正面

此联代理付款行付款后作联行往账借方凭证附件

| 被背书人 | 被背书人 | （贴粘单处） |
|---|---|---|
| | | |
| 背书人签章<br>年　月　日 | 背书人签章<br>年　月　日 | |

（b）背面

**图6.8　银行汇票的正面和背面**

## 6.2.2　银行汇票的拒收

银行在收到收款人提交的银行汇票时，经过审查发现有下列情况的，将予以拒付。

① 伪造、变造（凭证、印单、压数机）的银行汇票。

② 非总行统一印制的全国通汇的银行汇票。

③ 超过付款期的银行汇票。

④ 缺汇票联或解讫通知联的银行汇票。

⑤ 汇票背书不完整、不连续的。

⑥ 涂改、更改汇票签发日期、收款人、汇款大写金额。

⑦ 已经银行挂失、止付的现金银行汇票。

⑧ 汇票残损、污染严重无法辨认的。

对拒付的汇票，银行将退还给持票人。对伪造、变造及涂改的汇票，银行除了拒付以外，还将报告有关部门进行查处。

## 6.2.3　银行汇票结算的程序

银行汇票结算分为承汇、结算、兑付和结清余额四大步骤，具体结算程序如下。

① 付款人委托银行办理汇票。

② 银行签发汇票。

③ 付款人使用汇票结算。

④ 持汇票进账或取款。

⑤ 通知汇票已解付。

⑥ 银行间结算划款。

⑦ 结算汇票，退还余额。

银行汇票结算的程序如图 6.9 所示。

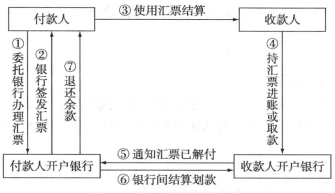

图 6.9  银行汇票结算的程序

## 6.2.4  银行汇票丢失的处理

如果因不慎或其他原因发生银行汇票丢失，应分别按照情况进行下列处理。

① 已填写收款单位的银行汇票丢失，是指已填写收款单位名称，但没有指定汇入行的转账汇票丢失。由于这种汇票没有指定汇入银行，而且可以直接到收款单位去提货，因此，银行不予挂失。但可向收款单位说明情况，请求其协助防范。如果丢失的是填写持票人名称的转账汇票，由于这种汇票可以背书转让，没有确定收款和兑付银行，所以很难找到对方单位请求协助，可以要求银行予以协助。

② 收款单位丢失的是可以支取现金的银行汇票，则可以向银行申请挂失。单位向银行申请挂失时，应填写一式三联汇票挂失申请书，送交汇票指定的兑付银行或签发银行申请挂失止付。经银行审查同意后，挂失申请单位向银行交付手续费，银行办理挂失手续并迅速与汇款单位联系，说明汇票丢失情况，请其另行汇款，以便及时办理结算。

③ 汇款单位采购员自行丢失现金汇票向银行申请挂失的，也应填写一式三联汇票挂失申请书，向兑付银行办理挂失。经取得银行受理挂失的回单后，立即将汇票挂失回单返回本单位交给财务部门妥善保管，待付款期满 1 个月后，确未冒领的，由汇票签发银行办理退汇。

## 6.2.5  银行汇票的会计处理

### 1. 汇款单位会计的处理

企业在填送银行汇票申请书并将款项交存银行，取得银行汇票后，财务部门根据银行盖章退回的申请书存根联编制记账凭证。其会计分录如下。

借：其他货币资金——银行汇票存款
  贷：银行存款

企业使用银行汇票后，根据发票、账单等有关凭证编制记账凭证。其会计分录如下。

借：物资采购（或在途物资、库存商品等）
    应交税费——应交增值税（进项税额）
    贷：其他货币资金——银行汇票存款

如有多余款或因汇票超过付款期等原因而退回款项，则根据开户行转来的银行汇票第四联（多余款收账通知）编制记账凭证。其会计分录如下。

借：银行存款

贷：其他货币资金——银行汇票存款

### 2. 收款单位的会计处理

收款单位受理银行汇票后，应填制进账单，连同银行汇票一起送存银行。财务部门根据进账单的收账通知联及有关原始凭证编制记账凭证。其会计分录如下。

借：银行存款

贷：主营业务收入

应交税费——应交增值税（销项税额）

# 情境任务6.3　银行本票结算

## 6.3.1　银行本票概述

### 1. 银行本票的概念和特点

（1）银行本票的概念

银行本票是申请人将款项交存银行，由银行签发的承诺自己在见票时无条件支付确定的金额给收款人或者持票人的票据。银行本票分为定额银行本票和不定额银行本票，签发时根据实际需要填写金额，并用压数机压印银行本票金额。银行本票样式如图6.10所示。

| 提示付款银行自出票之日起贰个月 | 交通银行　　本票 | 2 | 00000000 00000000 | | | | | | | | | | |
|---|---|---|---|---|---|---|---|---|---|---|---|---|---|
| | 出票日期（大写）　年　月　日 | | | | | | | | | | | | |
| | 收款人： | 申请人： | | | | | | | | | | | |
| | 凭票即付　人民币（大写） | | 亿 | 千 | 百 | 十 | 万 | 千 | 百 | 十 | 元 | 角 | 分 |
| | □转账　□现金 | 密押　行号 | | | | | | | | | | | |
| | 备注　出票行签章　出纳　复核　经办 | | | | | | | | | | | | |

（a）正面

| 被背书人 | 被背书人 | （贴粘单处） |
|---|---|---|
| 背书人签章<br>年　月　日 | 背书人签章<br>年　月　日 | |
| 持票人向银行<br>提示付款签章： | 身份证件名称：　　　　发证机关：<br>号码 □□□□□□□□□□□□□□□□ | |

（b）背面

**图6.10 银行本票的正面和背面**

（2）银行本票的特点

与其他银行结算方式相比，银行本票结算具有如下特点。

① 使用方便。我国现行的银行本票使用方便灵活。单位、个体经济户和个人不管其是否在银行开户，他们之间在同城范围内的所有商品交易、劳务供应及其他款项的结算都可以使用银行本票。收款单位和个人持银行本票既可以办理转账结算，也可以支取现金，同样也可以背书转让。银行本票见票即付，结算迅速。

② 信誉度高，支付能力强。银行本票是由银行签发，并于指定到期日由签发银行无条件支付，因而信誉度很高，一般不存在得不到正常支付的问题。

**2. 银行本票结算的基本规定**

① 单位、个体经济者和个人在同城或同一票据交换区域范围的商品交易和劳务供应及其他款项的结算均可以使用银行本票。

② 定额银行本票面额为1 000元、10 000元、5 000元、50 000元。

③ 银行本票的付款期自出票日起最长不超过2个月（不分大月小月，统一按次月对日计算，到期日遇节假日顺延）。逾期的银行本票，兑付银行不予受理，但可以在签发银行办理退款。

④ 银行本票一律记名，允许背书转让。

⑤ 银行本票见票即付，跨系统银行本票的兑付，持票人开户银行可根据中国人民银行规定的金融机构同业往来利率向出票银行收取利息。

⑥ 申请人因银行本票超过付款期或其他原因要求退款时，可持银行本票到签发银行办理。

**3. 签发银行本票必须记载的事项**

① 表明"银行本票"的字样。

② 无条件支付的承诺。

③ 确定的金额。

④ 收款人名称。

⑤ 出票日期。

⑥ 出票人签章。

欠缺记载上列事项之一的，银行本票无效。

#### 4. 办理银行本票的程序

（1）申请

付款单位需要使用银行本票办理结算，应向银行填写一式三联银行本票申请书，详细写明收款单位名称等各项内容。银行本票申请书的第一联由签发单位或个人留存，第二联由签发行办理本票的付款凭证，第三联由签发行办理本票的收款凭证。如果申请人在签发银行开立账户的，应在银行本票申请书第二联上加盖预留银行印鉴。个体经济户和个人需要支取现金的应在申请书上注明"现金"字样。银行本票申请书的格式由中国人民银行各分行确定和印制。开户单位也可使用实时通付款凭证办理。

（2）签发本票

签发银行受理银行本票申请书后，应认真审查申请书填写的内容是否正确。审查无误后，办理收款手续。付款单位在银行开立账户的，签发银行直接从其账户划拨款项；付款人用现金办理本票的，签发银行直接收取现金。银行按照规定收取办理银行本票的手续费，其收取的办法与票款相同。银行办妥票款和手续费收取手续后，即签发银行本票。签发银行在签发银行本票时，应按照申请书的内容填写收款人名称，并用大写填写签发日期，用于转账的本票须在本票上划去"现金"字样，用于支取现金的本票须在本票上划去"转账"字样，然后在本票第一联上加盖汇票专用章和经办、复核人员名章，用总行统一订制的压数机在"人民币大写"栏大写金额后端压印本票金额后，将本票第一联连同银行本票申请书存根联一并交给申请人。

（3）银行本票的付款

银行本票见票即付。申请人持银行本票可以向填明的收款单位或个体经济户办理结算。收款人为个人的也可以持转账的银行本票经背书向被背书的单位或个体经济户办理结算。具有"现金"字样的银行本票可以向银行支取现金。在银行开立存款账户的持票人向银行提示付款时，应在银行本票背面"持票人向银行提示付款签章"处签章，签章须与预留在银行的签章相同，并将银行本票、进账单送交开户银行，银行审查无误后办理转账；未在银行开立账户的收款人，凭具有"现金"字样的银行本票向银行支取现金的，应在银行本票背面签章，记载个人的身份证件名称、号码及发证机关，并交验本人身份证件及其复印件。

#### 5. 银行本票的会计处理

（1）付款单位的处理

付款单位收到银行本票和银行退回的银行本票申请书存根联后，财务部门根据银行本票申请书存根联编制银行存款付款凭证。其会计分录如下。

借：其他货币资金——银行本票存款
　　贷：银行存款

对于银行按规定收取的办理银行本票的手续费，付款单位应当编制银行存款或现金付款凭证。其会计分录如下。

借：财务费用——银行手续费
　　贷：银行存款（或库存现金）

付款单位收到银行签发的银行本票后，即可持银行本票向其他单位购买货物，办理货款结算。付款单位可将银行本票直接交给收款单位，然后根据收款单位的发票账单等有关凭证编制转账凭证。其会计分录如下。

　　借：物资采购（或在途物资等）

　　　　应交税费——应交增值税（进项税额）

　　　　贷：其他货币资金——银行本票存款

　　如果实际购货金额大于银行本票金额，付款单位可以用支票或现金等补齐不足的款项，同时根据有关凭证按照不足款项编制银行存款或现金付款凭证。其会计分录如下。

　　借：物资采购（或在途物资）

　　　　应交税费——应交增值税（进项税额）

　　　　贷：银行存款（或库存现金）

　　如果实际购货金额小于银行本票金额，则由收款单位用支票或现金退回多余的款项，付款单位应根据有关凭证，按照退回的多余款项编制银行存款或现金收款凭证。其会计分录如下。

　　借：银行存款（或库存现金）

　　　　贷：其他货币资金——银行本票存款

　　银行本票结算的程序如图 6.11 所示。

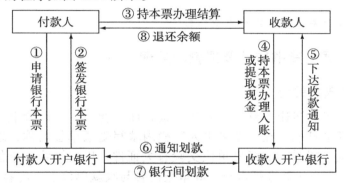

**图 6.11　银行本票结算的程序**

　　（2）收款单位收到银行本票的处理

　　收款单位收到付款单位交来的银行本票后，首先应对银行本票进行认真的审查。审查内容主要包括以下几个方面。

　　① 银行本票上的收款单位或被背书人是否为本单位或本人、背书是否连续。

　　② 银行本票上加盖的汇票专用章是否清晰、有效。

　　③ 银行本票是否在付款期内（付款期限为 2 个月）。

　　④ 银行本票中的各项内容是否符合规定，有无涂改。

　　⑤ 银行本票是否有压数机压印的金额，本票金额大小写数与压印数是否相符。

　　收款单位审查无误后，填写一式三联进账单，并在银行本票背面加盖单位预留银行印鉴，将银行本票连同进账单一并送交开户银行。开户银行接到收款单位交来的本票，按规定认真审查。审查无误后即办理兑付手续，在第一联进账单上加盖"业务"公章，第三联进账单加盖"业务清讫"章后作为收款通知退给收款单位。

　　如果购货金额大于本票金额，付款单位用支票补足款项的，可将本票连同支票一并送存银行，也可分开办理。如果收款单位收受的是填写"现金"字样的银行本票，按规定同样应办理进账手续。如果收款人是个体经济户和个人，则可凭本人身份证件办理现金支取手续。

收款单位应根据银行退回的进账单及有关原始凭证编制银行存款收款凭证。其会计分录如下。

借：银行存款
　　贷：主营业务收入（或其他业务收入）
　　　　应交税费——应交增值税（销项税额）

如果收款单位收到的银行本票金额大于实际销售金额，则付款单位应用支票或现金退回多余的款项。在这种情况下，收款单位可以在收到本票时，根据有关发票存根等原始凭证按照实际销货金额编制转账凭证。其会计分录如下。

借：其他货币资金——银行本票存款
　　贷：主营业务收入（或其他业务收入）
　　　　应交税费——应交增值税（销项税额）
　　　　应付账款——××付款单位

收款单位将银行本票送存银行，办理进款手续后，再根据银行退回的进账单编制银行存款收款凭证。其会计分录如下。

借：银行存款
　　贷：其他货币资金——银行本票存款

### 6.3.2　银行本票的背书转让及退款的处理

#### 1. 银行本票的背书转让

银行本票的持有人转让本票时，应在本票背面"背书"栏内背书，加盖本单位预留银行印鉴，注明背书日期，在"被背书人"栏内填写受票单位名称，之后将银行本票直接交给被背书单位，同时向被背书单位交验有关证件，以便被背书单位查验。被背书单位对收受的银行本票应认真进行审查，其审查内容与收款单位审查内容相同。

（1）银行本票的背书规定

① 背书应记载在本票的背面或粘单上，由背书人签章、记明被背书人名称和背书日期。如果背书未记明日期的，视为在本票到期日之前背书。粘单上的第一记载人应在本票和粘单的粘接处盖章。

② 本票的背书转让，必须为票据的全额。对本票金额的一部分所作的背书或者将本票金额分别转让给两人以上的背书无效。

③ 背书必须连续，即银行本票上的任意一个被背书人就是紧随其后的背书人，并连续不断。

④ 背书不得附有条件，如附有条件的，其条件视为没有记载。如本票的签发人在其正面记明"不准转让"字样的，该本票不得转让。背书人亦可记明"不准转让"字样，以禁止再转让，如其后手再背书并将本票转让他人，原背书人对其后的被背书人不负保证付款的责任。

⑤ 已经拒绝付款的本票和已逾付款期的本票，不得再背书转让。

（2）收款单位背书转让的处理

如果收款单位收受银行本票之后，不准备立即到银行办理进账手续，而是准备背书转让，用来支付款项或偿还债务，则应在取得银行本票时编制转账凭证。其会计分录如下。

借：其他货币资金——银行本票存款

　　贷：主营业务收入（或其他业务收入）

　　　　应交税费——应交增值税（销项税额）

收款单位将收受的银行本票背书转让给其他单位时，应根据有关原始凭证编制转账凭证。如果用收受的银行本票购买物资，则按发票、账单等原始凭证编制转账凭证。其会计分录如下。

借：物资采购（或在途物资等）

　　应交税费——应交增值税（进项税额）

　　贷：其他货币资金——银行本票存款

如果用收受的银行本票偿还债务。其会计分录如下。

借：应付账款

　　贷：其他货币资金——银行本票存款

### 2. 银行本票的退款处理

银行本票见票即付，其流动性极强，除非填明"现金"字样，否则银行不予挂失。一旦遗失或被窃，被人冒领款项，后果由银行本票持有人自负。因此，银行本票持有人必须像对待现金那样，认真、妥善保管银行本票，防止遗失或被窃。

按照规定，超过付款期限的银行本票，如果同时具备下列两个条件的，可以办理退款：一是该银行本票由签发银行签发后未曾背书转让；二是持票人为银行本票的收款单位。付款单位办理退款手续时，应填制一式三联进账单连同银行本票一并送交签发银行，签发银行审查同意后在第一联进账单上加盖"业务"公章，第三联进账单加盖"业务清讫"章退给付款单位作为收账通知。付款单位凭银行退回的进账单编制银行存款收款凭证。其会计分录如下。

借：银行存款

　　贷：其他货币资金——银行本票存款

# 情境任务6.4　商业汇票结算

商业汇票是出票人签发的，委托付款人在指定日期无条件支付确定的金额给收款人或者持票人的票据。在银行开立存款账户的法人及其他组织之间，必须具有真实的交易关系或债权债务关系，才能使用商业汇票。

## 6.4.1　认识商业汇票

与其他结算方式相比，商业汇票结算具有如下特点。

① 与银行汇票等相比，商业汇票的适用范围相对较窄，使用对象也相对较少，只有在银行开立存款账户的法人及其他组织之间，必须具有真实的交易关系或债权债务关系，才能签发商业汇票。除此之外的其他结算，不可采用商业汇票结算方式。

② 商业汇票可以由付款人签发，也可以由收款人签发，但都必须经过承兑。只有经

过承兑的商业汇票才具有法律效力，承兑人负有到期无条件付款的责任。商业汇票到期，因承兑人无款支付或其他合法原因，债务人不能获得付款时，可以按照汇票背书转让的顺序，向前手行使追索权，依法追索票面金额，该汇票上的所有关系人都应负连带责任。商业汇票的承兑期限由交易双方商定，但最长不得超过6个月，属于分期付款的应一次签发若干张不同期限的商业汇票。

③ 未到期的商业汇票可以到银行办理贴现，从而使结算和银行资金融通相结合，有利于企业及时地补充流动资金，维持生产经营的正常进行。

④ 商业汇票在同城、异地都可以使用，而且没有结算起点的限制。

⑤ 商业汇票一律记名并允许背书转让。商业汇票到期后，一律通过银行办理转账结算，银行不支付现金。

## 6.4.2 商业汇票的种类

商业汇票按其承兑人的不同，分为银行承兑汇票和商业承兑汇票。银行承兑汇票由银行承兑；商业承兑汇票由银行以外的付款人承兑。出票人不得签发无对价的商业汇票用以骗取银行或者其他票据当事人的资金。

### 1. 银行承兑汇票

银行承兑汇票是由在承兑银行开立存款账户的存款人签发的，由承兑银行负责承兑付款的商业汇票。银行承兑汇票的出票人，为在承兑银行开立存款账户的法人及其他组织，与承兑银行具有真实的委托付款关系，资信状况良好，具有支付汇票金额的可靠资金来源。银行承兑汇票票样如图6.12所示。

| 银行承兑汇票 | | 2 | | 00000000 |
|---|---|---|---|---|

出票日期　　年　　月　　日　　　　　　　　　　　　　00000000
（大写）

| 出票人全称 | | 收款人 | 全称 | | | | | | | | | | | | |
|---|---|---|---|---|---|---|---|---|---|---|---|---|---|---|---|
| 出票人账号 | | | 账号 | | | | | | | | | | | | |
| 付款行全称 | | | 开户银行 | | | | | | | | | | | | |
| 出票金额 | 人民币（大写） | | | 亿 | 千 | 百 | 十 | 万 | 千 | 百 | 十 | 元 | 角 | 分 | |
| 汇票到期日（大写） | | 付款行 | 行号 | | | | | | | | | | | | |
| 承兑协议编号 | | | 地址 | | | | | | | | | | | | |

| 本汇票请你行承兑，到期请予以支付。 | 本汇票已经承兑，到期日由本行汇款。<br><br>承兑行签章<br>承兑日期　　年　　月　　日 | 密押 |
|---|---|---|
| 出票人签章 | 备注： | 复核　　　　记账 |

此联收款人开户行随托收凭证寄付款行作借方凭证附件

（a）正面

| 被背书人 | 被背书人 | |
|---|---|---|
| | | （贴粘单处） |
| 背书人签章<br>年 月 日 | 背书人签章<br>年 月 日 | |

（b）背面

**图 6.12 银行承兑汇票的正面和背面**

### 2. 商业承兑汇票

商业承兑汇票是指由收款人签发，经付款人承兑，或由付款人签发并承兑的商业汇票。商业承兑汇票的出票人，为在银行开立存款账户的法人以及其他组织，与付款人具有真实的委托付款关系，具有支付汇票金额的可靠资金来源。商业承兑汇票票样的背面与银行承兑汇票相同，其票样正面如图 6.13 所示。

<table>
<tr><td colspan="7" align="center">商业承兑汇票</td><td align="center">2</td><td>00000000</td></tr>
<tr><td colspan="7">出票日期　　年　　月　　日<br>（大写）</td><td></td><td>00000000</td></tr>
</table>

| 付款人 | 全　称 | | 收款人 | 全　称 | | | | | | | | | | | | 此联持票人开户行随托收凭证寄付款人开户行作借方凭证附件 |
|---|---|---|---|---|---|---|---|---|---|---|---|---|---|---|---|---|
| | 账　号 | | | 账　号 | | | | | | | | | | | | |
| | 开户银行 | | | 开户银行 | | | | | | | | | | | | |
| 出票金额 | | | | | 亿 | 千 | 百 | 十 | 万 | 千 | 百 | 十 | 元 | 角 | 分 | |
| 汇票到期日<br>（大写） | | | 付款人<br>开户行 | 行号 | | | | | | | | | | | | |
| 交易合同号码 | | | | 地址 | | | | | | | | | | | | |
| 本汇票已经承兑，到期无条件付票款。<br><br>　　　　　　　　承兑人签章<br>承兑日期　　年　月　日 | | | 本汇票请予以承兑于到期日付款。<br><br><br>　　　　　　　　　　　出票人签章 | | | | | | | | | | | | | |

**图 6.13 商业承兑汇票的正面**

### 6.4.3 商业汇票的结算要求

#### 1. 签发商业汇票必须记载的事项

① 表明"商业承兑汇票"或"银行承兑汇票"的字样。

② 无条件支付的委托。

③ 确定的金额。

④ 付款人名称。

⑤ 收款人名称。

⑥ 出票日期。

⑦ 出票人签章。

欠缺记载上列事项之一的，商业汇票无效。

#### 2. 商业汇票的结算规定

① 商业承兑汇票可以由付款人签发并承兑，也可以由收款人签发交由付款人承兑。银行承兑汇票应由在承兑银行开立存款账户的存款人签发。

② 商业汇票的付款期限，最长不得超过 6 个月。

- 定日付款的汇票付款期限自出票日起计算，并在汇票上记载具体的到期日。定日付款或者出票后定期付款的商业汇票，持票人应当在汇票到期日前向付款人提示承兑。

- 出票后定期付款的汇票付款期限自出票日起按月计算，并在汇票上记载。见票后定期付款的汇票付款期限自承兑或拒绝承兑日起按月计算，并在汇票上记载。见票后定期付款的汇票，持票人应当自出票日起 1 个月内向付款人提示承兑。

③ 商业汇票的提示付款期限，自汇票到期日起 10 日。持票人应在提示付款期限内通过开户银行委托收款或直接向付款人提示付款。对异地委托收款的，持票人可匡算邮程，提前通过开户银行委托收款。持票人超过提示付款期限提示付款的，持票人开户银行不予受理。

④ 商业汇票的付款人接到出票人或持票人向其提示承兑的汇票时，应当向出票人或持票人签发收到汇票的回单，记明汇票提示承兑日期并签章。付款人应当在自收到提示承兑的汇票之日起 3 日内承兑或者拒绝承兑。付款人拒绝承兑的，必须出具拒绝承兑的证明。

⑤ 付款人承兑商业汇票，应当在汇票正面记载"承兑"字样和承兑日期并签章。

⑥ 付款人承兑商业汇票，不得附有条件；承兑附有条件的，视为拒绝承兑。

⑦ 银行承兑汇票的承兑银行，应按票面金额向出票人收取 0.5 ‰的手续费。

⑧ 商业承兑汇票的付款人开户银行收到通过委托收款寄来的商业承兑汇票，将商业承兑汇票留存，并及时通知付款人。

- 付款人收到开户银行的付款通知，应在当日通知银行付款。付款人在接到通知日的次日起 3 日内（遇法定节假日顺延，下同）未通知银行付款的，视同付款人承诺付款，银行应于付款人接到通知日的次日起第 4 日上午开始营业时，将票款划给持票人。

付款人提前收到由其承兑的商业承兑汇票，应通知银行于汇票到期日付款。付款人在接到通知日的次日起 3 日内未通知银行付款，付款人接到通知日的次日起第 4 日在汇票到期日之前的，银行应于汇票到期日将票款划给持票人。

- 银行在办理划款时，付款人存款账户不足支付的，应填制付款人未付票款通知书，连同商业承兑汇票邮寄持票人开户银行转交持票人。
- 付款人存在合法抗辩事由拒绝支付的，应自接到通知日的次日起 3 日内，作成拒绝付款证明送交开户银行，银行将拒绝付款证明和商业承兑汇票邮寄持票人开户银行转交持票人。

⑨ 银行承兑汇票的出票人应于汇票到期前将票款足额交存其开户银行。承兑银行应在汇票到期日或到期日后的见票当日支付票款。承兑银行存在合法抗辩事由拒绝支付的，应自接到商业汇票的次日起 3 日内，作成拒绝付款证明，连同银行承兑汇票邮寄持票人开户银行转交持票人。

⑩ 银行承兑汇票的出票人于汇票到期日未能足额交存票款时，承兑银行除凭票向持票人无条件付款外，对出票人尚未支付的汇票金额按照每天 0.5‰ 计收利息。

### 3. 商业汇票的持票人向银行办理贴现的必备条件

① 在银行开立存款账户的企业法人及其他组织。
② 与出票人或者直接前手之间具有真实的商品交易关系。
③ 提供与其直接前手之间的增值税发票和商品发运单据复印件。

## 6.4.4 银行承兑汇票的申请办理

银行承兑汇票是指由承兑申请人签发并向开户银行申请，经银行审查同意承兑的商业票据。办理银行承兑汇票必须以商品交易为基础，禁止办理无真实商品交易的银行承兑汇票。办理银行承兑汇票最长期限不得超过 6 个月。

### 1. 申请办理银行承兑汇票的条件

企业申请办理银行承兑汇票的客户应当是依法成立的企业法人和其他经济组织，并符合以下条件。

① 在承兑银行开立存款账户并依法从事经营活动的法人或其他组织。
② 具有支付汇票金额的可靠资金来源。
③ 近 2 年在开户银行无不良贷款、欠息及其他不良信用记录。

### 2. 申请办理银行承兑汇票时，承兑申请人应向开户行提交的资料

① 银行承兑汇票承兑申请书，主要包括汇票金额、期限和用途及承兑申请人承诺汇票到期无条件兑付票款等内容。
② 营业执照或法人执照复印件、法人代表人身份证明。
③ 上年度和当期的资产负债表、利润表和现金流量表。
④ 商品交易合同或增值税发票原件及复印件。
⑤ 按规定需要提供担保的，提交保证人有关资料（包括营业执照或法人执照复印件、当期资产负债表、利润表和现金流量表）或抵（质）押物的有关资料（包括权属证明、评估报告等）。
⑥ 银行要求提供的其他资料。

### 3. 收取保证金

企业在办理银行承兑汇票业务时，经办银行按照客户信用等级收取保证金。一般规定如下。

① AA 级（含）以上客户可免收保证金。

② AA– 级客户收取 10%（含）以上保证金。

③ A+、A 级客户收取 30%（含）以上的保证金。

④ A– 级客户收取 50%（含）以上的保证金。

⑤ BBB 级（含）以下客户收取 100% 的保证金。

## 6.4.5　银行承兑汇票的承兑

承兑是指汇票付款人承诺在到期日支付汇票金额的一种票据行为。承兑是持票人行使票据权利的一个重要程序，持票人只有在付款人作出承兑后，其付款请求权才能得以确定。

### 1. 商业汇票的承兑银行的必备条件

① 与出票人具有真实的委托付款关系。

② 具有支付汇票金额的可靠资金。

③ 内部管理完善，经其法人授权的银行审定。

### 2. 承兑银行的审查

银行承兑汇票的出票人或持票人向银行提示承兑时，银行的信贷部门负责按照有关规定和审批程序，对出票人的资格、资信、购销合同和汇票记载的内容进行认真审查，必要时可由出票人提供担保。符合规定和承兑条件的，与出票人签订承兑协议。

付款人承兑商业汇票，应当在汇票正面记载"承兑"字样和承兑日期并签章，见票后定期付款的汇票，应在承兑时记载付款日期。在实务中，银行承兑汇票的承兑文句（即"承兑"字样）已经印在汇票的正面，如"本汇票已经承兑，到期无条件支付票款""本汇票已经承兑，到期日由本行付款"等，无须承兑人另行记载，承兑人只须在承兑人签章处签章并在承兑日期栏填明承兑日期即可。付款人承兑商业汇票，不得附有条件。承兑附有条件的，视为拒绝承兑。

### 3. 银行承兑汇票的签发与兑付的基本程序

① 签订交易合同。交易双方经过协商，签订商品交易合同，并在合同中注明采用银行承兑汇票进行结算。作为销货方，如果对方的商业信用不佳，或者对对方的信用状况不甚了解或信心不足，使用银行承兑汇票较为稳妥。因为银行承兑汇票由银行承兑，由银行信用作为保证，因而能保证及时地收回货款。

② 签发汇票。付款方按照双方签订的合同的规定，签发银行承兑汇票。银行承兑汇票一式三联：第一联为卡片，由承兑银行留存备查，到期支付票款时作为借方凭证附件；第二联由收款人开户行随托收凭证寄付款行作为借方凭证附件；第三联为存根联，由出票人存查。

需要注意的是，付款单位出纳人员在填制银行承兑汇票时，应当逐项填写银行承汇票中的出票日期，收款人和出票人全称、账号、开户银行，汇票金额大、小写，汇票到期日，承兑协议编号等内容，并在银行承兑汇票的第一联、第二联的"出票人签章"处加盖预留银行印鉴及负责人和经办人印章。

③ 汇票承兑。付款单位出纳人员在填制完银行承兑汇票后，应将汇票的有关内容与交易合同进行核对，核对无误后填制银行承兑协议，并在"承兑申请人"处盖单位公章。银行承兑协议一式三联，其内容主要是汇票的基本内容、汇票经银行承兑后承兑申请人应遵守的基本条款等。银行承兑协议的基本格式如图6.14所示。

**银行承兑协议**

编号：＿＿＿＿＿＿＿＿

银行承兑汇票的内容：

收款人全称＿＿＿＿＿＿＿＿＿＿＿　　付款人全称＿＿＿＿＿＿＿＿＿＿＿

开 户 银 行＿＿＿＿＿＿＿＿＿＿＿　　开 户 银 行＿＿＿＿＿＿＿＿＿＿＿

账　　　号＿＿＿＿＿＿＿＿＿＿＿　　账　　　号＿＿＿＿＿＿＿＿＿＿＿

汇 票 号 码＿＿＿＿＿＿＿＿＿＿＿　　汇票金额（大写）＿＿＿＿＿＿＿＿＿

签发日期＿＿年＿＿月＿＿日 到期日期＿＿年＿＿月＿＿日

以上汇票经承兑银行承兑，承兑申请人（下称申请人）愿遵守《支付结算办法》的规定及下列条款：

1. 申请人于汇票到期日前将应付票款足额交存承兑银行。

2. 承兑手续费按票面金额千分之（　　　）计算，在银行承兑时一次付清。

3. 承兑汇票如发生任何交易纠纷，均由收付双方自行处理，票款于到期前仍按第一条办理。

4. 承兑汇票到期日，承兑银行凭票无条件支付票款。如到期日之前申请人不能足额交付票款时，承兑银行对不足支付部分的票款转作承兑申请人逾期贷款，并按照有关规定计收罚息。

五、承兑汇票款付清后，本协议自动失效。

本协议第一、二联分别由承兑银行信贷部门和承兑申请人存执，协议副本由承兑银行会计部门存查。

承兑银行＿＿＿＿＿＿＿（盖章）　　　承兑申请人＿＿＿＿＿＿＿（盖章）

订立承兑协议日期：　　年　月　日

**图6.14　银行承兑协议**

④ 支付手续费。按照银行承兑协议的规定，付款单位办理承兑手续时向承兑银行支付手续费，由开户银行从付款单位存款户中扣收。按照现行规定，银行承兑手续费按银行承兑汇票的票面金额的0.5‰计收，每笔手续费不足10元的，按10元计收。

付款单位按规定向银行支付手续费时，应填制银行存款付款凭证。其会计分录如下。

借：财务费用

　　贷：银行存款

⑤ 寄交银行承兑汇票。付款单位按照交易合同规定，向供货方购货，将经过银行承兑后的汇票第二联寄交收款单位，以便收款单位到期收款或背书转让。付款单位寄交汇票后，编制转账凭证。其会计分录如下。

借：物资采购（或在途物资等）

　　应交税费——应交增值税（进项税额）

贷：应付票据

出纳人员在寄交汇票时，应同时登记应付票据备查簿（见图6.15），逐项登记发出票据的种类（银行承兑汇票）、交易合同号、票据编号、签发日期、到期日期、收款单位及汇票金额等内容。

收款单位财务部门收到付款单位的银行承兑汇票时，应按规定编制转账凭证。其会计分录如下。

借：应收票据

    贷：主营业务收入

        应交税费——应交增值税（销项税额）

**应付票据备查簿**

票据种类　　　　　　　　　　　　　　　　　　　　总第　页　　分第　页

| 年 | | 凭证 | | 摘要 | 合同号 | 票据基本情况 | | | | | 到期付款 | | 延期付款 | |
|---|---|---|---|---|---|---|---|---|---|---|---|---|---|---|
| 月 | 日 | 字 | 号 | | | 号码 | 签发日期 | 到期日期 | 收款人 | 金额 | 日期 | 金额 | 日期 | 金额 |
| | | | | | | | | | | | | | | |
| | | | | | | | | | | | | | | |
| | | | | | | | | | | | | | | |

**图6.15　应付票据备查簿样式**

收款单位出纳人员据此登记应收票据备查簿，逐项填写备查簿中的汇票种类（银行承兑汇票）、交易合同号、票据编号、签发日期、到期日期、票面金额、付款单位、承兑单位等有关内容。应收票据备查簿样式如图6.16所示。

**应收票据备查簿**

票据种类　　　　　　　　　　　　　　　　　　　　总第　页　　分第　页

| 年 | | 凭证 | | 摘要 | 合同号 | 票据基本情况 | | | | 承兑人及单位名称 | 背书人及单位名称 | 贴现 | | 承兑 | | 转让 | | |
|---|---|---|---|---|---|---|---|---|---|---|---|---|---|---|---|---|---|---|
| 月 | 日 | 字 | 号 | | | 号码 | 签发日期 | 到期日期 | 金额 | | | 日期 | 净额 | 日期 | 金额 | 日期 | 受理单位 | 票面金额 | 实收金额 |
| | | | | | | | | | | | | | | | | | | |
| | | | | | | | | | | | | | | | | | | |
| | | | | | | | | | | | | | | | | | | |

**图6.16　应收票据备查簿样式**

⑥ 交存票款。按照银行承兑协议的规定，承兑申请人（即付款人），应于汇票到期前将票款足额地交存其开户银行（即承兑银行），以便承兑银行于汇票到期日将款项划拨给收款单位或贴现银行。付款单位财务部门应经常检查专人保管的银行承兑协议和应付票据备查簿及时将应付票款足额交存银行。

⑦ 委托银行收款。收款单位财务部门也应当经常检查专人保管的银行承兑汇票和应收票据备查簿，查看汇票是否到期。汇票到期日，收款单位应填制一式三联进账单，并在银行承兑汇票第二联背面加盖预留银行的印鉴，将汇票和进账单一并送交其开户银行，委托开户银行收款。开户银行按照规定对银行承兑汇票进行审查，审查无误后在第一联进账单上加盖"业务"公章，第三联进账单加盖"业务清讫"章交收款单位作为收款通

知，按规定办理汇票收款业务。银行承兑汇票结算的程序如图6.17所示。

收款单位根据银行退回的第三联进账单编制银行存款收款凭证。其会计分录如下。

借：银行存款

　　贷：应收票据

同时在应收票据备查簿上登记承兑的日期和金额情况，并在注销栏内予以注销。

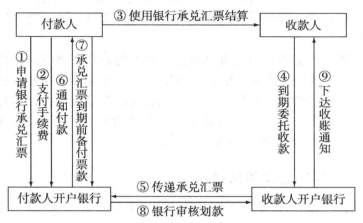

图6.17　银行承兑汇票结算的程序

### 6.4.6　银行承兑汇票的背书

#### 1.认识背书及背书种类

（1）背书的概念

背书是指在票据背面或者粘单上记载有关事项并签章的一种票据行为，是票据权利转移的重要方式。

（2）背书的种类

背书按目的可以分为两类：一是转让背书，即以转让票据权利为目的的背书；二是非转让背书，即以设立委托收款或票据质押为目的的背书。

商业汇票均可以背书转让。背书人背书转让汇票后，即承担保证其后手付款的责任。背书人在汇票得不到付款时，应当向持票人清偿的款项包括：被拒绝付款的汇票金额；汇票金额自到期日或者提示付款日起至清偿日止，按照中国人民银行规定的利率计算的利息；取得有关拒绝证明和发出通知书的费用。

#### 2.银行承兑汇票的背书规定

① 银行承兑汇票背书必须记载事项包括被背书人名称和背书人签章。未记载上述事项之一的，背书无效。

② 背书时应当记载背书日期。未记载背书日期的，视为在汇票到期日前背书。

③ 背书记载"委托收款"字样，被背书人有权利代背书人行使被委托的汇票权利。但是被背书人不得再以背书转让汇票权利。

④ 汇票可以设定质押。质押时应当以背书记载"质押"字样。被背书人依法实现其

质权时，可以行使汇票权利。

⑤ 票据出票人在票据正面记载"不得转让"字样的，票据不得转让（丧失流通性）。其直接后手再背书转让的，出票人对其直接后手的被背书人不承担保证责任，对被背书人提示付款或委托收款的票据，银行不予受理。

⑥ 背书不得附有条件。背书时附有条件的，所附条件不具有票据上的效力。将汇票的一部分转让的背书或者将汇票金额分别转让给两人以上的背书无效。

⑦ 汇票被拒绝付款或超过提示付款期限的，不得再背书转让。背书转让的，背书人应当承担票据责任。

⑧ 背书应当记载在票据的背面或者粘单上，而不得记载在票据的正面。背书栏不敷背书的，可以使用统一格式的粘单，粘附于票据凭证上规定的粘接处。粘单上的第一记载人，应当在票据和粘单粘贴处签章。如果背书记载在票据的正面，则背书无效。因为如果背书记载在票据正面，将无法确定背书人的签章究竟是背书行为，还是承兑行为，或者还是保证行为，因而也不能确认该签章的效力。

### 6.4.7  商业承兑汇票的签发和兑付

商业承兑汇票的签发和兑付除以下几点外，其余手续和银行承兑汇票基本相同。

**1. 签发汇票**

商业承兑汇票按照双方协定，可以由付款单位签发，也可以由收款人签发。商业承兑汇票一式三联：第一联为卡片，由承兑人（付款单位）留存；第二联为商业承兑汇票，由持票人开户银行随托收凭证寄付款人开户银行作为借方凭证附件；第三联为存根联，由出票人存查。商业承兑汇票由付款单位承兑。付款单位承兑时，无须填写承兑协议，也不通过银行办理，因而也就无须向银行支付手续费，只须在商业承兑汇票的第二联正面签署"承兑"字样并加盖预留银行的印鉴后交给收款单位。由收款人签发的商业承兑汇票，应先交付款单位承兑，再交收款单位专门保管。

**2. 委托银行收款**

作为收款单位，应计算汇票从本单位邮寄至付款人开户银行的邮程，在汇票到期前，提前委托银行收款。委托银行收款时，应填写一式五联的"托收凭证"，在其中"托收凭据名称"栏内注明"商业承兑汇票"字样及汇票号码，在商业承兑汇票第二联背面加盖收款单位公章后一并送交开户银行。开户银行审查无误后，办理有关收款手续，并将盖章后的"托收凭证"第一联退回给收款单位保存。

**3. 到期兑付**

商业承兑汇票到期，付款单位存款账户无款支付或不足支付时，付款单位开户银行将按规定，按照商业承兑汇票的票面金额的5%收取罚金，不足50元的按50元收取，并通知付款单位送回托收凭证及所附商业承兑汇票。付款单位应在接到通知的次日起2日内将托收凭证第五联及商业承兑汇票第二联退回开户银行。付款单位开户银行收到付款单位退回的托收凭证和商业承兑汇票后，应在其收存的托收凭证第三联和第四联"备注"栏注明"无款支付"字样并加盖银行业务公章，一并退回收款单位开户银行转交给收款单位，再由收款单位和付款单位自行协商票款的清偿问题。如果付款单位财务部门已将托收凭证第五联及商业承兑汇票第二联做了账务处理因而无法退回时,可以填制一式二联的应付款项证明单,将其第一联送付款单位开户银行,由付款单位开户银行连同其他凭证一并退回收款单位开户银行,收款单位开户银行再转交收款单位。

作为付款单位,由于无力支付而退回商业承兑汇票时,应编制转账凭证,将应付票据转为应付账款。其会计分录如下。

借:应付票据

　　贷:应付账款

同时据此在应付票据备查簿中加以登记。相应地,收款单位收到其开户银行转来的付款单位退回的商业承兑汇票时,应编制转账凭证,将应收票据转为应收账款。其会计分录如下。

借:应收账款

　　贷:应收票据

同样,也应在应收票据备查簿中加以记录。

如果付款单位与收款单位经过协商,继续采用商业承兑汇票方式进行结算,应另开商业承兑汇票,并编制转账凭证。其会计分录如下。

借:应付账款

　　贷:应付票据

同样,收款单位在收到付款单位承兑的商业承兑汇票后,也应做转账凭证。其会计分录如下。

借:应收票据

　　贷:应收账款

付款单位在收到其开户银行转来的因无力支付票据而收取的罚金凭证时,应按规定做银行付款凭证。其会计分录如下。

借:营业外支出

　　贷:银行存款

商业承兑汇票结算的程序如图6.18所示。

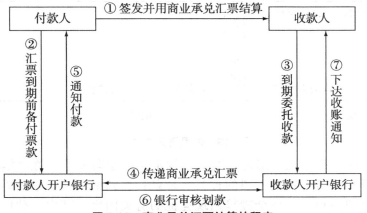

图 6.18　商业承兑汇票结算的程序

### 6.4.8 商业汇票的贴现

贴现是指汇票持有人将未到期的商业汇票背书给银行，银行按照票面金额扣收自贴现日至汇票到期日期间的利息，再将票面金额扣除贴现利息后的金额交给汇票持有人的一种融资行为。在商业汇票持有人资金暂时不足的情况下，可以凭承兑的商业汇票向银行办理贴现，以提前取得货款。

#### 1. 商业汇票持有人办理汇票贴现的步骤

（1）申请贴现

汇票持有人向银行申请贴现时，填制一式五联的贴现凭证。贴现凭证第一联（代申请书）交银行作为贴现付出传票；第二联（收入凭证）交银行作为贴现申请单位账户收入传票；第三联（收入凭证）交银行作为贴现利息收入传票；第四联（收账通知）是银行给贴现单位的收账通知；第五联（到期卡）由银行会计部门按到期日排列保管，并在到期日作为贴现收入凭证。贴现凭证的样式如图 6.19 所示。

**贴现凭证（代申请书）** 1

填写日期： 年 月 日 第 号

| | | | | | | | |
|---|---|---|---|---|---|---|---|
| 贴现汇票 | 种类 | | 号码 | | 申请人 | 名称 | |
| | 出票日 | 年 月 日 | | | | 账号 | |
| | 到期日 | 年 月 日 | | | | 开户银行 | |
| 汇票承兑人（或银行） | 名称 | | 账号 | | 开户银行 | | |
| 汇票金额 | 人民币（大写） | | | | | 千 百 十 万 千 百 十 元 角 分 | |
| 贴现率 % | 贴现利息 | 千 百 十 万 千 百 十 元 角 分 | | 实付贴现金额 | | 千 百 十 万 千 百 十 元 角 分 | |
| 附送承兑汇票申请贴现，请审核。<br>此致<br>贴现银行<br>申请人签章 | | | 银行审批 | 负责人 信贷员 | | | |

此联银行作贴现借方凭证

复核 记账

图 6.19 贴现凭证样式

汇票持有人（即贴现单位）出纳人员应根据汇票的填写要求，逐项填写贴现申请人的名称、账号、开户银行，贴现汇票的种类、发票日、到期日和汇票号码，汇票承兑人的名称、账号和开户银行，汇票金额等贴现凭证的有关内容。其中，贴现申请人即汇票持有人；贴现汇票种类指的是银行承兑汇票还是商业承兑汇票；汇票承兑人，银行承兑汇票为承兑银行，即付款单位开户银行，商业承兑汇票为付款人；汇票金额（即贴现金额）指汇票本身的票面金额。贴现凭证填写完成后，在第一联贴现凭证“申请人盖章”处和商业汇票第二联、第三联背后加盖预留银行印鉴，然后一并送交开户银行信贷部门。

开户银行信贷部门按照有关规定对汇票及贴现凭证进行审查，重点是审查申请人持有汇票是否合法、是否在本行开户、汇票联数是否完整、背书是否连续、贴现凭证的填写是否正确、汇票是否在有效期内、承兑银行是否已通知不应贴现，以及是否超过本行信贷规模和资金承受能力等。审查无误后，在贴现凭证"银行审批"栏签注"同意"字样，并加盖有关人员印章后送银行会计部门。

（2）办理贴现

贴现银行会计部门对银行信贷部门审查的内容进行复核。审查无误后即按规定计算并在贴现凭证上填写贴现率、贴现利息和实付贴现额。其中，贴现率是贴现银行根据贴现人贴现金额及贴现业务的大小，在中国人民银行公布的贴现利率基础上确定的贴现利率；实付贴现额是贴现金额减贴现利息后的净额，即贴现人贴现后实际获得的款项。

贴现利息应根据贴现金额、贴现天数和贴现率计算求得。其公式为：

$$贴现利息 = 贴现金额 \times 贴现天数 \times 日贴现率$$

$$月贴现率 = 年贴现率 \div 12$$

$$日贴现率 = 月贴现率 \div 30$$

$$贴现天数 = 票据期限 - 企业已持有票据天数$$

$$实付贴现金额 = 贴现金额 - 贴现利息$$

企业已持有票据天数，按票据签发日与到期日"算头不算尾"或"算尾不算头"的方法，计算实际天数。

**2. 票据贴现的账务处理**

企业应按商业汇票的贴现银行的实付金额，借记"银行存款"科目；按贴现商业汇票的面值，贷记"应收票据"科目；对于贴现金额与票面价值的差额，借记"财务费用"科目。

**情境描述**

A公司因急需资金，于2015年7月1日将一张2015年6月11日签发、90天期限、票面价值300 000元的商业汇票向银行贴现，年贴现率为6%。

**任务描述**

请计算出A公司这张商业汇票的贴现天数、贴现金额、贴现利息、实付贴现金额（贴现净额），并做出A企业的会计分录。

**工作过程**

出纳人员的计算过程及账务处理程序如下。

票据到期日为2015年9月9日（6月份19天，7月份31天，8月份31天，9月份9天）

票据持有天数20天（6月份19天，7月份1天）

贴现天数 =90天 - 20天 =70天

贴现金额 =300 000元

贴现利息 =300 000元 × 6%×70天 ÷ 360天 = 3 500元

实付贴现金额（贴现净额）=300 000元 - 3 500元 = 296 500元

A企业应做如下的会计分录。

借：银行存款     296 500

    财务费用     3 500

  贷：应收票据     300 000

### 3. 贴现票据到期的有关处理

贴现汇票到期，由贴现银行通过付款人开户银行向付款单位办理清算，收回票款。

① 对于银行承兑汇票，不管付款单位是否无款偿付或不足偿付，贴现银行都能从承兑银行取得票款，不再与收款单位发生关系。

② 对于商业承兑汇票，贴现的汇票到期，如果付款单位有款足额支付票款，收款单位应于贴现银行收到票款后将应收票据在备查簿中注销。当付款单位存款不足无力支付到期商业承兑汇票时，按照《支付结算办法》的规定，贴现银行将商业承兑汇票退还给贴现单位，并开出特种转账传票，在其中"转账原因"栏注明"未收到 × × 号汇票款，贴现款已从你账户收取"字样，从贴现单位银行账户直接划转已贴现票款。如果申请贴现单位的银行存款余额不足，银行将做逾期贷款处理。因此，商业承兑汇票的申请贴现还存在着一个"或有负债"的问题，即申请贴现的企业负有一种潜在的、可能发生的债务。贴现单位收到银行退回的商业承兑汇票和特种转账传票时，凭特种转账传票编制银行存款付款凭证，并及时向付款单位追索票款。其会计分录如下。

借：应收账款

  贷：银行存款

如果贴现单位账户存款也不足时，按照《支付结算办法》的规定，贴现银行将贴现票款转作逾期贷款，退回商业承兑汇票，并开出特种转账传票，在其中"转账原因"栏注明"贴现已转逾期贷款"字样，贴现单位据此编制转账凭证。其会计分录如下。

借：应收账款

  贷：短期借款

 **情境描述**

新华公司向金汤公司销售产品，取得金汤公司签发并承兑的商业承兑汇票一张，票面金额为800 000元，签发承兑日期为4月8日，付款期为6个月。5月22日，新华公司因急需用款持该汇票到银行申请贴现，经银行同意后于5月23日办理贴现。10月8日，汇票到期，金汤公司无款支付票款，贴现银行退回商业承兑汇票，并从新华公司账上扣回贴现票款，开来特种转账传票，新华公司财务部门据此做银行存款付款凭证。

## 任务描述

做出新华公司的会计分录。

## 工作过程

如果新华公司账上有款支付，则其会计分录如下。

借：应收账款——金汤公司      800 000
    贷：银行存款      800 000

如果新华公司账上也无款支付，则新华公司应根据银行转来的特种转账传票编制转账凭证，其会计分录为：

借：应收账款——金汤公司      800 000
    贷：短期借款      800 000

 情 境 总 结

支票是出票人签发的，委托办理支票存款业务的银行或者其他金融机构在见票时无条件支付确定的金额给收款人或者持票人的票据。支票按照对收款人记载形式的不同，可以分为记名支票和不记名支票；按照支付票款方式的不同，可以分为现金支票、转账支票和普通支票。此外，还有多功能银行票据，如中国建设银行实时通付款凭证，该票据可以用于支取现金、转账、汇兑、银行汇票申请和银行本票申请，单位和个人的各种款项结算，均可以使用。

银行汇票是汇款人将款项交存当地银行，由出票银行签发的，由其在见票时按照实际结算金额无条件支付给收款人或者持票人的票据。银行汇票的出票银行为银行汇票的付款人。银行汇票结算分为承汇、结算、兑付和结清余额四大步骤。

银行本票是申请人将款项交存银行，由银行签发的承诺自己在见票时无条件支付确定的金额给收款人或者持票人的票据。

商业汇票是出票人签发的，委托付款人在指定日期无条件支付确定的金额给收款人或者持票人的票据。在银行开立存款账户的法人及其他组织之间，必须具有真实的交易关系或债权债务关系，才能使用商业汇票。

 **思考练习题**

**一、单项选择题**

1. 我国《票据法》未予以认可的票据权利补救方法是（　　　　）。

    A. 挂失止付      B. 仲裁解决      C. 普通诉讼      D. 公示催告

客观题自测

2. 属于票据和结算凭证上可以更改的项目是（　　　）。

    A. 金额　　　　　　B. 出票日期　　　　　C. 收款人名称　　D. 付款人名称

3. 由出票人签发的，委托办理支票存款业务的银行在见票时无条件支付确定的金额给收款人或者持票人的票据是（　　　）。

    A. 银行汇票　　　　B. 银行本票　　　　C. 支票　　　　D. 汇票

4. 关于支票的说法正确的是（　　　）。

    A. 支票的收款人可以由出票人授权补记

    B. 支票不可以背书转让

    C. 支票的提示付款期限为自出票日起 1 个月

    D. 持票人提示付款时，支票的出票人账户金额不足的，银行应先向持票人支付票款

5. 对于企业向银行填写的电汇凭证，中文大写和阿拉伯数字不一致的，则（　　　）。

    A. 银行以凭证上注明的较小的金额为准

    B. 以中文大写为准

    C. 以数码记载为准

    D. 该电汇凭证银行不予以受理

6. 商业汇票的最长付款期限有明确的规定。该期限是（　　　）。

    A. 1 个月　　　　　B. 3 个月　　　　　C. 6 个月　　　D. 9 个月

7. 支票的提示付款期限是（　　　）。

    A. 自出票日起 6 个月　　　　　　　　B. 自出票日起 1 个月

    C. 自出票日起 15 日　　　　　　　　D. 自出票日起 10 日

8. 依据《票据法》的规定，需要提示承兑的票据是（　　　）。

    A. 支票　　　　　　　　　　　　　　B. 本票

    C. 见票后定期付款的汇票　　　　　　D. 银行汇票

9. 银行本票的提示付款期限是（　　　）。

    A. 自出票日起 1 个月　　　　　　　　B. 自出票日起 2 个月

    C. 自出票日起 3 个月　　　　　　　　D. 自出票日起 6 个月

## 二、多项选择题

1. 根据《支付结算办法》的规定，没有结算金额起点的支付结算种类是（　　　　　）。

    A. 委托收款　　　　B. 托收承付　　　　C. 商业汇票　　　　D. 汇兑

2. 属于无效票据的有（　　　）。

    A. 更改签发日期的票据

    B. 更改收款单位名称的票据

    C. 中文大写金额和阿拉伯数字金额不一致的票据

    D. 更改金额的票据

3. 根据《票据法》的规定，支票上可以由出票人授权补记的事项是（　　　　　）。

    A. 收款人名称　　　B. 出票日期　　　　C. 支票金额　　　　D. 付款人名称

4. 可以挂失止付的票据包括（　　　）。

    A. 已承兑的商业汇票　　　　　　　　B. 支票

    C. 填明"现金"字样的银行汇票　　　D. 银行汇票

5. 在我国，银行票据包括（ ）。

    A. 商业汇票     B. 银行汇票     C. 支票     D. 银行本票

6. 票据的功能有（ ）。

    A. 支付功能              B. 汇兑功能

    C. 融资功能              D. 债务抵消功能

### 三、判断题

1. 商业承兑汇票既可以由付款人签发，也可以由收款人签发，但银行承兑汇票只能由付款人签发。（ ）

2. 票据和结算凭证的金额、出票或者签发日期、收款人名称不得更改，更改的票据无效；更改的结算凭证，银行不予受理。（ ）

3. 根据《支付结算办法》的规定，银行汇票的提示付款期限是自出票日起2个月。（ ）

4. 结算凭证金额应以中文大写和阿拉伯数字同时记载，二者必须一致，二者不一致的，银行不予受理。（ ）

5. 挂失止付不是票据丧失后采取的必经措施，是一种暂时的预防措施，最终要申请公示催告或提起普通诉讼。（ ）

6. 出票人为单位的，票据上的印章为与该单位在银行预留签章一致的财务专用章或者公章，加其法定代表人或者授权的代理人的签名或签章。（ ）

7. 在银行开立存款账户的法人及其他组织之间，必须具有真实的交易关系或债权债务关系，才能使用商业汇票。（ ）

8. 票据相对记载事项可以记载，也可以不记载。（ ）

9. 支票的出票人签发支票的金额不得超过付款时在付款人处实有的存款金额。（ ）

10. 支票限于见票即付，另行记载付款日期的，支票无效。（ ）

### 四、简答题

甲公司是一家2015年3月12日在工商部门注册登记的贸易公司，当月发生以下事项。

① 15日，甲公司在尚未取得税务登记证的情况下，公司财务人员小刘到当地某城市商业银行办理基本存款账户的开立手续，银行认为甲公司手续不全，未办理；小李又到另一家中国工商银行开立了一个一般存款账户，于3月25日从该账户发放了职工工资30 000元。

② 20日，甲公司向乙公司购买一批商品，并签发了一张转账支票给乙公司支付货款，但是甲公司在支票上未记载收款人名称，约定由乙公司自行填写。乙公司于4月1日向付款人银行提示付款。已知，甲公司在付款银行的存款足以支付支票金额。

③ 25日，甲公司签发一张面额为20 000元的支票，用于向丙公司支付租赁费。丙公司在向银行提示付款时，银行发现该支票是空头支票，遂予以退票，并对甲公司处以1 000元罚款。

**要求**：根据上述情况和《人民币银行结算账户管理办法》《票据法》等有关规定，回答下列问题。

（1）城市商业银行未给甲公司办理基本存款账户的开立手续，处理是否正确？简要说明理由。

（2）甲公司从中国工商银行的一般存款账户中发放职工工资，做法是否正确？简要说明理由。

（3）甲公司签发未记载收款人名称的支票是否有效？简要说明理由。

（4）银行能否拒绝向乙公司付款？简要说明理由。

（5）对甲公司签发空头支票处以1 000元罚款是否符合法律规定？简要说明理由。

## 五、业务题

A公司2015年3月发生如下经济业务，请根据其所发生的经济业务编制会计分录。

① 1日，签发现金支票一张，从银行提取现金1 000元。

② 2日，刘强借支差旅费1 800元，开出现金支票一张予以支付。

③ 3日，提取现金200 000元，备发工资。

④ 4日，向红光公司销售B产品500件，单价180元，价款为90 000元，增值税税率为17%，销项税额为15 300元，款项通过银行转账收讫。

⑤ 5日，开出6个月期的商业承兑汇票一张，支付前欠黄海公司货款32 000元。

⑥ 6日，开出转账支票一张，向联想公司购买联想计算机5台，单价10 000元，增值税税率为17%，取得增值税专用发票一张，此计算机由公司行政部门使用。

⑦ 7日，从武大公司购进乙材料4 000千克，单价11元，价款44 000元，增值税税率为17%，进项税额7 480元，开出了6个月的商业承兑汇票一张。

⑧ 9日，武大公司所持银行承兑汇票到期，本公司如期兑付100 000元。

⑨ 10日，向东方公司销售B产品800件，单价180元，价款144 000元，增值税税率为17%，销项税额24 480元，收到一张不带息的、6个月的银行承兑汇票。

⑩ 11日，收到南方公司增加投资款，收到金额为人民币500 000元的银行本票，当日送存银行。

⑪ 12日，用转账支票一张支付北方广告公司的产品销售广告费18 000元。

⑫ 13日，向国光公司销售B产品400件，单价180元，价款为72 000元，增值税税率为17%，销项税额为12 240元，收到国光公司银行汇票84 240元，送存银行。

⑬ 14日，将大成公司归还的销售商品现款15 300元送存银行。

⑭ 15日，申请签发银行汇票，将结算账户资金100 000元转为银行汇票存款，根据银行汇票申请书存根联记账。

⑮ 16日，申请签发银行本票，将结算账户资金46 800元转为银行本票存款，根据银行本票申请书存根联记账。

⑯ 26日，购入甲材料价款40 000，增值税税率为17%，进项税额为6 800元，以银行本票结算。

⑰ 27日，公司将于6月27日到期的商业承兑汇票一张，票面金额为50 000.00元，经银行同意后办理贴现。假定银行月贴现率为6‰，公司已办妥有关贴现手续，款项已存入银行。

⑱ 28日，由新华公司签发并承兑的商业承兑汇票40 000元到期，向银行办妥有关入账手续。

⑲ 29日，接银行通知，上月贴现的商业承兑汇票30 000元，因大华公司无款支付，银行将贴现商业承兑汇票款从企业存款中划转。

# 学习情境 ⑦

## 国内支付结算

### 👀 学习目标

1. 职业知识：熟悉托收承付结算的相关规定及方法。

2. 职业能力：掌握汇兑结算、委托收款结算的相关规定及方法；掌握汇兑结算、委托收款结算、托收承付结算和信用卡结算的会计处理。

3. 职业素养：了解信用卡结算的相关规定。

### 👀 案例导入

甲国的 A 公司出口机电设备给乙国的 B 公司。A 公司为了收汇安全，希望 B 公司预付货款，而 B 公司为了保证能收到货物，希望采用托收的结算方式。双方需要寻找一种较为平衡的结算方式。考虑到信用证结算费用较高，他们不打算使用信用证结算方式。所以甲国的 A 公司最终采用托收与汇款相结合的结算方式。A 公司为了收汇更有保障，加速资金周转，可以要求进口商在货物发运前，使用汇款方式预付一定金额的定金或一定比例的货款作为保证，在货物发运后，当出口商委托银行办理跟单托收时，在托收全部货款中，将预付的款项扣除，如托收金额被拒付，出口商可将货物运回，以预收的定金或货款抵偿运费、利息等一切损失。关于定金或预付货款规定多少，可视不同客户的资信和不同商品的具体情况确定。

# 情境任务7.1 汇兑结算

汇兑是汇款单位委托银行将其款项支付给收款人的结算方式。汇兑根据划转款项的不同方法及传递方式的不同可以分为信汇和电汇两种。这两种汇兑方式，汇款人可根据需要选择使用。信汇是汇款人向银行提出申请，同时交存一定金额及手续费，汇出行将信汇委托书以邮寄方式寄给汇入行，授权汇入行向收款人解付一定金额的一种汇兑结算方式。电汇是汇款人将一定款项交存汇款银行，汇款银行通过电报或电传传给目的地的分行或代理行（汇入行），指示汇入行向收款人支付一定金额的一种汇兑结算方式。

## 7.1.1 认识汇兑结算

### 1. 汇兑结算的特点

在电汇和信汇两种汇兑结算方式中，信汇费用较低，但速度相对较慢，而电汇具有速度快的优点，但汇款人要负担较高的电报电传费用，因而通常只在紧急情况下或者金额较大时适用。另外，为了确保电报的真实性，汇出行在电报上加注双方约定的密码；而信汇则不须加密码，签字即可。汇兑结算适用范围广，手续简便易行，灵活方便，因而是目前一种应用极为广泛的结算方式。其特点如下。

① 汇兑结算，无论是信汇还是电汇，都没有金额起点的限制。

② 汇兑结算属于汇款人向异地主动付款的一种结算方式。广泛运用于先汇款后发货的交易结算方式。它对于异地上下级单位之间的资金调剂、清理旧欠及往来款项的结算等都十分方便。

③ 汇兑结算方式除了适用于单位之间的款项划拨外，也可用于单位对异地的个人支付有关款项，如退休工资、医药费、各种劳务费、稿酬等，还可用于个人对异地单位所支付的有关款项，如邮购商品、书刊等。

④ 汇兑结算手续简便易行，单位和个人很容易办理。

### 2. 签发汇兑凭证必须记载的事项

① 表明"信汇"或"电汇"的字样。

② 无条件支付的委托。

③ 确定的金额。

④ 收款人名称。

⑤ 汇款人名称。

⑥ 汇入地点、汇入行名称。

⑦ 汇出地点、汇出行名称。

⑧ 委托日期。

⑨ 汇款人签章。

汇兑凭证记载的汇款人名称、收款人名称，其在银行开立存款账户的，必须记载其账号。委托日期是指汇款人向银行提交汇兑凭证的当日。

### 3. 汇兑结算应注意的问题

① 汇款人办理汇款业务后，及时向银行索取汇款回单。

② 对开立存款账户的收款人，汇入银行直接将汇入款项转入收款人账户，并发出收款通知。

③ 汇款人和收款人均为个人，且须在汇入银行支取现金的，应在信汇、电汇凭证的"汇款金额"大写栏填写"现金"字样，未填明"现金"字样而须支取现金的，由汇入银行按照《现金管理暂行条例》的规定审查支付。

④ 转汇的，应由原收款人在向银行填制的信汇、电汇凭证上加盖"转汇"戳记，汇款人确定不得转汇的，应在"备注"栏内注明。

⑤ 汇款人对汇出银行尚未汇出的款项可以申请撤销，申请撤销时，应出具正式函件或本人身份证件及原信汇、电汇回单。

### 4. 汇款人因故对汇出的款项要求退汇时的办理

① 对于汇款是直接汇给收款单位的存款账户入账的，退汇由汇出单位自行联系，银行不予办理。

② 对于汇款不是直接汇给收款单位存款账户入账的，由汇款单位备公函或持本人身份证件连同原信汇、电汇凭证回单交汇出行申请退汇，由汇出银行通知汇入银行，经汇入银行查实汇款确未解付，方可办理退汇。

③ 对于汇入银行接到退汇通知前汇款已经解付收款人账户或已被支取的，则由汇款人与收款人自行联系退款手续。

④ 对于汇款被收款单位拒绝接受的，由汇入银行立即办理退汇。

⑤ 汇款超过 2 个月，收款人尚未在汇入银行办理取款手续，或在规定期限内汇入银行已寄出通知，但由于收款人地址迁移或其他原因致使该笔汇款无人受领时，汇入银行主动办理退汇。

⑥ 汇款单位收到汇出银行寄发的注有"汇款退回已代进账"字样的退汇通知书第四联（适用于汇款人申请退汇），或者由汇入银行加盖"退汇"戳记，汇出银行加盖"业务清讫"章的特种转账贷方凭证（适用于银行主动退汇）后，即表明汇款已退回本单位账户。财务部门即可据此编制银行存款收款凭证，其会计分录则与汇出时银行存款付款凭证会计分录相反。

汇兑结算凭证的样式如图 7.1 和图 7.2 所示。需要说明的是，汇兑结算同样可采用实时通付款凭证办理。

## ××银行　电汇凭证（回　单）　1

| □普通　　□加急 | | | 委托日期　　　年　月　日 | | |
|---|---|---|---|---|---|
| 汇款人 | 全　　称 | | 收款人 | 全　　称 | |
| | 账　　号 | | | 账　　号 | |
| | 汇出地点 | 省　　　市/县 | | 汇入地点 | 省　　　市/县 |
| | 汇出行名称 | | | 汇入行名称 | |

| 金额 | 人民币（大写） | | 亿 千 百 十 万 千 百 十 元 角 分 |
|---|---|---|---|

支付密码

附加信息及用途：

汇款人签章　　　　　　　　　复核　　　　　记账

此联汇出行给汇款人的回单

**图 7.1　电汇结算凭证样式**

## ××银行　信汇凭证（回　　单）　1

| 委托日期　　　年　月　日 | | | | | |
|---|---|---|---|---|---|
| 汇款人 | 全　　称 | | 收款人 | 全　　称 | |
| | 账　　号 | | | 账　　号 | |
| | 汇出地点 | 省　　　市/县 | | 汇入地点 | 省　　　市/县 |
| | 汇出行名称 | | | 汇入行名称 | |

| 金额 | 人民币（大写） | | 亿 千 百 十 万 千 百 十 元 角 分 |
|---|---|---|---|

支付密码

附加信息及用途：

汇款人签章　　　　　　　　　复核　　　　　记账

此联汇出行给汇款人的回单

**图 7.2　信汇结算凭证样式**

## 7.1.2　汇兑结算方式下的汇款办理

### 1. 汇兑汇款的注意事项

汇款人委托银行办理汇兑，应向汇出银行填写信汇、电汇凭证，详细填明汇入地点、汇入银行名称、收款人名称、汇款金额、汇款用途（军工产品可以免填）等各项内容，并在信汇、电汇凭证第二联上加盖预留银行印鉴。汇兑汇款时需要注意以下两点事项。

① 汇款单位需要派人到汇入银行领取汇款时，除在"收款人"栏写明取款人的姓名外，还应在"账号或住址"栏内注明"留行待取"字样。留行待取的汇款，需要指定具

体收款人领取汇款的，应注明收款人的单位名称。留行待取的汇款，收款人应随身携带身份证件或汇入地有关单位足以证实收款人身份的证明去汇入银行办理取款。汇入银行向收款人问明情况，与信汇、电汇凭证进行核对，并将证件名称、号码、发证单位名称等批注在信汇、电汇凭证空白处，并由收款人在"收款人盖章"处签名或盖章，然后办理付款手续。如果凭印鉴支取的，收款人所盖印章必须同预留印鉴相同。收款人需要在汇入地分次支取汇款的，可以由收款人在汇入银行开立临时存款户，将汇款暂时存入该账户，分次支取。临时存款账户只取不存，付完清户，不计付利息。

② 汇款需要收款单位凭印鉴支取的，应在信汇凭证第四联上加盖收款单位预留银行印鉴。

### 2. 汇兑结算的程序

汇兑结算的程序如图 7.3 所示。

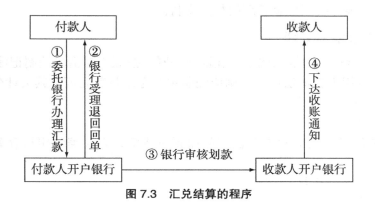

图 7.3　汇兑结算的程序

### 3. 汇兑凭证的联次

① 采用信汇的，汇款单位出纳人员应填制一式四联的信汇凭证。信汇凭证第一联（回单），是汇出行受理信汇凭证后给汇款人的回单；第二联（借方凭证），是汇款人委托开户银行办理清汇时转账付款的支付凭证；第三联（贷方凭证），是汇入行将款项收入收款人账户后的收款凭证；第四联（收账通知），是在直接记入收款人账户后通知收款人的收款通知，或不直接记入收款人账户时收款人凭以领取款项的取款收据。

② 采用电汇的，汇款单位出纳人员应填制一式三联的电汇凭证。"电汇凭证"第一联（回单），是汇出行给汇款人的回单；第二联（借方凭证），为汇出银行办理转账付款的支款凭证；第三联（汇款依据），是汇出行向汇入行电传的凭据。

汇出行受理汇款人的信汇、电汇凭证后，应按规定进行审查。审查的内容包括：信汇、电汇凭证填写的各项内容是否齐全、正确；汇款人账户内是否有足够支付的存款余额；汇款人盖的印章是否与预留银行印鉴相符等。审查无误后即可办理汇款手续，在第一联回单上加盖"业务清讫"章退给汇款单位，并按规定收取手续费；如果不符合条件的，汇出银行不予办理汇出手续，作退票处理。

### 4. 汇兑结算方式下收款人的处理

按照规定，汇入银行对开立账户的收款单位的款项应直接转入收款单位的账户。采用信汇方式的，收款单位开户银行（即汇入银行）在信汇凭证第四联上加盖"业务清讫"章后交给收款单位，表示汇款已由开户银行代为进账。采用电汇方式的，收款单位开户银行根据汇出行发来的电报编制三联联行电报划收款补充报单，在第三联上加盖"业务清讫"章作收账通知交给收款单位，表明银行已代为进账。收款单位根据银行转来的信汇凭证第四联（信汇）或联行电报划收款补充报单（电汇）编制银行存款收款凭证，借记"银行存款"账户，贷记有关账户（依据汇款的性质而定）。

需要在汇入银行支取现金的，必须在信汇或电汇凭证上的"汇款金额"栏注明"现金"字样，由收款人填制一联支款单，连同信汇凭证第四联（信汇）或联行申报划收款补充报单第三联（电汇），并携带有关身份证件到汇入银行取款。汇入银行审核有关证件后一次性办理现金支付手续。在汇款凭证上未填明"现金"字样，需要在汇入银行支取现金的单位，由汇入银行按照现金管理的规定支付。

### 5. 汇兑结算方式的会计处理

汇款单位根据银行退回的信汇或电汇凭证第一联，按照不同情况编制记账凭证。

① 如果汇款单位用汇款清偿旧欠，则应编制银行存款付款凭证。其会计分录如下。

借：应付账款——××单位
　　贷：银行存款

② 如果汇款单位是为购买对方单位产品而预付货款，则应编制银行存款付款凭证。其会计分录如下。

借：预付账款（或应付账款）
　　贷：银行存款

③ 如果汇款单位将款项汇往采购地，在采购地银行开立临时存款账户，则应编制银行存款付款凭证。其会计分录如下。

借：其他货币资金——外埠存款
　　贷：银行存款

**情境描述**

兴华有限公司是一家皮革厂，注册资本为 500 万元。

**任务描述**

兴华有限公司为到某城市采购商品，委托银行以电汇方式向该城市某银行汇款 200 000 元，设立临时采购专用账户。银行按规定收取手续费 15.5 元，从账户中扣收。

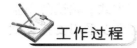 工作过程

　　财务部门根据银行盖章退回的汇款凭证第一联编制银行存款付款凭证。其会计分录如下。

　　　借：其他货币资金——外埠存款　　　　　　　　　　　　　200 000
　　　　　贷：银行存款　　　　　　　　　　　　　　　　　　　　　　200 000

　　同时，按照银行收取的手续费编制银行存款付款凭证。其会计分录如下。

　　　借：财务费用　　　　　　　　　　　　　　　　　　　　　15.5
　　　　　贷：银行存款　　　　　　　　　　　　　　　　　　　　　　15.5

　　如对方汇款是用来偿付旧欠，则收款单位收款凭证的会计分录如下。

　　　借：银行存款
　　　　　贷：应收账款

　　如果属于对方单位为购买本单位产品而预付的货款，则收款凭证的会计分录如下。

　　　借：银行存款
　　　　　贷：预收账款（或应收账款）

　　待实际发货时，再根据有关原始凭证编制转账凭证。其会计分录如下。

　　　借：预收账款（或应收账款）
　　　　　贷：主营业务收入（或其他业务收入等）
　　　　　　　应交税费——应交增值税（销项税额）

# 情境任务7.2　委托收款结算

　　委托收款结算方式是一种建立在商业信用基础上的结算方式，即由收款人先发货或提供劳务，然后通过银行收款，银行不参与监督，结算中发生争议由双方自行协商解决。因此收款单位在选用此种结算方式时应当慎重，应当了解付款方的资信状况，以免发货或提供劳务后不能及时收回款项。

## 7.2.1　认识委托收款

### 1. 委托收款结算的含义及特点

　　（1）委托收款结算的含义

　　委托收款结算是指收款人向银行提供收款依据，委托银行向付款人收取款项的一种结算方式。

　　（2）委托收款结算的特点

　　委托收款具有使用范围广、灵活、简便等特点，主要表现在以下几个方面。

　　① 从使用范围来看，凡是在银行和其他金融机构开立账户的单位和个体经济户，其

商品交易、劳务款项及其他应收款项的结算都可以使用委托收款结算方式；城镇公用企业、事业单位向用户收取的水费、电费、电话费、邮费、煤气费等也可以采用委托收款结算方式。

② 委托收款不受金额起点的限制，凡是收款单位发生的各种应收款项，不论金额大小，只要委托银行就给办理。

③ 委托收款不受地点的限制，在同城、异地都可以办理。

④ 委托收款分为邮寄和电报划回两种方式，收款单位可以根据需要灵活选择。

⑤ 委托收款付款期为3天，凭证索回期为2天。

⑥ 银行不负责审查付款单位拒付理由。委托收款结算方式是一种建立在商业信用基础上的结算方式，即由收款人先发货或提供劳务，然后通过银行收款，银行不参与监督，结算中发生争议由双方自行协商解决。因此，收款单位在选用此种结算方式时要慎重，应当了解付款方的资信状况，以免发货或提供劳务后不能及时收回款项。

### 2. 委托收款结算的程序

委托收款结算的程序如图 7.4 所示。

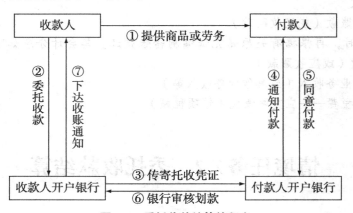

**图 7.4　委托收款结算的程序**

### 3. 委托收款结算的联次

托收凭证的样式如图 7.5 所示。

托收凭证一式五联，托收方式分邮划和电划，应按合同的约定，在"邮划"或"电划"前的"□"中画"√"。第一联为受理回单，由银行盖章后退给收款单位；第二联为贷方凭证，作为收款人开户银行的贷方凭证；第三联为借方凭证，作为付款人开户银行的借方凭证；第四联为收账通知，是收款单位开户银行在款项收妥后给收款人的收账通知；第五联为付款通知，是付款人开户银行给付款人按期付款的通知。

**托 收 凭 证**（受理回单）　　　　　　1

委托日期　　　年　　月　　日

| 业务类型 | | 委托收款（□邮划、□电划）　　托收承付（□邮划、□电划） | | | | | | | | | | | | | | | |
|---|---|---|---|---|---|---|---|---|---|---|---|---|---|---|---|---|---|
| 付款人 | 全　称 | | | 收款人 | 全　称 | | | | | | | | | | | | |
| | 账　号 | | | | 账　号 | | | | | | | | | | | | |
| | 地　址 | 省　　市/县　开户行 | | | 地　址 | 省　　市/县　开户行 | | | | | | | | | | | |
| 金额 | | | | | | 亿 | 千 | 百 | 十 | 万 | 千 | 百 | 十 | 元 | 角 | 分 | |
| 款项内容 | | | 托收凭证名称 | | | | 附寄单证张数 | | | | | | | | | | |
| 商品发运情况 | | | | 合同名称号码 | | | | | | | | | | | | | |
| 备注： | | | 款项收妥日期 | | | 收款人开户银行签章 | | | | | | | | | | | |
| 复核　　　记账 | | | 　　年　　月　　日 | | | 　　　　　　年　　月　　日 | | | | | | | | | | | |

此联作收款人开户银行给收款人的受理回单

**图 7.5　托收凭证样式**

### 4. 委托收款结算的手续

收款人向付款人发出商品或提供劳务后，收款人即可办理委托收款，应向开户银行填写委托收款凭证。收款单位出纳人员应首先按规定逐项填明委托收款凭证的各项内容，如收款单位名称、账号、开户银行，付款单位的名称、账号或地址、开户银行，委托金额大、小写，款项内容（如货款、劳务费等），委托收款凭据名称（如发票等）及所附单证张数等；然后在委托收款凭证的第二联上加盖收款单位印章后，将委托收款凭证和委托收款依据一并送交开户银行。

收款单位开户银行收到收款单位送交的委托收款凭证和有关单证后，按照委托收款的有关规定和填写凭证的有关要求进行认真审查，审查无误后办理委托收款手续，在委托收款凭证第一联上加盖业务用公章后退给收款单位，同时按规定收取一定量的手续费和邮电费。收款方开户银行将委托收款凭证寄交付款单位开户银行。

付款人开户银行接到收款人开户银行寄来的委托收款凭证，经审查无误后，应及时通知付款人。付款人接到通知和有关附件，应认真进行审核。审核的内容主要包括以下 3 项。

① 委托收款凭证是否应由本单位受理。

② 凭证内容和所附的有关单证填写是否齐全正确。

③ 委托收款金额和实际应付金额是否一致，承付期限是否到期。

付款人审查无误后，应在规定的付款期内付款。付款期为 3 天，从付款人开户银行发出付款通知的次日算起（付款期内遇节假日顺延）。付款人在付款期内未向银行提出异议，银行视作同意付款，并在付款期满的次日（节假日顺延）上午银行开始营业时，将款项主动划给收款人。如果在付款期满前，付款人通知银行提前付款，应立即办理划款。

付款人审查付款通知和有关单证，发现有明显的计算错误，应该多付款项时，可由出纳人员填制一式四联的多付款理由书（可以由拒绝付款理由书替代），于付款期满前交开户银行将应多付款项一并划给收款单位。银行审查同意后，将多付款项连同委托收款金额划转给收款单位，同时将多付款理由书第一联加盖"业务清讫"章后作为支款通知交给收款单位。

### 5. 委托收款结算方式下的拒付处理

（1）拒付的情形

付款单位审查有关单证后，认为所发货物的品种、规格、质量等与双方签订的合同不符，或者因其他原因对收款单位委托收取的款项需要全部或部分拒绝付款的，应在付款期内出具托收承付（委托收款）结算全部（部分）拒绝付款理由书（以下简称拒绝付款理由书），连同开户银行转来的有关单证送开户银行。

（2）拒绝付款理由书的填写

拒绝付款理由书一式四联，第一联（回单或付款通知）作为付款单位的支款通知；第二联（借方凭证）作为银行付出传票或存查；第三联（贷方凭证）作为银行收入传票或存查；第四联（代通知或收账通知）作为收款单位收账通知或全部拒付通知书。拒绝付款理由书的基本样式如图7.6所示。

| 托收承付 委托收款 | 结算 | 全部 部分 | 拒绝付款理由书 | （回单或 付款通知） | | | | | | 1 | | | |
|---|---|---|---|---|---|---|---|---|---|---|---|---|---|
| | | | 拒付日期　年　月　日　原托收号码 | | | | | | | | | | |
| 付 款 人 | 全　称 | | | 收 款 人 | 全　称 | | | | | | | | |
| | 账　号 | | | | 账　号 | | | | | | | | |
| | 开户银行 | | | | 开户银行 | | | | | | | | |
| 托收 金额 | | | 拒付 金额 | | | 部分付 款金额 | 亿 | 千 | 百 | 十 | 万 | 千 | 百 | 十 | 元 | 角 | 分 |
| 附寄单证 | 张 | 部分付款金额 （大写） | | | | | | | | | | | |
| 拒付理由： 付款人签章 | | | | | | | | | | | | | |

图7.6　拒绝付款理由书样式

付款单位出纳人员在填写拒绝付款理由书时，除认真填写收款单位的名称、账号、开户银行，付款单位的名称、账号、开户银行，委托收款金额，附寄单证张数等外，对于全部拒付的，"拒付金额"栏填写委托收款金额，"部分付款金额"栏的大小写都为0，并具体说明全部拒绝付款的理由；若部分拒付的，"拒付金额"栏填写实际拒绝付款金额，"部分付款金额"栏填写委托收款金额减去拒绝付款金额后的余额，即付款单位实际支付的款项金额，并具体说明部分拒付的理由，以及出具拒绝付款部分商品清单。填完后，在"付款人盖章"处加盖本单位公章，并注明拒付日期。

（3）拒绝付款理由书的审查

按照规定，银行对收到的付款单位的拒绝付款理由书连同委托收款凭证第五联及所附有关单证，不审查拒绝付款理由，只对有关内容进行核对，核对无误即办理有关手续。实行部分拒付的，将部分付款款项划给收款单位，在拒绝付款理由书第一联上加盖业务专用章退还给付款单位，将拒绝付款理由书第四联寄给收款单位开户银行由其转交收款单位。

（4）拒付后的处理

付款单位收到银行盖章退回的拒绝付款理由书第一联后，全部拒绝付款的，由于未引起资金增减变动，因而不必编制会计凭证和登记账簿，只须将拒绝付款理由书妥善保管以备查，并在委托收款登记簿上登记全部拒付的情况。如果拒绝付款时，对方发出的货物已经收到，则应在代管物资登记簿中详细登记拒绝付款物资的有关情况。对于部分拒绝付款的，应当根据银行盖章退回的拒绝付款理由书第一联，按照实际部分付款金额编制银行存款付款凭证，其会计分录与全部付款会计分录相同。

### 6. 委托收款结算方式下无款支付时的处理

（1）付款人的处理

付款人在付款期满日营业终了前，如无足够资金支付全部款项，即为无款支付。银行应于次日上午开始营业时，通知付款人将有关单证在2日内退回开户银行。单证已做账务处理的，付款人可以填制应付款项证明单，开户银行将有关结算凭证连同单证或应付款项证明单退回收款人开户银行转交收款人。应付款项证明单样式如图7.7所示。

应付款项证明单

年　　月　　日　　　　　　　　第　　号

| 收款人名称 | | 付款人名称 | |
|---|---|---|---|
| 单证名称 | | 单证编号 | |
| 单证日期 | | 单证内容 | |
| 单证未退回原因： | | 我单位应付款项：<br>　人民币（大写）<br><br>　　　　　　　　付款人盖章 | |

注：此单一式两联。第一联通过银行转交收款人作为应收款项的凭据，第二联付款人留存作为应付款项的凭据。

图7.7　应付款项证明单样式

① 应付款项证明单的填写。付款单位出纳人员应认真逐项填制收款人名称、付款人名称、单证名称、单证编号、单证日期、单证内容等项目内容，并在"单证未退回原因"栏内注明单证未退回的具体原因。如果单证已做账务处理、已经部分付款等，应同时在"我单位应付款项"栏大写应付给收款单位的款项金额。如果确实无款支付，则应付金额等于委托收款金额。如果已经部分付款，则应付金额等于委托收款金额减去已付款项金额的余额，并在付款人盖章处加盖本单位公章。银行审查无误后，将委托收款凭证连同有关单证或应付款项证明单退回收款单位开户银行转交给收款单位。

② 付款人逾期不退单的规定。按照规定，付款人逾期不退回单证或应付款项证明单的，开户银行按照委托收款金额自发出通知3天起，每天收取0.5‰但不低于5元的罚款，并暂停付款人委托银行向外办理结算业务，直到退回单证为止。

（2）收款单位的处理

收款单位收到开户银行转来的委托收款凭证及有关单证和无款支付通知书后应立即与付款单位取得联系，协商解决办法。对于部分付款的应于收到款项时按照实际收到金额编制银行存款收款凭证，对未付款部分暂保留在应收账款中；如无款支付，也可暂时保留在应收账款中，留待进一步解决。

### 7. 委托收款结算方式的会计处理

收款单位财务部门根据银行盖章退回的委托收款凭证第一联和发票等有关原始凭证按照有关业务性质编制有关记账凭证。例如，企业销售产品，在办妥委托收款手续后应根据有关凭证编制转账凭证。其会计分录如下。

借：应收账款
　　贷：主营业务收入
　　　　应交税费——应交增值税（销项税额）

对于银行按规定收取的手续费，应根据收据编制银行付款凭证。其会计分录如下。

借：财务费用
　　贷：银行存款

### 情境描述

兴华有限公司是一家皮革厂，注册资本为 500 万元。

### 任务描述

兴华公司向兴发公司销售商品 234 000 元，采用委托收款方式结算，支付手续费 15 元，直接从银行存款账户支付。财务部门在办妥委托收款手续后，根据银行盖章退回的委托收款凭证第一联和发票等原始凭证编制转账凭证。

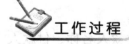

### 工作过程

① 兴华公司的会计处理如下。

借：应收账款——兴发公司　　　　　　　　　　　　　　234 000
　　贷：主营业务收入　　　　　　　　　　　　　　　　　　200 000
　　　　应交税费——应交增值税（销项税额）　　　　　　　34 000

对于银行按规定收取的手续费，应根据收据编制银行付款凭证。其会计分录如下。

借：财务费用　　　　　　　　　　　　　　　　　　　　　　15
　　贷：银行存款　　　　　　　　　　　　　　　　　　　　　15

② 兴华公司收到银行收款通知后，编制会计分录如下。

借：银行存款　　　　　　　　　　　　　　　　　　　　234 000

　　　　贷：应收账款　　　　　　　　　　　　　　　　　　　　234 000

③付款企业（兴发公司）收到银行付款通知后，编制会计分录如下。

借：在途物资（物资采购、原材料等）　　　　　　　　　　200 000

　　应交税费——应交增值税（进项税额）　　　　　　　　　34 000

　　　贷：银行存款　　　　　　　　　　　　　　　　　　　234 000

或者分开进行账务处理。

收到发票账单时，编制会计分录如下。

借：在途物资（物资采购、原材料等）　　　　　　　　　　200 000

　　应交税费——应交增值税（进项税额）　　　　　　　　　34 000

　　　贷：应付账款——兴华公司　　　　　　　　　　　　　234 000

支付货款时，再编制会计分录如下。

借：应付账款——兴华公司　　　　　　　　　　　　　　　234 000

　　　贷：银行存款　　　　　　　　　　　　　　　　　　　234 000

**情境描述**

　　建兴有限公司是一家造纸厂，注册资本为1 000万元。

**任务描述**

　　建兴公司采用委托收款方式购买乙公司某产品，委托收款凭证注明委托收款金额46 800元（其中增值税税额为6 800元）。因乙公司需要补充购买该产品11 700元（其中增值税税额为1 700元），故要求办理多付款手续。

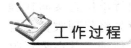

**工作过程**

　　建兴公司财务部门根据委托收款凭证第五联和有关单证编制银行存款付款凭证。其会计分录如下。

借：在途物资（物资采购等）　　　　　　　　　　　　　　40 000

　　应交税费——应交增值税（进项税额）　　　　　　　　　6 800

　　　贷：银行存款　　　　　　　　　　　　　　　　　　　46 800

　　同时根据委托收款凭证第五联和银行盖章退回的多付款理由书第一联编制银行存款付款凭证。其会计分录如下。

借：预付账款（或应付账款）——乙公司　　　　　　　　　11 700

　　　贷：银行存款　　　　　　　　　　　　　　　　　　　11 700

### 7.2.2  特殊委托收款的处理

#### 1. "三方交易、直达结算"方式下的委托收款处理

所谓"三方交易、直达结算"，是指批发单位、销货单位、购货单位都不在一地，批发单位委托销货单位直接向购货单位发运商品，而货款则由批发单位分别与购、销双方进行结算的一种做法。这种做法适用于批发单位和购货单位的交易需要经过一个中间商的交易活动。

在这种做法下，批发单位、销货单位和购货单位之间应分别订立经济合同，将三方之间相互承担的义务和责任以合同的形式固定下来。销货单位根据三方签订的合同，不通过批发单位，直接向购货单位发货，同时由销货单位填制两套委托收款凭证，并附上有关单证，将其同时提交开户银行办理委托收款手续。其中，一份以销货单位的名义，向批发单位收款，货款划回销货单位开户银行，收进销货单位账户；另一份以批发单位的名义，向购货单位收款，货款直接划回批发单位开户银行，收进批发单位账户。购货单位对批发单位、批发单位对销货单位发生拒付或无款支付的，均按照上述有关规定办理。

#### 2. 代办发货和代理收货方式下的委托收款

代办发货是指销货单位与代办发货单位不在一地，销货单位与代办发货单位订立代办发货委托收款合同，由销货单位委托代办发货单位向购货单位发货，并由代办发货单位代销货单位办理委托收款手续，向购货单位收款。代办发货单位根据销货单位的通知代销货单位向购货单位发货后，以销货单位名义填制委托收款凭证，并在凭证上加盖代办发货单位的印章，送交代办发货单位开户银行向购货单位收取款项，将货款划回销货单位开户银行，收入销货单位银行存款账户。在这种做法下，代办发货单位只办理代办发货和代委托收款手续，不发生结算关系。购货单位拒付或无款支付等都由销货单位和购货单位按照第7.2.1节所述的有关规定办理。

代理收货委托收款是指购货单位与代理收货单位不在一地，由销货单位直接向代理收货单位发货后，委托银行向购货单位收取货款的做法。购货单位事先将代理收货单位告知销货单位，由销货单位向代理收货单位发货，然后填制委托收款凭证，并在委托收款凭证上加注"代理收货收款"字样，送交开户银行向购货单位收取货款。代理收货单位只办理代理收货，不发生结算关系，购货单位发生拒付，由购货单位和销货单位按照第7.2.1节所述的有关规定办理。

# 情境任务7.3  托收承付结算

相比较于委托收款结算方式来说，托收承付结算方式的要求更为严格。托收承付由于只用于异地结算，因此也称为异地托收承付结算。对能够使用托收承付结算方式的企业要求更为严格，范围也更有限，仅限于国有企业、供销合作社，以及经营管理较好的，并经开户银行审查同意的城乡集体所用制工业企业。结算款项必须是商品交易及因商品交易

而产生的劳务供应的款项，代销、寄销和赊销的款项不得办理托收承付结算。

## 7.3.1 托收承付结算概述

### 1.托收承付结算的概念及特点

（1）托收承付结算的概念

托收承付结算（由于只用于异地结算，因此也称为异地托收承付结算），是指收款单位根据经济合同发货后，委托银行向异地付款单位收取款项，由付款单位按照经济合同规定核对结算单证或验货后向银行承付款项的一种结算方式。按照结算凭证传递方式的不同，托收方式分为邮划和电划两种。收款单位应按合同的约定，在"邮划"或"电划"前的"□"中画"√"（与委托收款结算方式相同）。

（2）托收承付结算的特点

托收承付结算具有使用范围较窄、监督严格和信用度较高的特点，并且是向异地付款。

① 按照规定，托收承付只适用于国营单位和集体单位之间的商品交易，其他性质的单位和除商品交易外的其他款项结算无法使用托收承付结算。

② 托收承付的监督较为严格，从收款单位提出托收到付款单位承付款项，每一个环节都在银行的严格监督下进行。

③ 由于托收承付是在银行严格监督下进行的，付款单位理由不成立的不得拒付，因而对收款单位有一定的保证，信用度相对较高。

### 2.办理托收承付结算必须具备的条件

按照规定，办理托收承付结算必须具备以下几个条件。

① 使用托收承付结算方式的单位，必须是国有企业、供销合作社，以及经营管理较好并经开户银行审查同意的城乡集体所有制工业企业。

② 办理托收承付结算的款项，必须是商品交易及因商品交易而产生的劳务供应的款项，代销、寄销和赊销商品的款项，不得办理托收承付结算。

③ 收付双方使用托收承付结算必须签订符合《中华人民共和国经济合同法》的购销合同，并在合同上载明使用托收承付结算方式。

④ 托收承付结算每笔的金额起点为 10 000 元，新华书店系统每笔金额起点为 1 000 元。

收款单位按照收付双方签订的合同的要求发货或提供劳务后，填制托收承付结算凭证，结算凭证统一采用托收凭证。因此，托收承付凭证的种类及联次与委托收款结算方式相同。

## 7.3.2 办理托收承付的程序

### 1.收款单位委托收款的程序

① 填写托收凭证。收款单位根据经济合同向付款人发出商品后，即可委托银行收款，首先收款单位填写托收凭证。收款单位出纳人员在填写托收承付结算凭证时，应按照要求逐项认真填写凭证的各项内容，包括收款单位（即本单位）的全称、账号、开户银行，付款单位的全称、账号或地址、开户银行，托收金额的大、小写，随凭证附寄的单证的

张数或册数，商品发运情况（如运单的号码等），合同名称号码等，并在托收承付结算凭证的第二联"收款单位盖章"栏加盖本单位预留银行印鉴。

② 银行受理托收。收款单位将填写完整的托收承付结算凭证连同发运单证或有关证件和交易凭证（如销货发票、代垫运杂费单据等）一并送交开户银行办理托收手续。如果开户银行认为有必要，收款单位还须附送收、付款双方签订的经济合同。如果收款单位的发运证件经银行验证后需要取回的，应向银行说明。开户银行收到收款单位的托收凭证后，将按照托收承付结算的范围、条件和托收凭证的要求进行认真的审查，必要时还将查验收、付款双方签订的经济合同。按照规定，开户银行审查时间最长不超过2天。经审查认为不符合要求的，银行将不予办理，退回托收凭证。审查无误的，办理托收手续，在托收承付结算凭证第一联上加盖业务用公章并退还给收款单位。对收款单位提供发运证件交银行验证后，需要取回保管或寄存的，应在各联凭证和发运证件上加盖"已验发运证件"戳记，然后将发运证件退还给收款单位。

③ 收款单位出纳人员还应根据托收承付结算凭证第一联登记托收承付收款登记簿，详细登记办妥托收日期，付款单位的名称、账号、开户银行，托收款项内容（如××商品货款），金额等，待收到付款单位货款时再进一步登记收款的金额和收款的日期等。

托收承付收款登记簿的基本样式如图7.8所示。

**托收承付收款登记簿**

| 办妥托收日期 | 付款单位名称 | 开户银行 | 账号 | 托收款项内容 | 金额 | 托回日期 | 托回金额 | 拒付金额 | 备注 |
|---|---|---|---|---|---|---|---|---|---|
| | | | | | | | | | |
| | | | | | | | | | |
| | | | | | | | | | |
| | | | | | | | | | |

**图7.8　托收承付收款登记簿样式**

### 2. 付款单位受理托收承付结算方式的程序

（1）付款单位办理登记签收

付款单位出纳人员收到开户银行转来的托收承付结算凭证第五联及有关发运单证和交易单证后，应按规定立即登记托收承付付款登记簿和托收承付处理单，然后交供应（业务）等职能部门签收。

托收承付付款登记簿和托收承付付款处理单的基本样式如图7.9和图7.10所示。

**托收承付付款登记簿**

| 托收单号 | 托收单位名称 | 托收款项内容 | 托收金额 | 承付日期 | 处理意见 | | |
|---|---|---|---|---|---|---|---|
| | | | | | 承付金额 | 拒付金额 | 理由 |
| | | | | | | | |
| | | | | | | | |
| | | | | | | | |

**图7.9　托收承付付款登记簿样式**

**托收承付付款处理单**

| 收单日期 | 托收单号 | 托收单位名称 | 托收款项内容 | 托收金额 | 承付日期 | 处理结果 | | |
|---|---|---|---|---|---|---|---|---|
| | | | | | | 承付金额 | 拒付金额 | 理由 |
| | | | | | | | | |
| | | | | | | | | |
| | | | | | | | | |

**图7.10  托收承付付款处理单样式**

（2）仔细核对，签署意见

供应部门会同财务部门认真仔细地审查托收承付结算凭证及发运单证和交易单证，看其价格、金额、品种、规格、质量、数量等是否符合双方签订的合同的规定，并签署全部承付、部分拒付、全部拒付的意见。如果为验货付款的，还应将有关单证和实际收到的货物进行进一步核对，以签署处理意见。

（3）付款单位履约付款

付款单位承付货款有验单付款和验货付款两种方式，由收付双方协商选用，并在合同中明确加以规定。实行验货付款的，收款单位在办理托收手续时应在托收凭证上加盖"验货付款"戳记。

① 实行验单付款的，其承付期为3天，从付款单位开户银行发出承付通知的次日算起，承付期内遇到节假日顺延，对距离较远的付款单位必须邮寄的另加邮寄时间。

付款单位收到银行发出的承付通知后，在承付期内未向银行表示拒付货款的，银行视作承付处理，在承付期满的次日将款项按收款单位指定的划款方式划给收款单位。

② 实行验货付款的，其承付期为10天，从运输部门向付款单位发出提货通知的次日算起。另外，也可根据实际情况由双方协商确定验货付款期限，并在合同中明确规定，并由收款单位在托收承付凭证上予以注明，这样银行便按双方约定的付款期限办理付款。

付款单位收到提货通知后，应立即通知银行并交验提货通知。付款单位在银行发出承付通知后的10天或收付双方约定的期限（从次日算起），如未收到提货通知，则应在第10天或约定期限内将货物尚未到达的情况通知银行。如果未通知，银行即视作已经验货，于10天或约定期限满的次日上午开始营业时将款项划给收款单位。在第10天付款单位通知银行货物未到而以后收到提货通知没有及时通知银行的，银行仍按10天期满的次日作为划款日期，并按超过天数，计扣逾期付款的滞纳金。

③ 付款单位承付托收款项后，应当根据托收承付结算凭证第五联及有关交易单证编制银行存款、付款凭证。

④ 不论验单付款还是验货付款，付款人都可以在承付期内提前向银行表示承付，并通知银行提前付款，银行应立即办理划款。因商品的价格、数量或金额变动，导致付款人多承付款项的，须在承付期内向银行提出书面通知，银行据此将当次托收的款项划给收款人。付款人不得在承付货款中，扣抵其他款项或以前托收的款项。

（4）付款单位承付期满，款项不够或无款支付时的处理

付款单位在承付期满日银行营业终了时，其银行账户内无足够资金支付托收款项，只能部分支付时，银行将填制特种转账凭证，将第五联特种转账借方凭证加盖业务用公

章后交给付款单位作为支款通知，同时通知收款单位开户银行通知收款单位。付款单位款项不足部分即为逾期未付款项，银行按逾期付款处理。如果付款期满，付款单位银行账户无款支付时，银行将填制到期未收通知书（一式三联），加盖业务用公章后寄收款单位开户银行由其通知收款单位。

（5）托收承付方式下的逾期付款的处理

付款单位在承付期满日银行营业终了时，如无足够资金支付，其不足部分即为逾期未付款项，按逾期付款处理。

① 付款单位开户银行对付款单位逾期支付的款项，应当根据逾期付款金额和逾期天数，按每天0.5‰计算逾期付款赔偿金（滞纳金），将其划给收款单位。其计算公式如下。

$$应付滞纳金 = 逾期未付金额 \times 延期天数 \times 扣收比例$$

逾期付款天数从承付期满日算起。承付期满日银行营业终了时，付款人如无足够资金支付，其不足部分，应当算作逾期一天，计算一天的赔偿金。在承付期满的次日（如遇节假日，逾期付款赔偿金的天数计算也相应顺延，但在以后遇到节假日应当照算逾期天数）银行营业终了时，仍无足够资金支付，其不足部分，应当算作逾期2天，计算2天的赔偿金，以此类推。银行审查拒绝付款期间，不能算作付款人逾期付款，但对无理的拒绝付款而增加银行审查时间的，应从承付期满日算起，计算逾期付款赔偿金。

### 情境描述

建兴有限公司是一家造纸厂，注册资本为1 000万元。

### 任务描述

建兴公司的托收承付款项为184 000元，于5月6日承付期满，因存款不足只划付了100 000元，到5月26日才全部付清，扣收比例为0.05%。计算应付滞纳金。

### 工作过程

建兴公司财务部门根据托收承付凭证计算逾期未付滞纳金如下。

逾期未付金额 =184 000元 − 100 000元 = 84 000元

由于延期天数为20天，因此：

应付滞纳金 =84 000元 ×20×0.05%=840元

② 按照规定，赔偿金实行定期扣付，每月计算一次，于次月3日内单独划给收款人。次月又有部分付款的，从当月1日起计算赔偿金，随同部分支付的款项划给收款人，对尚未支付的款项，从当月1日起到月终再计算赔偿金，于第3个月3日内划给收款人。第3个月仍有部分付款的，按照上述方法计付赔偿。

赔偿金的扣付列为企业销货收入扣款顺序的首位，当付款人账户余额不足全额支付时，应排列在工资之前，并对该账户采取只收不付的控制方法，待一次足额扣付赔偿金后，才准予办理其他款项的支付，因此而产生的经济后果，由付款人自行负责。

付款人开户银行对逾期未付的托收凭证，负责进行扣款的期限为3个月（从承付期满日算起）。在此期限内，银行必须按照扣款顺序陆续扣款。期满时，如果付款人仍无足够资金支付该笔尚未付清的欠款，银行应于次日通知付款人将有关交易单证（单证已做账务处理或已部分支付的，可以填制应付款项证明单），在2日内退回银行。银行将有关结算凭证连同交易单证或应付款项证明单退回收款人开户银行转交收款人，并将应付的赔偿金划给收款人。对付款人逾期不退回单证的，开户银行应当自发出通知的第3天起，按照尚未付清欠款的金额，每天处以0.5‰但不低于50元的罚款，并暂停付款人向外办理结算业务，直到退回单证时为止。

③ 重新托收。收款人对被无理拒绝付款的托收款项，在收到退回的结算凭证及其所附单证后，如须委托银行重办托收，应当填写四联重办托收理由书，将其中三联连同购销合同、有关证据和退回的原托收凭证及交易单证，一并送交银行，经开户银行审查，确属无理拒绝付款，可以重办托收。

### 3. 托收承付结算的流程

托收承付结算的流程如图7.11所示。

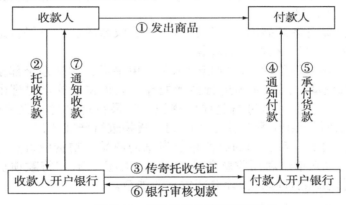

图 7.11　托收承付结算的流程

### 4. 托收承付结算方式下付款单位的拒付

（1）拒付的条件

如果购货企业在承付期内发现下列情况，可向银行提出全部或部分拒绝付款。

① 没有签订购销合同或未注明托收承付结算方式购销合同的款项。

② 未经双方事先协议，销货企业提前交货或因逾期交货购货企业不再需要该项货物的款项。

③ 未按合同规定的到货地点发货的款项。

④ 代销、寄销、赊销商品的款项。

⑤ 验单付款，发现所列货物的品种、规格、数量、价格与合同规定不符，或者货物已到，经查验货物与合同规定或发货清单不符的款项。

⑥ 验货付款，经查验货物与合同规定或与发货清单不符的款项。

⑦ 货款已经支付或计算有错误的款项。

（2）拒绝付款理由书的填写

购销企业提出拒绝付款时，必须填写拒绝付款理由书（与委托收费的样式相同），注明拒绝付款理由，并加盖单位公章。涉及合同的，应引证合同上的有关条款：属于商品质量问题，须要提出商品检验部门的检验证明；属于商品数量问题，须要提出数量问题的证明及其有关数量的记录；属于外贸部门进口商品，应当提出国家商品检验或运输等部门出具的证明，一并送交开户银行。

（3）开户银行审查拒付理由

开户银行应认真审查拒绝付款理由，查验合同。经审查认为拒付理由成立，同意拒付的，在拒绝承付理由书上签署意见，将拒绝承付理由书的第一联加盖业务用公章作为回单（完全拒付）或支款通知（部分拒付）退给付款单位；同时将拒绝承付理由书连同有关证明材料、托收凭证、交易单证（全部拒付）及拒付商品清单（部分拒付）等寄还收款单位开户银行通知收款单位。

（4）付款单位拒付的处理

① 按照规定，付款单位不得无理由拒付。对于购货企业提出拒绝付款的手续不全、依据不足、理由不符合规定和不属于拒付款情况的，以及超过承付期拒付和应当部分拒付提出全部拒付的，银行均不受理，并实行强制扣款，将款项划给收款单位，并对其处以 2 000 ～ 5 000 元的罚款。

② 付款单位自提自运商品的，不得拒付，因为收款单位在自提自运商品时对商品的品种、规格、质量、数量等已经当面验收。

③ 付款单位收到银行盖章退回的拒绝承付理由书后，如果是全部拒付的，由于没有引起其资金的增减变动，因而无须进行会计处理，只须将拒绝承付理由书妥善保管，并在托收承付付款登记簿中对拒付情况加以登记。如果在拒付时，收款单位发出的商品、物资已经收到，应在代管物资登记簿中对收到的货物进行详细登记。

④ 付款单位拒付后，对收到的收款单位发来的商品、物资应负责妥善保管，不能动用。银行如果发现付款单位动用收款单位的商品、物资，有权将款项从账户中转划给收款单位，并从承付期满之日起，扣计逾期付款滞纳金。

（5）收款单位被拒付的处理

① 收款单位收到其开户银行转来的付款单位的拒付通知后，应认真对照合同条款，看对方提出的拒付理由能否成立，如属于对方无理拒付，可向开户银行重办托收，填写重办托收理由书，将其中的第三联、经济合同和有关证据、退回的原托收凭证及交易单证，一并送交开户银行，经银行审查确属无理拒付的，可以重办托收。

② 如果是由于办理托收时所填写的付款单位地址、开户银行有误或者账号不符、单据不全等原因等被对方退回的，收款单位进行更正后，也可以向银行申请重办托收。

③ 如果是由于付款单位变更名称、账号等又不通知收款单位而影响结算的，其责任由付款单位负责。

④ 如果是由于银行工作上的差错造成付款单位拒付的，应由银行负责。

⑤ 如果确实是由于本单位发货错误或者产品质量不符合合同要求等造成对方拒付的，应及时与付款单位取得联系，协商解决办法。

⑥ 如果经过协商由付款方退回所购货物的，收款单位财务部门编制转账凭证，冲销退回货物已入账的销售收入。

⑦ 如果经过协商，由收款单位给予付款单位一定的销售折扣，则可以重新办理托收承付手续，或采用其他结算方式结算。

**5. 托收承付结算的会计处理**

① 企业委托银行收款时，应根据委托收款凭证回单及其他单证编制记账凭证。其会计分录如下。

借：应收账款
　　贷：主营业务收入
　　　　应交税费——应交增值税（销项税额）

② 接到银行收账通知时，所做的会计分录如下。

借：银行存款
　　贷：应收账款

③ 付款单位付款后，根据托收承付结算凭证和所附的发票、账单等编制记账凭证。其会计分录如下。

借：在途物资（物资采购、原材料等）
　　应交税费——应交增值税（进项税额）
　　贷：银行存款（或应付账款）

 **情境描述**

华娱有限公司是一家家具厂，注册资本为 500 万元。

 **任务描述**

华娱有限公司向兴发公司销售商品 200 000 元，增值税税额为 34 000 元，采用托收承付方式结算，直接从银行存款账户支付。

 **工作过程**

华娱有限公司财务部门在办妥委托收款手续后，根据委托收款凭证回单及其他单证所做的会计分录如下。

借：应收账款——兴发公司　　　　　　　　　　　　　　　234 000
　　贷：主营业务收入　　　　　　　　　　　　　　　　　200 000
　　　　应交税费——应交增值税（销项税额）　　　　　　 34 000

付款单位（兴发公司）根据托收承付结算凭证和所附的发票账单等编制记账凭证。其会计分录如下。

借：在途物资（物资采购、原材料等）　　　　　　　　　　200 000
　　应交税费——应交增值税（进项税额）　　　　　　　　 34 000
　　贷：应付账款（银行存款）　　　　　　　　　　　　　234 000

# 情境任务7.4　信用卡结算

信用卡结算方式越来越方便，商家和个人都可以凭卡在全国各地大中城市的有关银行提取存入现金或在同城、异地的特约商场、商店、饭店、宾馆购物和消费，具有很强的通用性。信用卡具有转账结算、存取现金、消费信用等功能。

## 7.4.1　认识信用卡

### 1. 信用卡的概念及特点

（1）信用卡的概念

信用卡是商业银行、金融机构向信誉良好的单位、个人发行的，凭以向特约单位购物、消费和向银行存取现金，且具有消费信用的特制载体卡片。其基本形式是一张附有证明的卡片，通常用特殊塑料制成，其标准为：卡片长 85.72 mm，宽 53.975 mm，厚 0.762 mm（国内标准与国际标准一致），上面印有发行银行的名称、有效期、号码、持卡人姓名等内容。商业银行未经中国人民银行批准不得发行信用卡。非金融机构、非银行金融机构、境外金融机构的驻华代表机构不得经营信用卡业务。信用卡按使用对象分为单位卡和个人卡；按信誉等级分为金卡和普通卡；按币种分为人民币卡和外币卡；按载体材料分为磁条卡和智能卡（下称 IC 卡）。我国目前发行的信用卡主要有牡丹卡、长城卡、万事达卡、维萨卡、金穗卡、龙卡、太平洋卡等。信用卡的基本样式如图 7.12 所示。

图 7.12　信用卡的基本样式

（2）使用信用卡结算的特点

① 方便。可以凭卡在全国各地大中城市的有关银行提取、存入现金或在同城、异地的特约商场、商店、饭店、宾馆购物和消费。

② 通用性。它可用于支取现金，进行现金结算，也可以办理同城、异地的转账业务，代替支票、汇票等结算工具，具有银行户头的功能。

③ 单位卡一律不得支取现金；个人卡持卡人在银行支取现金时，应将信用卡和身份证件一并交发卡银行或代理银行。

### 2. 使用信用卡的基本规定

根据《信用卡业务管理办法》的规定，信用卡的使用具有以下基本规定。

① 持卡人凭信用卡办理转账结算和支取现金时，超过规定限额的必须取得发卡银行的授权。

② 单位卡持卡人不得凭信用卡在异地和其领卡城市范围内银行网点及自动柜员机上提取现金。

③ 允许持卡人在本办法规定的限额和期限内进行消费用途的透支，透支限额为金卡10 000元，普通卡5 000元。实际上目前银行信用卡的最高透支限额度远超过本办法所规定的透支限额。

④ 信用卡的透支期限最长为60天。

⑤ 信用卡透支利息，自签单日或银行记账日起15日内按日息0.5‰计算，超过15日按日息1‰计算，超过30日或透支金额超过规定限额的，按日息1.5‰计算。透支计息不分段，按最后期限或最高透支额的最高利率档次计息。

⑥ 各发卡银行的透支业务须纳入其信贷规模进行管理。透支额转入短期贷款核算。

⑦ 恶意透支是指持卡人以非法占有为目的，超过规定限额或规定期限，并且经过发卡银行催收无效的透支行为。

⑧ 特约单位不得以任何理由拒绝受理持卡人合法持有的、签约银行发行的有效信用卡，不得因持卡人使用信用而向其收取附加费用。

⑨ 特约单位不得通过压卡、签单和退货等方式支付持卡人现金。

⑩ 各商业银行应按如下标准向特约单位收取信用卡交易手续费：人民币信用卡，不得低于交易金额的2%；境外机构发行、在中国境内使用的信用卡，不得低于交易金额的4%；境内银行与境外机构签订信用卡代理收单协议，其利润分配比率按境内银行与境外机构分别占特约单位所交手续费的37.5%和62.5%执行。

## 7.4.2 信用卡的申领

### 1. 信用卡申领的规定

① 凡在中华人民共和国境内金融机构开立基本存款账户的单位可申领单位卡。单位卡可申领若干张，持卡人资格由申领单位法定代表人或其委托代理人书面指定和注销。

② 凡具有完全民事行为能力的公民可申领个人卡。个人卡的主卡持卡人可为其配偶及年满18周岁的亲属申领附属卡，附属卡最多不得超过两张，主卡持卡人有权要求注销其附属卡。

③ 单位或个人申领信用卡，应按规定填制申请表，连同有关资料一并送交发卡银行。对符合条件的，发卡银行为申领人开立信用卡账户，并发给信用卡。

④ 单位卡账户的资金一律从其基本存款账户转账存入，不得交存现金。不得将其他存款账户和销货收入的款项存入单位卡账户。

⑤ 个人卡账户的资金只限于其持有的现金存入或以其工资性款项及属于个人的其他合法收入转账存入。严禁将单位的款项转账存入个人卡账户。

⑥ 信用卡仅限于合法持卡人本人使用，持卡人不得出租或转借信用卡及其账户。

### 2. 信用卡结算的流程

信用卡结算的一般程序如图7.13所示。

**图7.13 信用卡结算的一般程序**

### 3. 信用卡的销户规定

① 持卡人还清透支本息后，属于下列情况之一的，可以办理销户。

- 信用卡有效期满45天后，持卡人不更换新卡的。
- 信用卡挂失满45天后，没有附属卡又不更换新卡的。
- 信誉不佳，被列入止付名单，发卡银行已收回其信用卡45天的。
- 持卡人因故死亡，发卡银行已回收其信用卡45天的。
- 持卡人要求销户或担保人撤销担保，并已交回全部信用卡45天的。
- 信用卡账户2年（含）以上未发生交易的。
- 持卡人违反其他规定，发卡银行认为应该取消资格的。

② 发卡银行办理销户，应当收回信用卡。有效卡无法收回的，应当将其止付。销户时，单位卡账户余额转入基本存款账户，不得提取现金。

③ 信用卡遗失或被盗，持卡人应立即持本人身份证或其他有效证明，就近向发卡银行或代办银行申请挂失，并按规定提供有关情况，办理挂失手续。

④ 持卡人申请挂失后，找回信用卡的，可申请撤销挂失止付。

### 4. 转账结算

① 持卡人可持信用卡在特约单位购物消费。单位卡不得用于10万元以上的商品交易、劳务供应款项的结算。

② 持卡人凭卡购物消费时，须将信用卡和身份证一并交特约单位经办人（目前大部分银行信用卡采用密码支付）。IC卡、照片卡免验身份证。

### 5. 信用卡业务的有关会计处理

① 单位向银行交存备用金、申领信用卡时，应做如下会计分录。

借：其他货币资金——信用卡存款

　　贷：银行存款

② 单位持卡购物、消费时，应做如下会计分录。

借：管理费用

　　贷：其他货币资金——信用卡存款

③ 办理信用卡销户、销卡，将信用卡存款余额转到企业基本存款账户时，应做如下会计分录。

借：银行存款
　　贷：其他货币资金——信用卡存款

 **情 境 总 结**

汇兑是汇款单位委托银行将款项汇往异地收款单位的一种结算方式。汇兑根据划转款项的不同方法和传递方式的不同可以分为信汇和电汇两种，这两种汇兑方式，汇款人可根据需要选择使用。

委托收款结算方式是一种建立在商业信用基础上的结算方式，即由收款人先发货或提供劳务，然后通过银行收款，银行不参与监督，结算中发生争议由双方自行协商解决。因此，收款单位在选用此种结算方式时应当慎重，应当了解付款方的资信状况，以免发货或提供劳务后不能及时收回款项。

相比较于委托收款结算方式来说，托收承付结算方式的要求更为严格。托收承付由于只用于异地结算，因此也称为异地托收承付结算。对能够使用托收承付结算方式的企业要求也更为严格，范围也更有限，仅限于国有企业、供销合作社，以及经营管理较好的，并经开户银行审查同意的城乡集体所用制工业企业。结算款项必须为商品交易及因商品交易而产生的劳务供应的款项。代销、寄销和赊销的款项不得办理托收承付结算。

信用卡结算方式越来越方便，商家和个人都可以凭卡在全国各地大中城市的有关银行提取、存入现金，或者在同城、异地的特约商场、商店、饭店、宾馆购物和消费，具有很强的通用性。信用卡具有转账结算、存取现金、消费信用等功能。

 **思考练习题**

**一、单项选择题**

1. 付款人在承付期内，对于（　　），不可以向银行提出全部或部分拒绝付款。

A. 未签订购销合同的款项

B. 验单付款，发现所列货物品种与合同不符的款项

C. 货款已支付的款项

D. 无足够资金支付的款项

2. 收款人对被无理拒绝支付的托收款项，需要委托银行重办托收的，应当将（　　）送交银行。

A. 重办托收理由书　　　　　　　　B. 购销合同

C. 退回的原托收凭证及交易单证　　D. 有关证据

3. （　　）可办理托收承付结算。

A. 因商品交易，以及因商品交易而产生的劳务供应的款项

B. 赊销商品的款项

  C. 寄销商品的款项

  D. 代销商品的款项

 4. 未在银行开立存款账户的汇兑收款人，汇入银行可以收款人的姓名开立（  ）账户。

  A. 应解汇款    B. 一般存款    C. 临时存款  D. 专用存款

 5. 信用卡销户时（  ）。

  A. 单位卡账户余额转入基本存款账户

  B. 单位卡账户余额也可由单位提取现金

  C. 单位卡账户余额也可转入一般存款账户

  D. 发卡银行不用收回信用卡，有效信用卡无法收回的，不用将其止付

 6. 国有企业之间能采用托收承付结算方式的有（  ）。

  A. 商品寄销        B. 由商品交易产生的劳务供应

  C. 商品赊销        D. 商品代销

 7. 根据《支付结算办法》规定，属于收款人根据购销合同发货后委托银行向异地付款人收取款项，付款人向银行承认付款的结算方式是（  ）。

  A. 汇兑结算方式      B. 信用证结算方式

  C. 托收承付结算方式    D. 委托收款结算方式

 8. 甲公司委托乙银行向丙公司收取款项，丙银行开户银行在债务证明到期日办理划款时，发现丙公司存款账户不足支付时，可以采取的行为是（  ）。

  A. 直接向甲公司出具拒绝支付证明

  B. 应通过乙银行向甲公司发出未付款通知书

  C. 先按委托收款凭证及债务证明标明的金额向甲公司付款，然后向丙公司追索

  D. 应通知丙公司存足相应款项，如果丙公司在规定的时间内未存足款项的，再向乙银行出具拒绝支付证明

 **二、多项选择题**

 1. 根据支付结算的有关规定，托收承付的付款人有正当理由的，可以向银行提出全部或部分拒绝付款。托收承付的付款人可以拒绝付款的款项有（  ）。

  A. 代销商品发生的款项

  B. 购销合同未订明以托收承付结算方式结算的款项

  C. 货物已经依照合同规定发运到指定地址，付款人尚未提取货物的款项

  D. 因逾期交货，付款人不需要该项货物的款项

 2. 关于托收承付结算方式的正确表述有（  ）。

  A. 适用于由商品交易产生的劳务供应 B. 适用于商品代销

  C. 适用于异地之间款项结算   D. 适用于每笔的结算起点 100 000 元

 3. 委托收款凭证必须记载（  ）。

  A. 确定的金额      B. 付款人名称

  C. 收款人名称      D. 委托收款凭据名称及附寄单证张数

 4. 关于托收承付结算每笔金额起点的说法正确的有（  ）。

  A. 新华书店系统金额起点是 1 000 元

B. 新华书店系统金额起点是 3 000 元

C. 除新华书店系统外，托收承付的结算起点是每笔 10 000 元

D. 除新华书店系统外，托收承付的结算起点是每笔 100 000 元

5. 关于托收承付结算方式，说法正确的有（　　）。

　　A. 收付双方使用托收承付结算必须签有购销合同

　　B. 购销合同上必须注明使用托收承付结算方式

　　C. 付款人累计 3 次提出无理拒付的，付款人开户银行应暂停其向外办理托收

　　D. 收款人对同一付款人发货托收累计 2 次收不回货款的，收款人开户银行应暂停收款人向该付款人办理托收

6. 托收承付结算方式下，关于承付货款的说法正确的有（　　）。

　　A. 验单付款的承付期为 10 天

　　B. 验货付款的承付期为 3 天

　　C. 付款人可在承付期内提前向银行表示承付

　　D. 托收凭证未注明验货付款，经付款人提出合同证明是验货付款的，银行可按验货付款处理

7. 托收承付结算适用于（　　）之间的结算。

　　A. 国有企业

　　B. 供销合作社

　　C. 经营管理较好，并经开户银行同意的城乡集体所有制企业

　　D. 中外合资企业

8. 汇款人签发汇兑凭证时，必须记载的事项有（　　）。

　　A. 无条件支付的委托　　　　　　B. 确定的金额

　　C. 收款人名称　　　　　　　　　D. 汇款人名称

9. 关于信用卡的透支利息说法正确的有（　　）。

　　A. 透支期限在 15 日内，按日息 0.5‰ 计算

　　B. 透支期限超过 15 日，按日息 1‰ 计算

　　C. 透支期限超过 30 日，按日息 1.5‰ 计算

　　D. 透支利息不分段计算

10. 有关单位银行卡账户的资金管理，符合《银行账户管理办法》规定的是（　　）。

　　A. 由其基本存款账户转账存入　　B. 由其一般存款账户转账存入

　　C. 不得办理现金收付业务　　　　D. 不得办理银行转账业务

**三、业务题**

1. 甲公司 2015 年 1 月 16 日收到银行转来自来水公司委托收款结算凭证的付款通知联及发票，共计水费 80 000 元，其中生产车间耗用 50 000 元，行政管理部门耗用 30 000 元。

**要求：** 对甲公司进行账务处理。

2. 北京海辉公司 1 月 25 日收到银行转来天地公司信汇凭证收账通知联，系归还所欠货款 35 000 元。

**要求：** 对北京海辉公司进行账务处理。

3. 上海华兴公司 2015 年 8 月 5 日向银行申领信用卡，经银行审核同意后从其基本存款账户划转 50 000 元到信用卡账户。8 月 26 日上海华兴公司以信用卡向特约单位购置电脑 1 台，价款为 40 000 元，增值税税额为 6 800 元。

**要求**：对上海华兴公司进行账务处理。

（1）上海华兴公司 2015 年 8 月 5 日办理信用卡手续时的账务处理。

（2）上海华兴公司 2015 年 8 月 26 日用信用卡购买电脑的账务处理。

4. 广州佳华有限公司 2015 年 3 月 22 日接到银行转来外地彗星工厂托收承付结算凭证的付款通知书联，所附增值税发票及代垫运费清单，计 A 材料价款 60 000 元，增值税税额 10 200 元，代垫运费 1 000 元，审核无误，承付期满，承付款项。

**要求**：对广州佳华有限公司进行账务处理。

5. 上海海润公司于 2015 年 4 月 16 日委托银行以电汇方式向北京银行朝阳支行汇入 40 000 元，设立临时采购专户。银行按规定收取手续费 31 元，从账户中扣除。5 月 6 日上海海润公司采购员用北京银行朝阳支行临时采购专户的存款购买甲材料，价款 30 000 元，增值税税额为 5 100 元，共计 35 100 元，材料已验收入库，5 月 8 日余款划回上海海润公司在上海的开户银行。

**要求**：对上海海润公司进行账务处理。

（1）2015 年 4 月 16 日的账务处理。

（2）2015 年 5 月 6 日的账务处理。

（3）2015 年 5 月 8 日的账务处理。

6. 广州万和公司向海南华兴公司销售商品 1 170 000 元，采用委托收款方式结算，支付手续费 75 元，直接从银行存款支付。广州万和公司财务部门在办妥委托手续后，根据银行盖章退回的委托收款第一联和发票等原始凭证编制会计分录。

**要求**：替账务部分编制会计分录。

# 参 考 文 献

［1］文斌.新编出纳入门［M］.修订版.广州：广东经济出版社，2008.

［2］施海丽，王巧云.出纳实务［M］.2版.北京：清华大学出版社，2014.

# 反侵权盗版声明

尊敬的老师：

您好。

请您认真、完整地填写以下表格的内容（务必填写每一项），索取相关图书的教学资源。

## 教学资源索取表

| 书　名 | | | | 作者名 | |
|---|---|---|---|---|---|
| 姓　名 | | 所在学校 | | | |
| 职　称 | | 职　　务 | | 讲授课程 | |
| 联系方式 | 电话： | | E-mail： | | |
| 地址（含邮编） | | | | | |
| 贵校已购本教材的数量（本） | | | | | |
| 所需教学资源 | | | | | |
| 系/院主任姓名 | | | | | |

系/院主任：＿＿＿＿＿＿＿＿＿＿＿＿＿（签字）

（系/院办公室公章）

20＿＿＿年＿＿＿月＿＿＿日

注意：

① 本配套教学资源仅向购买了相关教材的学校老师免费提供。

② 请任课老师认真填写以上信息，并请系/院加盖公章，然后传真到（010）80115555 转 718438 索取配套教学资源。也可将加盖公章的文件扫描后，发送到 fservice@126.com 索取教学资源。还可以加入电子社教学增值共享群（QQ：427695338）即时获取教学资源及其他增值服务。

微信号：fservice126

中国工信出版集团

电子工业出版社
PUBLISHING HOUSE OF ELECTRONICS INDUSTRY
http://www.phei.com.cn